Delivery in the past.

Delivery in the present.

Delivery in the future.

WHEN JOBS EVOLVE, NEW SKILLS ARE NEEDED.

Secure your future by acquiring the right skills.

한국의 SkillsFuture에서의

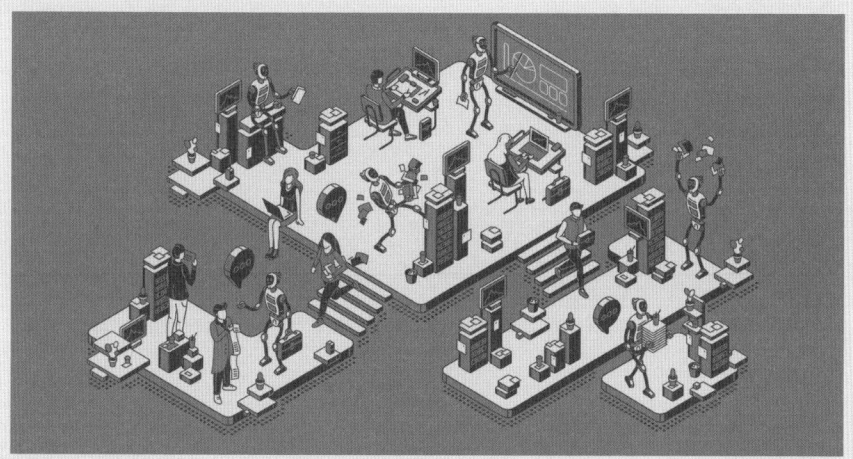

스킬(Skills)의 개념은 세 가지로

1) 지식(K)·기술(S)·태도(A)를 포괄하는 역량(Competency, 직무능력)의 개념으로 지식(K), 기술(S), 태도(A)에서의 중간에 있는 협의의 기술(Skills) 개념이 아님.
   - ☞ 스킬(Skills)은 하드스킬(hard skill)과 소프트스킬(soft skill)을 포함함
   - ☞ 한국에서의 스킬 스탠다드(Skills Standard)는 **국가직무능력표준(NCS: National Competency Standards)**으로 스킬 셋(Skill Set)은 **분야별 활용가이드**로 국가인프라 구축
   - ☞ 하드스킬(hard skill)은 직무수행능력으로 국가직무능력표준(NCS)의 능력단위(Competency Unit)를 의미, 소프트스킬(soft skill)은 직업기초능력을 의미

2) 스킬 프레임워크에서의 스킬은 위의 개념보다 이미 스킬(역량)을 인증받은 상태, 즉 자격(학위, 훈련, 자격증, 경험)을 의미
   - ☞ 한국에서의 스킬 프레임워크는 역량체계(Qualification Framework)로 KQF(한국형 국가역량체계 : Korea Qualification Framework)와 SQF(산업별역량체계)로 쓰임
   - ☞ KQF, SQF에서의 Qualification Framework는 역량체계로 자격체계로 대체가능
   - ☞ 자격기본법에서는 자격체제로 근거가 마련되어 있음(자격기본법 제2조)

3) 스킬 개발에서의 스킬은 인력(workforce) 혹은 인적자원(Human Resource)을 의미
   - ☞ 스킬 개발(Workforce Development)은 직업교육-직업훈련-기업교육(HRD) 및 일반교육까지 포괄하는 개념, 즉 국가인적자원개발(N-HRD 혹은 K-HRD) 의미임.

한국의 SkillsFuture는
진로교육(고용서비스)-직업교육-직업훈련-일반교육-기업교육-평생교육간 경계가 허물어져 하나의 큰 비전을 중심으로 상호유기적으로 작동할 수 있는 전략 모색
(예, 스킬(역량=직무수행능력+직업기초능력) 기반으로 일관된 정책과 실천 필요)

책을 발간하며

Richard A. Swanson(2000)에 따르면 최고의 인적자원개발을 구현하기 위해서는 "이론(Theory)-연구(Research)-개발(Development)-실천(Practice, 행정)"이 상호 유기적으로 연계되어야 한다고 하였습니다. 이에 저자는 직업교육 및 HRD에 대한 이론을 기반으로 노동시장 현장에서 KHRD를 실천하는 행정가로서 한국산업인력공단에서 16년(국가직무능력표준원장 3년 포함)을 근무하면서, 노동시장과 교육시장 연계의 필요성을 절감하게 되었습니다.

특히, 우리나라 인적자원개발 관련 해결해야 할 과제는 산업 균형 발전을 위한 인력수급 불균형 해소, 대학교육의 질적 수준 제고, 교육과 연구의 현장 적합성 제고를 위한 산학연 협력 강화, 청년층·여성·중고령층 인적자원개발 및 활용 증대, 진로·직업 기반 기초교육 확대, 근로자의 직업능력개발과 성인의 평생직업능력개발 참여 확대 등 문제가 산적해 있습니다.

이에 저자는 지난 2023년 12월 싱가포르 Skillsfuture SG를 벤치마킹하면서, 우리나라에 시사 받을 점이 매우 많다는 것을 느꼈습니다. 면적이나 인구수와 정치 상황 등 우리나라와 바로 비교할 수는 없다 하더라도 교육부와 고용부 장관이 동일인으로 운영되는 점과 인력양성 특히 스킬정책이 진로교육(고용서비스)-직업교육-직업훈련-일반교육-기업교육-평생교육이 일관된 거버넌스로 운영된다는 부분은 매우 시사하는 것이 컸습니다.

우리나라는 인력양성 분야, 인사관리 분야 및 노사관계 분야 등 각 분야의 전문가들의 전문성과 노하우는 굉장히 뛰어나고 많이 계시지만, 구슬도 꿰어야 보배라는 말이 있듯이, 일관된 정책으로 국민 개개인에게 느끼도록 하는 부분에 대해서는 많은 아쉬움이 있었습니다. 이는 싱가포르, 호주 및 영국 등

선진국과 같은 스킬 프레임워크(국가역량체계)의 구축이 미흡하고 작동이 안 되어 있는 원인이 매우 큽니다. 이와 더불어 노동시장과 교육시장의 미스매치로 인하여 노동시장에서는 '사람이 없다' 하고 교육시장에서는 '일자리가 없다' 하는데, 미스매치를 해결하기 위한 방안 중 노동시장과 교육시장을 보다 거시적인 관점에서 통섭적 시각으로 정리되어 있는 자료가 많지 않다는 것을 느꼈습니다. 비록 각 분야별로 있을 수 있지만 이를 종합해서 보여줄 수 있는 자료는 많이 부족했습니다.

이에 한국의 SkillsFuture는 스킬, 한국에서는 직무능력(역량)에 대한 개념 정리를 시작으로 스킬 프레임워크(한국에서는 국가역량체계 혹은 산업별역량체계)를 통한 직무능력중심사회의 필요성을 다시 한 번 되짚고, 진로교육(고용서비스)-직업교육-직업훈련-일반교육-기업교육-평생교육 간 경계가 허물어져 하나의 큰 비전을 중심으로 상호 유기적으로 작동할 수 있는 전략을 모색하고자 하는 것입니다.

우리나라는 사농공상, 인문숭상 등 역사적으로 학벌이 권력, 부, 명예 획득의 도구로 작용해 왔습니다. 명문대학 인기학과에 입학하기 위한 학력 경쟁은 초등학교 때부터 시작되고 있는 것이 오늘날 우리 교육의 현실입니다. 학벌로 인한 계급화로 인하여 사회이동을 가능하게 했던 '계층사다리'가 무너지고 있습니다. 계층사다리가 무너지면 사회도 불공정해지고, 무한경쟁으로 인한 개인의 행복은 점점 더 멀어집니다.

우리 사회에서 학벌주의는 대학의 서열화를 고착시키면서 많은 문제를 발생시켜왔습니다. 우리 사회의 대학 서열은 계급적으로 서열화된 학벌 체계입니다. 즉 학벌 체계는 사회적 불평등의 체계입니다. 그 사람이 어느 정도 직무능력이 있고 일하는 상황에서 어떠한 직무능력을 발휘하느냐를 평가하기보다는 그 사람이 어떤 집단에 속하는가를 보고 편견이 개입된 채로 채용 및 승진에 대한 평가가 이루어졌다는 것입니다.

그러한 차원에서, 최근 우리 사회가 보다 발전적으로 변화하기 위해서는 학벌이 중심이 되는 사회보다는 직무능력(이 책에서 스킬)이 중심이 되는 사회로 전환할 필요가 있다는 논의가 확산되면서 능력과 학벌에 대한 관심도 증가하고 있습니다. 하지만, 이러한 관심 정도와는 별개로 용어에 대하여 명확한 정의가 이루어지지 않은 채 혼용되고 있습니다. 직무능력과 학벌을 일반적인 직업 상황과 연계해서 살펴보면, 직무능력은 단순히 지식을 획득하는 정도를 뜻하는 것이 아니라, 무언가를 할 수 있는 것을 의미합니다.

지식 중심의 인문교육에서 강조하는 학업능력과는 달리, 성공적인 삶을 위해 대단히 중요한 직무, 작업, 기능, 태도, 가치관, 이해, 평가 등에서의 직무능력을 통칭하는데 단순히 무엇을 할 수 있다는 자체보다는 어떤 직업에서 성공적으로 취업해서 발전하는데 필요한 능력을 말합니다. 직무능력 중심 사회에서의 '직무능력'은 일자리, 직업 또는 직무와의 관련성이 매우 크므로, 직무능력에 대한 평가는 실제 직무수행 현장에서 어느 정도 수행할 수 있는지를 평가하려고 합니다. 여기서 직무능력은 직무를 수행하는 데 나타나는 우수한 행동특성, 즉 '역량(직무수행능력+직업기초능력)'을 의미하는 것입니다. 반대로 학벌은 특정 직업이나 기업에서 특정 학파 또는 특정 학교 출신자가 자신들만의 지위를 유지하는 경향을 보일 수 있는데 기업의 경우 대개 창업자의 출신 지역이나 오너 사장의 출신 대학교나 계열은행, 관련 기업에서의 친분 관계에 좌우될 수 있습니다.

미래는 디지털 시대입니다. 기계와 협업하는 시대입니다. 데이터 기반으로 공유와 협력이 우선되어야 하는 시대입니다. 투명하게 미리 절차와 방향을 공개하고, 객관적인 평가도구로 직무능력을 키우고 평가하며 결과는 공감할 수 있도록 해야 하는 시대입니다. 우리는 산업현장에서 직무 수행에 필요한 지식·기술·소양 등을 산업부문별·수준별로 체계화하고 직무별 수준과 직무를 구성하는 능력단위 그리고 수행준거 등 하위 요소까지 모두 담은 직무능력에 대한 데이터베이스를 갖고 있습니다. 즉 국가직무능력표준(NCS : National Competency Stadnadards)이 있습니다. 이를 활용하여 직무 및 직무능력에 대한 정의부터 이 직무가 어떤 일을 하는지 모두 확인 가능합니다. 특히 NCS는 각 수준체계와 현장의 직무내용을 바탕으로 경력개발경로까지 구성되어 있기 때문에 직무능력을 바탕으로 개개인의 커리어패스를 설계하여 평생직업인으로 성장할 수 있습니다. 희망하는 직무수행에 필요한 역량을 쌓고 앞으로의 경로 설정, 경력개발까지 직무에 대한 모든 과정이 NCS 하나에 모두 담겨있는 것입니다. 아직 입직하지 않은 학생들도 직무별 수행업무를 먼저 확인하여 진로를 정할 수 있고, 모든 직업인에게 요구되는 직업기초능력을 먼저 쌓고 준비할 수 있습니다. 이렇게 NCS는 더 이상 취직을 위한 스펙쌓기가 중요한 것이 아닌, 직무를 수행하기 위한 직무역량 축적 과정이 중요한 스킬 기반의 직무능력 중심사회가 되는데 인프라가 됩니다.

이 책에서 사용되는 스킬(Skills)의 개념을 세 가지로 다시 정리하겠습니다.

첫 번째 개념은 지식(K)·기술(S)·태도(A)를 포괄하는 역량(Competency, 직무능력)의 개념입니다. 지식(K), 기술(S), 태도(A)에서 중간에 있는 협의의 단순한 기술(Skill) 개념이 아닌, 행동으로 나타내는 역량(직무능력)의 개념입니다. 많은 전문가들은 지식(K)과 기술(S)과 태도(A)의 합을 역량(Competency)으로 얘기하지만, 어떤 전문가는 지식(K), 기술(S), 태도(A) 중 하나라도 "0"이 되면 역량은 "0"이 된다면서, 지식(K)×기술(S)×태도(A)로 곱하기 개념을 지적하기도 합니다. 저자는 후자의 개념을 지지합니다. 최근엔 조직핏, 컬쳐핏으로 태도적인 면을 매우 중요시합니다.

여기서 스킬(Skills)은 하드스킬(hard skill)과 소프트스킬(soft skill)을 포함합니다. 한국에서의 스킬 스탠다드(Skills Standard)는 국가직무능력표준(NCS: National Competency Standards)으로 구축되었고, 스킬 셋(Skill Set)은 각 활용 분야별(예, 교육, 훈련, 자격, 채용, 인사관리 등) 활용 가이드가 제작되어 국가 인프라로 구축되었습니다. 또한, 하드스킬(hard skill)은 직무수행능력으로 국가직무능력표준(NCS)의 능력단위(Competency Unit)를 의미하며, 소프트스킬(soft skill)은 국가직무능력표준((NCS)에서 직업기초능력을 의미합니다.

둘째, 스킬 프레임워크에서의 스킬은 위의 개념보다 이미 스킬(역량)을 인증받은 상태, 즉 자격(학위, 훈련, 자격증, 경험)을 의미합니다. 자격기본법 제2조에서는 일정한 기준과 절차에 따라 평가·인정된 지식·기술의 습득정도로서 직무수행에 필요한 능력으로 명시하고 있습니다. 한국에서의 스킬 프레임워크는 역량체계(Qualification Framework)로 KQF(한국형 국가역량체계 : Korea Qualification Framework)와 SQF(산업별역량체계)로 쓰입니다. 따라서 KQF, SQF에서의 Qualification Framework(역량체계)는 자격기본법 제 2조의 자격체제로 해석될 수 있습니다.

셋째, 스킬 개발에서의 스킬은 인력(workforce) 혹은 인적자원(Human Resource)을 의미합니다. 스킬 미스매치는 인력 미스매치라고도 할 수 있듯이, 스킬 개발(Workforce Development)은 직업교육-직업훈련-기업교육(HRD) 및 일반교육까지 포괄하는 개념, 즉 국가인적자원개발(N-HRD 혹은 K-HRD)을 의미합니다.

이 책은 크게 13장으로 구성되어 있습니다.

Ⅰ장은 "스킬(Skills)이란"주제로, 스킬(Skills)의 정의, 스킬 미스매치(Skills Mismatch)의 의미, 스킬 미스매치의 구조적인 문제점과 개선전략, 스킬 맵(Skills Map)의 활용방안에 대해서 제시합니다.

Ⅱ장은 ""한국에선 역량(Competency)으로"란 주제로, KSS(Korea Skills Standards)와 NOS(National Occupational Standards)의 비교, 국가직무능력표준(NCS)으로 일원화, 국가직무능력표준(NCS)에서의 Competency 의 의미, 국가에서 활용되는 스킬(역량)의 세 가지 유형을 살펴봅니다.

Ⅲ장은 "스킬 프레임워크(Skills Framework)란"주제로, 왜 스킬 프레임워크(Skills Framework)인가, 한국에서는 역량체계(Qualification Framework)로, 한국에서의 스킬 프레임워크(역량체계) 작동사례는?, 한국에서의 스킬 프레임워크(역량체계) 활용사례는?에 대해서 알아봅니다.

Ⅳ장은 "해외에서의 스킬 프레임워크(역량체계)는"이란 주제로, 해외에서는 왜 스킬 프레임워크(역량체계)가 필요한가, 유럽역량체계(EQF), 호주(AQF)와 영국 역량체계(RQF, SCQF 등), 싱가포르역량체계(WSQ)를 제시합니다.

Ⅴ장은 "KQF-SQF 연계방안"이란 주제로, 한국형 국가역량체계(KQF)란, 산업별역량체계(SQF)란, 해외에서의 KQF-SQF 연계 사례, KQF와 SQF의 연계방안에 대해서 알아봅니다.

Ⅵ장은 "한국의 스킬 개발(Workforce Development)"이란 주제로, 스킬 개발(Workforce Development)의 개념 및 필요성, 스킬 개발(Workforce Development)의 학문적 배경, 스킬 개발(Workforce Development)의 전문가 양성, 스킬 개발(workforce Development)의 행정 및 관련법에 대해서 살펴봅니다.

Ⅶ장은 "스킬 개발(Workforce Development) 주체: ISC"란 주제로, 산업별 인적자원개발위원회(ISC)의 개념 및 필요성, 산업별 인적자원개발위원회(ISC)의 현황, 산업별 인적자원개발위원회(ISC)의 역할 및 비전, 해외의 산업별 인적자원개발위원회(ISC) 동향에 대해서 알아봅니다.

Ⅷ장은 "스킬 스탠다드(한국에선 NCS)가 없다면"이란 주제로, 스킬 스탠다드(한국에선 NCS) 부재로 인한 사회적 비용, 스킬 스탠다드(한국에선 NCS) 정상작동에 따른 경제적 효과, 스킬 스탠다드(한국에선 NCS) 성과와 한계, 스킬 스탠다드(한국에선 NCS) 중장기 전략 및 과제에 대해서 제시합니다.

Ⅸ장은 "스킬 프레임워크 작동 메카니즘은? : RPL"이란 주제로, RPL(선행학습인정)의 개념, 우리나라 RPL(선행학습인정) 사례, 외국의 RPL(선행학습인정) 사례., 직무능력은행제에서의 RPL 운영 방안 : 능력단위 인정에 대해 제시합니다.

Ⅹ장은 "스킬 중심 직업교육훈련(VET) 질 관리체계 구축"이란 주제로.

우리나라 스킬 관련 환경적·구조적 실태, 우리나라 직업교육·훈련의 실태, 향후 우리나라 직업교육·훈련의 방향, 우리나라 직업교육·훈련의 품질관리 체계를 제시합니다.

XⅠ장은 "자격(인증) 중심 교육훈련과정 설계"란 주제로, 교육훈련의 질 관리 수단인 자격, 우리나라 자격제도, 자격 중심 교육훈련과정의 중요성과 사례, 직무능력은행제 교과 인정 사례를 제시합니다.

XⅡ장은 "스킬 중심의 전략적 HRD"란 주제로, 기업의 전략적 HRD, 스킬(역량, 직무능력) 중심 채용, 스킬(역량, 직무능력) 중심 기업 HR(HRD+HRM), 국가 차원의 전략적 HRD를 제시합니다.

XⅢ장은 "대상별 스킬문화 확산방안"이란 주제로, 청년의 진로(경력) 다변화, 경력단절여성 고용 활성화, ODA를 통한 우수한 외국인력 육성 지원, 지역 중심의 스킬개발 전략을 제시합니다.

이 책은 전문서적으로 직업교육분야, 직업훈련분야, 기업교육분야(HRD), 고용서비스 및 진로교육분야, 평생교육분야, 자격 및 인증 관련 분야, 취업 및 채용 관련 분야, 근로자 능력개발 및 중소기업 생산성 향상 관련 분야, 산업별 인적자원개발위원회(ISC), 지역별 인적자원개발위원회(RSC) 관련 분야, 대한민국 숙련기술인들을 우대하는 분야에 종사하는 분들께, 우리나라 스킬 프레임워크 관련 개괄적인 빅 픽쳐(Big Picture)를 그리는데 도움이 되길 기대하면서 발간사를 마무리하겠습니다.

모두 건강하시고 행복하시길 기원합니다. 감사합니다.

2024. 5. 1.

김 진 실

한국스킬문화연구원

(전 한국산업인력공단 국가직무능력표준원장)

(Kimjinsil1510@gmail.com)

한국의 SKILLS Future
스킬즈퓨처

UpSkilling! ReSkilling!

저자 **김진실**

차 례

책을 발간하며 5

I. 스킬(Skills)이란? 21
1. 스킬(Skills)의 정의 22
2. 스킬 미스매치 (Skills Mismatch)의 의미 26
3. 스킬 미스매치의 구조적인 문제점과 개선전략 28
4. 스킬 맵(Skills Map)의 활용방안 32

II. 한국에선 역량(Competency)으로 37
1. KSS와 NOS의 비교 38
2. 국가직무능력표준(NCS)로 일원화 43
3. 국가직무능력표준(NCS)에서의 Competency의 의미 46
4. 국가에서 활용되는 스킬(역량)의 세 가지 유형 54

III. 스킬 프레임워크(Skills Framework)란? 57
1. 왜 스킬 프레임워크(Skills Framework)인가 58
2. 한국에서는 역량체계(Qualification Framework)로 60
3. 한국에서의 스킬 프레임워크(역량체계) 작동사례는? 64
4. 한국에서의 스킬 프레임워크(역량체계) 활용사례는? 69

Ⅳ. 해외에서의 스킬 프레임워크(역량체계)란? 77
   1. 해외에서는 왜 스킬 프레임워크(역량체계)가 필요한가 78
   2. 유럽역량체계(EQF) 80
   3. 호주(AQF)와 영국 역량체계(RQF, SCQF 등) 84
   4. 싱가포르역량체계(WSQ) 87

Ⅴ. KQF-SQF 연계방안은? 91
   1. 한국형 국가역량체계(KQF)란 92
   2. 산업별역량체계(SQF)란 101
   3. 해외에서의 KQF-SQF 연계 사례 108
   4. KQF와 SQF의 연계방안 111

Ⅵ. 한국의 스킬 개발(Workforce Development)은? 117
   1. 스킬 개발(Workforce Development)의 개념 및 필요성 118
   2. 스킬 개발(Workforce Development)의 학문적 배경 128
   3. 스킬 개발(Workforce Development)의 전문가 양성 134
   4. 스킬 개발(workforce development)의 행정 및 관련법 137

Ⅶ. 스킬 개발(Workforce Development) 주체는? : ISC 143
   1. 산업별 인적자원개발위원회(ISC)의 개념 및 필요성 144
   2. 산업별 인적자원개발위원회(ISC)의 현황 147
   3. 산업별 인적자원개발위원회(ISC)의 역할 및 비전 152
   4. 해외의 산업별 인적자원개발위원회(ISC) 동향 157

Ⅷ. 스킬 스탠다드(한국에선 NCS)가 없다면? 169
1. 스킬 스탠다드(한국에선 NCS) 부재로 인한 사회적 비용 170
2. 스킬 스탠다드(한국에선 NCS) 정상작동에 따른 경제적 효과 174
3. 스킬 스탠다드(한국에선 NCS) 성과와 한계 180
4. 스킬 스탠다드(한국에선 NCS) 중장기 전략 및 과제 187

Ⅸ. 스킬 프레임워크 작동 메카니즘은? : RPL 191
1. RPL(선행학습인정)의 개념 192
2. 우리나라 RPL(선행학습인정) 사례 197
3. 외국의 RPL(선행학습인정) 사례 206
4. 직무능력은행제에서의 RPL 운영 방안 : 능력단위 인정 211

Ⅹ. 스킬 중심 직업교육훈련(VET) 질 관리체계 구축은? 213
1. 우리나라 스킬 관련 환경적·구조적 실태 214
2. 우리나라 직업교육·훈련의 실태 215
3. 향후 우리나라 직업교육·훈련의 방향 218
4. 우리나라 직업교육·훈련의 품질관리체계 219

Ⅺ. 자격(인증) 중심 교육훈련과정 설계는? 223
1. 교육훈련의 질 관리 수단 : 자격 224
2. 우리나라 자격제도 228
3. 자격 중심 교육훈련과정의 중요성과 사례 237
4. 직무능력은행제 교과 인정 사례 241

XII 스킬 중심의 전략적 HRD는? 243
1. 기업의 전략적 HRD 244
2. 스킬(역량, 직무능력) 중심 채용 250
3. 스킬(역량, 직무능력) 중심 기업 HR(HRD+HRM) 255
4. 국가 차원의 전략적 HRD 259

XIII. 대상별 스킬문화 확산방안은? 263
1. 청년의 진로(경력) 다변화 264
2. 경력단절여성 고용 활성화 274
3. 우수한 외국인력 육성 지원 281
4. 지역 중심의 스킬개발 전략 286

책을 마무리하며 291

참고문헌 296

〈 표차례 〉

〈표 1〉 국외 스킬 영역(2000년대) 24
〈표 2〉 미래 사회에 요구되는 스킬 25
〈표 3〉 스킬 미스매치(Skills Mismatch)의 유형 26
〈표 4〉 KSS와 NOS의 비교(2010년 국가직무능력표준(NCS)일원화 이전 표준) 39
〈표 5〉 직무능력(competency) 중 직무수행능력인 능력단위 구성항목별 내용 49
〈표 6〉 직무능력(competency) 중 직업기초능력 영역 50
〈표 7〉 역량의 세 가지 유형 54
〈표 8〉 부분적으로 NQF가 작동하는 사례 62
〈표 9〉 연도별 SQF 활용 사례(2017~2022) 69
〈표 10〉 유럽역량체계(EQF) 수준 설명지표 82
〈표 11〉 호주역량체계(AQF) 수준체계 및 역량(자격) 85
〈표 12〉 영국역량체계(RQF, CQFW, CCEA Qualifications, SCQF) 86
〈표 13〉 KQF 수준별 설명지표 국내 및 해외 사례 95
〈표 14〉 한국형 국가역량체계 구성요소·수준·설명지표 96
〈표 15〉 사람 중심 인사관리와 직무중심 인사관리의 장·단점 103
〈표 16〉 직무중심 인사관리와 SQF 구성요소와의 관계 104
〈표 17〉 산업별역량체계(SQF)의 개념 105
〈표 18〉 산업별역량체계(SQF)의 직무맵, 직무역량체계, 역량인정방안의 개념 106
〈표 19〉 연도별 SQF 개발 현황(2015~2022) 107
〈표 20〉 KQF와 SQF의 비교 112
〈표 21〉 KQF와 SQF 연계시 고려사항 114
〈표 22〉 Workforce의 정의 120
〈표 23〉 Workforce development의 정의 123
〈표 24〉 정부 부처별 스킬 개발(workforce development) 관련 관장사항 139

〈표 25〉 우리나라 산업별 인적자원개발위원회(ISC) 현황(2024년 현재) 148
〈표 26〉 호주의 산업별 인적자원개발위원회(ISC)운영체계 변화(ISC→SSO→JSC) 158
〈표 27〉 호주 ISC와 AISC 운영체계(2002~2015) 159
〈표 28〉 호주 ISSO와 IRC 운영체계(2016~2022) 160
〈표 29〉 호주의 10개 JSC 구성(2023~ 현재) 161
〈표 30〉 호주 JSC의 역할(2023~현재) 163
〈표 31〉 영국의 SSC에서 SSO로의 변화 167
〈표 32〉 스킬 스탠다드(한국에선 NCS) 부재로 인한 사회적 비용 172
〈표 33〉 스킬 스탠다드(한국에선 NCS) 경제적 효과분석대상 사회적 비용항목 174
〈표 34〉 스킬 스탠다드(한국에선 NCS) 중장기 전략 및 과제 188
〈표 35〉 스킬 프레임워크 작동 메카니즘인 "RPL" 법적 근거 194
〈표 36〉 국가전문자격 선학습인정(RPL) 사례 199
〈표 37〉 고등직업교육기관에서의 학점인정 관련 규정 202
〈표 38〉 학력인정을 위한 학점인정 기준 204
〈표 39〉 외국의 RPL(선행학습인정) 사례 비교 206
〈표 40〉 호주의 RPL(선행학습인정) 제도 209
〈표 41〉 호주 AQF Qualifications Issuance Policy 210
〈표 42〉 '스킬(역량, 직무능력)'중심의 직업교육훈련체계 구축 220
〈표 43〉 유연한 직업교육훈련체계 운영(단, 현재 학제로 인하여 현실적인 제약이 존재) 220
〈표 44〉 자격의 유형 227
〈표 45〉 기존 국가기술자격과 NCS 기반 국가기술자격 비교 229
〈표 46〉 NCS 기반 자격 특징 비교 233
〈표 47〉 직무능력은행 교과 인정 능력단위(울산과학대학 반도체학과) 242
〈표 48〉 직무분석의 개념 246
〈표 49〉 우리나라 채용제도의 변화 251
〈표 50〉 기존채용과 스킬(역량, 직무능력)중심 채용과의 비교 252

〈표 51〉 스킬(역량, 직무능력) 중심의 기업 HR(HRD+HRM) 유형 ···················· 257
〈표 52〉 NCS 기업활용 컨설팅 사업 목적 확대 ··· 258
〈표 53〉 일반 직무기술서와 채용 직무기술서의 차이 ·································· 266
〈표 54〉 직무능력 중심 채용에서의 채용직무기술서 개발절차 및 예시 ················ 267
〈표 55〉 직무능력 중심 채용의 자기소개서 질문의 유형 ······························· 268
〈표 56〉 직무능력 중심 채용의 자기소개서 질문 예시분야(회계) ······················ 268
〈표 57〉 직무능력 중심 채용의 자기소개서 작성분량 예시와 자기소개서 샘플 ······· 269
〈표 58〉 직무능력 중심 채용의 자기소개서 평가기준 ·································· 271
〈표 59〉 직무능력 중심 채용의 필기전형 예시 ·· 272
〈표 60〉 직무능력 중심 채용의 면접전형 ·· 273
〈표 61〉 경력단절여성의 재취업 활성화를 위한 NCS 활용방안 ······················· 278
〈표 62〉 구직자 유형에 따른 고용서비스 ·· 279
〈표 63〉 우리나라 직업훈련 전달체계 ·· 280
〈표 64〉 NCS 활용 ODA 사업계획 ·· 284
〈표 65〉 해외 고용위기지역 일자리 창출 사례 ·· 287
〈표 66〉 지역일자리 거버넌스 예시 ·· 288
〈표 67〉 지역대학의 역할 ·· 289
〈표 68〉 지자체 중심의 일자리 거버넌스 ·· 290

〈 그림차례 〉

[그림 1] 스킬 맵(Skills Map)의 필요성 33
[그림 2] 스킬 맵(Skills Map)의 예시(향후 SQF의 직무맵-직무역량체계-역량인증방안) 34
[그림 3] 스킬 맵(Skills Map)을 활용한 고용서비스 시스템 36
[그림 4] KSS와 NOS의 공통양식 42
[그림 5] 국가직무능력표준(NCS)로의 일원화 공문 45
[그림 6] 직무능력(직무수행능력+직업기초능력)의 표준화=국가직무능력표준(NCS) 47
[그림 7] 국가직무능력표준(NCS)에서의 직무수행능력인 "능력단위"의 구성 48
[그림 8] NCS에서의 대분류-중분류-소분류-세분류-능력단위-능력단위요소 엑셀시트 예시 49
[그림 9] NCS에서의 공적개발원조사업관리의 능력단위 화면 예시 50
[그림 10] 우리나라 NQF 실태: NQF 부재, 관련 제도간 연계 미비 63
[그림 11] 건설기능인력 활용 5대 자질 및 여건 65
[그림 12] 건설기능인 스킬 프레임워크 작동사례(숙련형성과정) 66
[그림 13] 건설근로자 기능등급제(건설근로자공제회 홈페이지) 67
[그림 14] 한국에서 스킬 프레임워크가 작동되는 사례 : 건설기능등급제 사례 68
[그림 15] IT SQF 의 'IT컨설팅 및 기획'수준별 직무 71
[그림 16] ITSQF 기반 SW기술자 평균임금 조사 · 발표(2024년) 72
[그림 17] ITSQF 기반 직무기반 인력공급 계약사례(한전KDN㈜) 72
[그림 18] 화학 · 바이오 분야 중 의약품 SQF 73
[그림 19] 의약품 SQF 기반 채용 변화 예시 74
[그림 20] CHEM-BIO.NET SQF 의약품 품질시험 직무 채용 공고 등록 사례 74
[그림 21] 해외의 스킬 프레임워크(역량체계, Qulification Framework)유형 80
[그림 22] 싱가포르 스킬 프레임워크(WSQ: Workforce Skills Qualification) ... 88
[그림 23] 싱가포르 WSQ에 따른 성취 증명서(SOA) 및 자격 89
[그림 24] 싱가포르 WSQ 홍보영상 89

[그림 25] 폴란드 통신산업 SQF 설명지표 연계도 109
[그림 26] 폴란드역량체계(PQF) 110
[그림 27] 폴란드 통신산업 SQF 수준 범위 111
[그림 28] KQF와 SQF의 역할분담 113
[그림 29] KQF-SQF 연계방안 116
[그림 30] 제 4차산업혁명-디지털 전환 118
[그림 31] Workforce Development의 개념 122
[그림 32] 한국의 스킬 개발(Workforce Development) 시스템 126
[그림 33] 스킬 개발workforce development) 전문가의 개념적 모형 135
[그림 34] 스킬 개발(workforce development) 전문가의 역할과 역량 136
[그림 35] 스킬 개발(workforce development) 관련 법령체계 141
[그림 36] 산업별인적자원개발위원회(ISC)의 사업추진 근거 145
[그림 37] 산업계 중심의 교육·훈련·자격·인사관리(채용 등)간의 선순환 시스템 구축 .. 145
[그림 38] 국가직무능력표준(NCS) 로드맵(준비기-도입기-전환기-구축기) 146
[그림 39] ISC 역할 및 역량 1 : 해외 NCS·NQF 제도 도입 배경 이해 152
[그림 40] ISC 역할 및 역량 2 : 산업계 대표성 및 전문성 확보 153
[그림 41] ISC 역할 및 역량 3 : 산업구조변화에 선제적 대응 153
[그림 42] ISC 역할 및 역량 4 : 인력 미스매치 완화 154
[그림 43] ISC 역할 및 역량 5 : 지역인적자원개발에 기여 154
[그림 44] ISC 역할 및 역량 6 : 인력양성 풀패키지 사업 기획 및 운영 155
[그림 45] ISC의 중장기 비전 및 향후과제 156
[그림 46] 호주의 산업별 인적자원개발위원회(ISC)운영체계 변화 158
[그림 47] 영국의 산업별 인적자원개발위원회(ISC)운영체계 변화 165
[그림 48] NCS 활용확산 중장기 추진모델 181
[그림 49] 국가직무능력표준(NCS) 능력단위 인정방안(직무능력은행제에서의 RPL방안) . 212
[그림 50] 국가직무능력인증시험(능력단위 인정 : RPL) 222

[그림 51] 국가직무능력표준(NCS)와 국가기술자격과의 관계 229
[그림 52] 민간자격의 국가공인 법적근거(자격기본법 19조) 235
[그림 53] 민간자격의 국가공인 기준에 대한 법적근거(자격기본법 3조) 235
[그림 54] 한국직업능력원 민간자격센터 237
[그림 55] 자격 중심 교육과정 설계 절차 238
[그림 56] 자격 중심 교육과정 설계시 고려사항 239
[그림 57] 계명대학교 세무회계 관련 자격 중심 교육과정 로드맵 240
[그림 58] 직무능력은행제 개념 241
[그림 59] 직무능력은행 교과 인정 개념 241
[그림 60] 직무능력은행 교과 인정 사례: 울산과학대학 반도체학과 242
[그림 61] 기업의 전략적 HRD 245
[그림 62] 직무분석의 목적 247
[그림 63] HR 기획의 의미 247
[그림 64] 전략적 HRD에서 성과관리와 보상의 연계 249
[그림 65] 스킬(역량, 직무능력) 중심 채용의 효과 253
[그림 66] 공정채용의 개념 254
[그림 67] 공정채용 컨설팅의 절차(공정채용 가이드북 중) 255
[그림 68] NCS 기업활용 컨설팅 사업 추진 경과 256
[그림 69] NCS 기업활용 컨설팅 사업 유형별 과업 요약 258
[그림 70] 국가의 전략적 HRD: 공정한 직무능력중심사회 구현 259
[그림 71] 국가의 전략적 HRD: 국가인적자원개발 시스템(N-HRD) 262
[그림 72] 우리나라 직무능력 채용 표준화도구(능력중심채용 모델) 265
[그림 73] NCS 학습모듈에서 필기시험 참고하기 271
[그림 74] 직무능력 중심 채용에서의 경험면접 평가문항 예시(일반판매) 274
[그림 75] 경력단절여성의 고용가능성(employability) 제고모형 277
[그림 76] 취업의 기본 요소: 취업의지, 직업능력, 취업기술 279
[그림 77] NCS를 활용한 ODA사업 추진방향 284

한국의 SKILLS *Future*

I. 스킬(Skills)이란?

"한국의 SkillsFuture"를 추천합니다.

"한국스킬문화연구원장님의 '대한민국의 SkillsFuture'은 미래의 직무 중심 사회로 가기 위한 매우 유익한 책이다. 스킬을 중심으로 우리 사회가 어떻게 직업교육과 직업능력개발을 연계하고 발전시키기 위한 해법을 제시하고 있다. 이 책은 앞으로 HRD 전문가는 물론 정책 분야 전문가를 비롯하여 기업의 실무자들에게 매우 훌륭한 지침서가 될 것으로 확신한다."

한국전문대학교육협의회 한광식 산학교육혁신연구원장

"실용교육이 세계 교육의 변화 방향인데, 이론교육과 그 평가가 중심이었던 과거의 교육과는 달리, 이 책은 직무능력을 향상시켜 인재의 성공을 지원하는 미래교육의 방향을 잘 제시하고 있다. 김진실 원장님의 시의적절한 역작이다."

거제대학교 허정석 총장

"미래 사회가 요구하는 Skill은 과연 무엇일까? 필요한 Skill을 갖추어야 미래의 인재상이 될 수 있다. 신간 「한국의 SkillsFuture」에는 해외 Skill 정책을 벤치마킹하여, 우리나라 Skill 문화 확산 방안이 고스란히 담겨 있다. 인적자원전문가라면 꼭 읽어야 할 필독서로 강력 추천한다. 특히 저자인 김진실 한국스킬문화연구원 원장은 학력중심사회에서 능력중심사회로의 전환을 이끌며, 채용문화의 혁신을 주도한 인물로 유명하다."

뉴스앤잡 서설화 편집장

"김진실 원장은 고용노동부 직업능력정책국장 시 경험한 바에 의하면 직무능력중심사회를 구현하기 위해 노력하는 우리나라 최고의 전문가다. 산업사회의 변화에 빠르게 대응하기 위해서는 형식적인 학력이 아닌 실제 직무능력이 중시되어야 한다는 신념과 그와 관련된 주요 이론이 정리되었다고 생각한다. 4차산업혁명시대에 필요한 인재를 육성하고 선발하기 위한 최고의 지침서라고 확신한다."

근로복지공단 박종길 이사장/전 고용부 직업능력정책국장

"우리나라 노동시장은 닫힌 노동시장이다. 중소기업에서 시작하면 대기업으로 옮기기가 매우 어렵다. 역량과 성과보다는 학벌과 연공이 중요시 된다. 공교육이 사교육의 노예가 되고 젊은이들이 취업 재수, 삼수를 하면서 아까운 청춘을 허비하는 이유다... 닫힌 노동시장이 열린 노동시장이 되어야 한다. 한국산업인력공단 국가직무능력표준원장을 지낸 김진실 박사의 역저 '한국의 SkillsFuture'는 열린 노동시장을 구축하는 토대가 될 수 있는 국가직무능력표준(NCS)과 국가역량체계(NQF)를 전문가뿐만 아니라 일반인들도 이해하는 길잡이가 될 것이다."

전 한국직업능력연구원 원장/한국산업인력공단 박영범 이사장

I 스킬(Skills)이란?

학습개요

이 장에서는 스킬(Skills)에 대한 정의와 스킬 미스매치(Skills Mismatch)의 의미를 알아보고, 스킬 미스매치(Skills Mismatch)가 발생되는 구조적인 문제점 및 개선방안을 살펴본 후, 스킬 맵(Skills Map)의 활용방안을 제시한다.

학습목표

1. 스킬(Skills)에 대한 정의를 설명할 수 있다.
2. 스킬 미스매치(Skills Mismatch)의 의미를 설명할 수 있다.
3. 스킬 미스매치(Skills Mismatch)가 발생되는 구조적인 문제점과 개선전략을 설명할 수 있다.
4. 스킬 맵(Skills Map)의 활용방안을 설명할 수 있다.

1. 스킬(Skills)의 정의

스킬에 대한 정의는 "주어진 시간, 에너지 또는 두 가지 조건 하에서 좋은 행동을 나타내는 학습된 결과"로 역량과 같은 개념으로 활용된다. 이 책에서는 스킬의 개념을 ① 역량 ② 역량을 인정받은 결과=자격 ③ 인적자원(Human Ressource) 혹은 인력(Workforce)로 구분해서 살펴볼 것이다. 여기서는 첫 번째 역량의 개념으로 한국에서는 직무능력 혹은 직업능력으로 쓰인다.

스킬은 특정 직업에 적용되는 영역별 "하드 스킬(hard skill)과 팀워크 및 리더십, 자기 동기 부여 등의 "소프트 스킬(soft skill)"로 구분된다(위키피디아, 2024). 하드 스킬(hard skill)은 담당 업무를 수행하기 위해 필요한 실질적인 직무수행능력을 의미한다. 하드 스킬의 특징은 수치나 텍스트로 한 번에 증명할 수 있어, 평가자에게 객관적 지표 활용이 쉽고, 정규 교육이나 각종 프로그램을 통해 비교적 쉽고 빠르게 습득이 가능하다. 이에 반해 소프트 스킬(soft skill)은 개인이 보유하고 있는 고유한 속성, 성격 특성 및 자질 등을 의미한다. 커뮤니케이션 능력, 리더십, 시간 관리 능력, 문제 해결 능력 등이 이에 해당한다. 소프트 스킬의 특징은 회사 생활에 꼭 필요하지만 하드 스킬처럼 정량적 평가가 어려운 점도 있다. 또한 그동안 축적해 온 삶의 경험을 통해 오랜 시간을 들여야만 습득이 가능하고, 이로 인해 쉽게 고치거나 개발이 어렵지만. 최근 많은 기업들은 소프트 스킬을 측정하기 위하여 B.E.I(Behavioral Event Interview, 행동사건면접) 등 다양한 방법으로 지원자의 과거 행동 양식을 통해 평가한다.

즉 스킬은 역량(competence/competency) 개념에서 주로 출발하는데, 유럽 및 호주권에서는 모든 사람들이 사회의 구성원으로서 공통적으로 갖춰야 할 능력과 자질을 의미하며, 기본적인 공통역량(general skill)과 직무능력(firm-specific skill)을 의미하는 반면에, 북미권에서 역량은 탁월한 사람이 특정한 직무를 수행하는 데 필요한 지식, 기술, 태도 등의 조합 혹은 복합체 정도로 정의되며 직무를 수행하는 데 필요한 핵심역량을 의미한다.

OECD에서는 competence나 competency의 용어보다는 스킬이라는 용어를 활용하며 스킬을 6개의 dimension으로 구분하고 있다.

1. 인지적 스킬	3. 테크니컬 스킬	5. 소셜 스킬
2. 메타 인지적 스킬	4. 프로페셔널 스킬	6. 정서적 스킬

2000년대 초반 국외의 스킬 관련 연구는 호주, 영국 및 미국을 중심으로 살펴보면, 호주에서 Employability Skills는 고용되기 위해 필요할 뿐만 아니라 개인의 잠재력을 개발하고 산업체의 전략적 방향을 따라 나아갈 수 있도록 하는 역량(skills)으로서 정의되며, 영국은 Key 스킬을 일상생활, 직업생활 및 교육훈련에서의 광범위한 활동을 성공적으로 수행하는 데 요구되는

공통적인 역량으로 정의한다.

〈표 1〉 국외 스킬 영역(2000년대)

국가	스킬	영역		세부영역
호주	Employability Skills	의사소통, 팀워크, 문제해결, 진취성, 계획·조직, 자기관리, 학습, 과학기술		세부영역은 존재하지 않고, 각 기술이 나타나는 양상(Facet)이 존재함
	ACSF	학습, 읽기, 쓰기, 의사소통, 산수		세부영역은 존재하지 않고, 각 영역 별 지표와 지표별로 존재하는 중점영역을 통해 영역을 세부적으로 구분함
영국	Functional Skills	영어, 수학, ICT		의사소통, 표현, 활용, 읽기, 분석, 검색, 쓰기, 해석, 개발
미국	Workplace Know-How	하드 스킬 (직무수행 능력)	자원활용	시간배분, 재정배분, 재료와 시설자원 배분, 인적자원배분,
			대인관계	팀원으로 참가, 다른 사람 교육, 고객에게 봉사, 리더십 발휘, 의사결정을 위한 합의, 다양한 배경을 가진 사람과 함께 일하는 능력
			정보	정보획득과 평가, 정보조직과 유지, 정보해석과 교환
			시스템	시스템이해, 수행의 모니터와 수정, 시스템 개선과 설계
			기술	기술선택, 기술적용, 기술의 유지와 조정
		소프트 스킬 (직업기초 능력)	기초	읽기, 쓰기, 듣기, 말하기, 계산, 수학
			사고력	창의력, 의사결정능력, 문제해결능력, 관찰능력, 학습능력, 합리적사고력
			개인적 자질	책임감, 자존감, 사회성, 자기관리, 성실·정직

출처 : DEST, ACCI, & BCA(2002). Employability skills for the future. Canberra: DEST.
Department of Education, Employment and Workplace Relations(2012). Australian core skills framework. Canberra.
Department of Education, Employment and Workplace Relations.Qualifications and Curriculum Authority(2012). Functional skills standards. London: QCA.

미국은 직업세계의 구성원들이 전 세계적인 수준에 부합해야 한다는 인식 하에서 산업 발전을 위해 필요한 능력이 무엇인지를 산업체 중심으로 파악하여 이를 교육과 연계시켜 학생들이 그러한 능력을 함양할 수 있도록 도와주는 관점에서 일터에서의 노하우(workplace know-how)로 직업기초능력을 정의하여 자원활용, 대인관계, 정보, 시스템, 기술의 하드스킬(직무수행능력)과 기초, 사고력, 개인적 자질의 소프트스킬(기본능력)로 구성하였다. 최근에는 미래의 스킬 동향을 분석하기 위하여, OECD(2010)는 복잡한 요구를 충족시키기 위한 지식, 기능, 태도와 가치를 동원하는 능력으로 핵심 역량을 정의하고 ①기초 능력과 디지털 문해력 ②학업 능력 ③기술적 능력 ④일반 능력 ⑤연성 능력 ⑥리더십을 제시하였으며 OECD(2014)에서는 ①전달 역량 ②대인관계 역량 ③전략적 역량으로 제시하고 영역별 세부 영역을 구체화하였다.

〈표 2〉 미래 사회에 요구되는 스킬

구분	영역(세부영역)
OECD(2010)	① 기초능력과 디지털문해력, ② 학업능력, ③ 기술적 능력, ④ 일반 능력, ⑤ 연성 능력, ⑥ 리더십
NationalNetwork of Business and Industry Association (2014)	① 개인 기술(진실성, 진취성, 신뢰성, 적응성, 전문성), ② 대인 기술(팀워크, 의사소통, 존경), ③ 응용 지식(읽기, 쓰기, 수학, 과학, 기술, 비판적 사고), ④ 작업 기술(기획 및 조직, 문제해결, 의사결정, 비즈니스, 기본 사양, 고객중심)
OECD(2014)	① 전달역량(분석적사고, 업적집중, 기초기술, 유연한사고, 자원관리, 팀워크와 팀리더십), ② 대인관계역량(고객중심, 외교적 민감성, 영향, 협상, 조직적 지식), ③ 전략적 역량(재능개발, 조직적 조정, 전략적 네트워킹, 전략적 사고)
O*NET	① 기본 기술(능동적인 학습, 능동적인 청취, 비판적 사고, 학습 전략, 수학, 모니터링, 독해력, 과학, 말하기, 쓰기) ② 복잡한 문제해결능력(복잡한 문제해결) ③ 자원 관리 기술(재정 자원 관리, 물질적 자원 관리, 인력 자원 관리, 시간 관리) ④ 사회적 기술(조정, 지시, 협상, 설득, 서비스 오리엔테이션, 사회적 지각) ⑤ 시스템 기술(판단 및 의사결정, 시스템 분석, 시스템 평가) ⑥ 기술능력(장비 유지 보수, 장비 선택, 설치, 운영 및 제어, 작동 모니터링, 운영 분석, 프로그래밍, 품질 관리 분석, 수리, 기술 설계, 문제 해결)

박가열 외(2018)	① 대응력, ② 다양성에 대한 포용력, ③ 호기심, ④ 전체조망력, ⑤ 환경친화성, ⑥ 위기대처능력, ⑦ 다재다능(팔방미인), ⑧ 열정, ⑨ 기업가 정신, ⑩ 미래예측력, ⑪ 자기혁신, ⑫ 통찰적 사고력, ⑬ 기계협업능력, ⑭ 인지적 부담관리, ⑮ 회복탄력성

출처 : 박가열, 김은석, 박성원, 이영민. (2018). 4차 산업혁명 시대 미래직업능력. 한국고용정보원. 김진실 외(2020) FGI를 통한 직업기초 능력 관련 이슈 진단 및 최신화 방안 연구에서 재인용.

2. 스킬 미스매치 (Skills Mismatch)의 의미

스킬 미스매치라는 용어는 복합적 의미를 내포하고 있으며 스킬 미스매치는 일자리의 과부족, 전공과 자격과 같은 질적 미스매치, 기대수준 등 다양한 관점에서 정의 내릴 수 있다(문한나 외, 2021). 학문적으로 스킬 미스매치의 유형은 다음과 같다(McGuinness 외, 2018). 먼저, 수직적 미스매치가 있다. 근로자의 스킬이 직무에서 요구하는 수준보다 높을 때를 스킬 과잉(Over-Skilling, 예, 학력과잉), 낮을 때 스킬부족(Under-Skilling, 예, 학력부족)이 발생하는 것을 의미한다. 둘째, 수평적 미스매치가 있다. 주로 자격(qualification) 또는 전공(field-of study)의 불일치를 의미한다. 셋째, 스킬 부족 일자리(Hard-to-fill vacancies)로 고용주 입장에서 봤을 때 구직자의 스킬 부족 때문에 채용이 어려운 일자리를 의미한다. 넷째, 스킬 갭(skill gap)으로 고용주 입장에서 현재 근로자에게 요구되는 숙련과 비교했을 때 숙련의 부족과 과잉을 의미한다. 기타 스킬 노후화가 있다.

〈표 3〉 스킬 미스매치(Skills Mismatch)의 유형

구분	스킬 미스매치의 유형
수직적 미스매치	스킬과잉(Over-Skilling)
	스킬부족(Under-Skilling)
수평적 미스매치	전공불일치(Field of study, mismatch)

스킬 부족 · 일자리	스킬 쇼티지(skill shortage)
스킬 갭	스킬 갭(skill gap)
스킬 노후화	스킬 노후화(skill obsolescence)

출처: McGuinness, S., Pouliakas, K., Redmond, P(2018). Skills mismatch: Concepts, measurement and policy approaches, Journal of Economic Surveys, 32(4): 문한나 외(2023)에서 재인용

스킬 미스매치와 관련하여 국가 차원에서의 구조적인 문제는 한 분야만의 대책만으로는 해결되지 않으며 경제 · 산업 · 노동 및 교육 분야까지 포괄하고, 계층별 · 수요자별 요구사항도 종합적으로 반영된 대책을 추진할 필요가 있다.

먼저, 노동시장의 구조적인 문제점으로는 노동수요 측면으로 경제의 고용창출력이 저하되어 있고, 노동공급 측면으로 중장기 노동공급이 부족하며, 노동시장 특성 측면으로 대기업 정규직 근로자는 고용이 과보화된 반면에, 많은 중소기업에서 기간제 근로자를 선호하고 있어 고용증대를 어렵게 하고 있다. 둘째, 교육훈련시장의 구조적인 문제점으로는 산업수요와 괴리된 인력양성, 현장요구반영이 미흡한 교육훈련프로그램, 양성 인력의 질 관리 체계 미흡, 지속적 능력개발을 위한 교육훈련체계가 미비하다. 이로 인해, 우리나라 교육의 문제해결방안으로 산업기술변화에 따른 인력수급 불균형 해소, 대학교육의 질적 수준 제고, 교육과 연구의 현장 적합성 제고를 위한 산학연 협력 강화, 청년층 · 여성 · 중고령층 인적자원개발 및 활용 증대, 진로 · 직업 기반 기초교육 확대, 근로자의 직업능력개발과 성인의 평생직업능력개발 참여 확대 등이 제기된다. 셋째, 자격시장의 구조적인 문제점으로, 경력개발보다는 입직형 중심의 자격, 현장의 연계미비, 자격종목 · 취득자 · 검정기관 질 관리 체계미비, 직업자격과 유관자격간, 자격종목간 종적 · 횡적 연계가 미비한 실정이다.

3. 스킬 미스매치의 구조적인 문제점과 개선전략

스킬 미스매치(Skills Mismatch)의 구조적인 문제점과 개선전략을 크게 노동 수요측면, 노동시장 특성 측면, 인력수급 및 인력양성 측면, 자격 운영 측면, 경력개발 경로 측면으로 구분하여 제시한다.

첫째, 노동수요 측면의 문제점 및 개선전략이다.

한국의 노동수요 측면의 구조적인 문제점은 경제의 고용창출력이 저하된 상황이다. AI 등 산업구조변화로 인한 일자리 변화 및 고용창출 여지가 큰 보건·복지, 사업서비스 등은 진입·투자 규제, 시장형성 미흡 등으로 일자리 창출이 부진한 상황이다. 이를 개선하기 위해서는 신성장동력 확충 등을 통해 제조업 고용을 유지하는 한편, 서비스업 규제의 획기적 완화·사회서비스 육성을 통해 구조조정에 처한 자영업 종사자 등 유휴인력을 흡수할 필요가 있다. 스킬 프레임워크(스킬맵 등)는 산업·직업·직무 단위 수준으로 요구능력을 제시하고 있으며, 이를 기준으로 현재 및 미래의 숙련수요에 대한 정보를 체계적으로 수집, 산업별 직업, 직무수준별로 미시적 질적 수요 정보 제공이 가능하다. 스킬 프레임워크 개발시 각 산업·직업·직무별 수요를 파악한 후, 개발된 스킬 프레임워크를 활용하여 유연한 직업교육훈련 및 평가(자격)를 통한 인력을 양성할 필요가 있다.

둘째, 노동공급 측면의 문제점 및 개선전략이다.

한국의 노동공급 측면의 구조적인 문제점은 인구절벽으로 인한 중장기 노동공급이 부족하고, 낮은 고용률이라고 할 수 있겠다. 우리나라 생산가능인구(15~64세)의 경제활동참가율과 고용률은 낮은 수준이고, 여성은 출산·육아기에 노동시장 이탈이 많고, 재취업이 어려우며, 청년층은 높은 대학진학률과 군복무, 긴 취업준비기간 등으로 경제활동 진입시기가 늦어 노동시장 미진입자가 많은 실정이다. 이를 개선하기 위해서는 고령화 등 인구구조 변화에 미리 대응하는 한편, 여성·청년·고령자 등 고용취약계층의 경제활동 참여를 유도할 필요가 있다. 스킬 프레임워크는 각 산업·직업·직무별 차별화된 숙련수요 정보를 제공하여, 그 결과 취업 및 재취업률 제고와 구직경로의 효율화 및 구직기간의 단축, 임금프리미엄의 증대, 숙련일치의 경력형성을 촉진시킬 수 있다.

셋째, 노동시장 특성 측면의 문제점 및 개선전략이다.

한국의 노동시장 특성 측면의 구조적인 문제점으로 노동시장 이중구조로 인한 고용불안정을 들 수 있다. 대기업 정규직 근로자는 단체협약에 의해 고용이 과보호된 반면, 원·하청기업간 불공정거래 등으로 인하여 하청 중소기업 근로자의 근로조건은 크게 열악한 상황이고, 중소기업은 고용비용이 상대적으로 저렴한 기간제 근로자 채용을 선호하는 실정이다. 이를 개선하기 위해서는 대·중소기업 공정거래, 기간제 근로자 등의 고용 안정성 제고 등으로 노동시장 이중구조를 해소하고 고용형태 다양화가 필요하다. 스킬 프레임워크를 통해서 효과적인 고용정보를 제공받아 인적자원거래 기반구축을 위한 정보를 획득하며, 부적절한 인력선발로 인한 기회비용을 줄이고, 개별기업 내부인사관리를 위한 능력평가기준을 활용하여 산업별, 직종별, 직무별 노동이동을 원활히 할 수 있다.

넷째, 인력수급 및 인력양성 측면의 문제점 및 개선전략이다.

한국의 교육훈련시장에서 공급되는 인력의 스펙(?)은 높아지고 있으나 눈높이에 맞는 양질의 일자리는 부족하여 청년층의 높은 실업률이 지속된다. 이는 노동시장의 수요에 비하여, 교육훈련시장에서 공급하는 인력의 자질과 능력이 산업계의 수요에 미치지 못하고, 공급되는 인력이 원하는 일자리가 창출되지 못하는데 기인한다. 이를 개선하기 위해서는 산업계 수요에 맞추어 대학 입학인원·학과 등을 구조조정하여 인력수급의 미스매치를 해소하고, 교육훈련의 질을 높여 나갈 필요가 있다. 스킬 프레임워크는 산업현장과 교육훈련을 효과적으로 연계(RPL)지을 수 있는 인터페이스를 제공하는 동시에 교육훈련의 능력단위화, 모듈화를 효과적으로 지원하여 공식적 학습과 비공식, 무형식의 학습을 체계적으로 연계지울 수 있는 기반을 제공함으로써 학력사회의 병폐를 해소하고 직무중심, 역량중심의 사회로 전환하는데 결정적 역할을 수행할 수 있다.

또한, 한국의 교육훈련은 수요자보다는 공급자 중심으로 운영되고 있다는 점이다. 여전히 학교, 학과 중심, 교수자 중심으로 이루어지고 있어 효과적인 질 관리가 어려운 실정이다. 특히 산업현장의 수요가 반영된 교과과정 설계보다는 현재 교과목, 이론, 학문 중심의 교육훈련이 이루어지고 질적 우수성을 확보하기 어렵다. 이를 개선하기 위해서 실질적 업무성과 증대에 직접적으로 기여할 수 있는 결과(Outcome) 중심적 교육훈련 및 수요자 중심의 교육훈련의 실천과 교육훈련의 표준화를 촉진하여 교육훈련의 품질 관리 체계가 필요하다. 스킬 프레임워크는 직무맵, 표준직무에 따른 필수 능력단위 또는 능력단위요소별 수행준거를 제시하고 있어, 실질적으로 교육훈련의 질을 높일 수 있으며, 산업 및 기술변화에 대응하여 지속적, 주기적으로 숙련수요변화 정보를 제공하여, 교육훈련의 시의성을 유지·강화하는데 결정적인 역할을 수행할 수 있다.

이 밖에, 한국은 획일적인 교육훈련을 여전히 운영하고 있는 실정이다. 기존 산업화시대의 필요에 따라 교육훈련기관에서 노동시장으로 이행하는데 필요한 저숙련 기능직과 중급 이하 기술직에 대한 교육훈련은 비교적 다양하게 개발되었으나, AI 및 빅데이터 등 산업구조변화에 따른 사회가 요구하는 산업별로 차별화된 중급기술직 이상을 위한 교육훈련프로그램은 절대적으로 부족한 실정이다. 산업사회 요구 및 수요자가 원하는 다양하고 유연하며, 차별화된 교육훈련 프로그램을 제공할 필요가 있다. 스킬 프레임워크가 제시하는 산업별, 직업·직무수준별 숙련수요정보는 지속적 경력개발 경로를 제시하여 평생직업능력개발을 촉진시키며 이를 위해 필요한 다양하고 차별화된 교육훈련프로그램을 개발·제공하는데 효과적으로 활용될 수 있겠다.

다섯째, 자격운영 측면의 문제점 및 개선전략이다.

한국은 국가기술자격에 대한 다양한 평가가 자격관련 연구자, 정책입안자, 자격취득자들로부터 지속적으로 이루어지고 있으나, 보다 더 현재 자격을 현장밀착형, 직업능력, 직무능력 인정형, 경력형 자격으로 전환될 필요가 있겠다. 스킬 프레임워크가 제공하는 산업별, 직업·직무수준별 요구능력과 평가기준은 현장상황의 다양성을 고려하여 이론 및 지식과 현장이 연계된 자격검정기준을 제공할 수 있으며, 그 결과 자격의 현업적용도가 크게 제고될 수 있다. 산업별역량(SQF)체계가 구축되면서 산업별로 차별화된 숙련수요정보와 직무특성의 변화에 보다 유기적으로 대응함으로써 자격이 갖는 능력의 신호기능과 인적자원관리의 선별기능을 강화하여야 한다.

또한, 현재 자격종목간 연계, 등급간 연계체계가 미흡하고, 현장경험과 같은 무형식 교육에 대해서도 그 능력을 인정하는 탄력적 운영이 부족한 현실이다. 이를 개선하기 위해서는 현재의 자격을 자격종목·등급의 엄정한 질 관리와 탄력적 운영이 필요하다. 스킬 프레임워크가 제공하는 산업별, 직업·직무수준별 현장의 요구는 직업교육기관과 직업자격을 긴밀하게 연계지울 수 있는 준거로서 기능함으로써 자격종목과 등급체계의 호환성, 적정성을 제고할 수 있겠다. 직업·직무수준별 능력단위별 평가기준을 자격검정에 적용함으로써 자격의 투명성을 제고하는 동시에 표준화를 촉진, 자격의 질 관리 체계를 선진화할 수 있다

여섯째, 경력개발 경로 측면의 문제점 및 개선전략이다.

한국의 자격제도는 근로자에게 자신의 능력수준을 진단하고, 교육훈련 및 자격취득 계획을 할 수 있는 정보를 제공하며, 기업체에서는 체계적인 인사관리, 자격검정기관에서는 자격의 신설 및 유사자격통폐합 필요성을 파악할 수 있도록 경력개발경로 제시가 필요함에도 불구하고, 현행 자격에서는 미흡한 실정이다. 이를 개선하기 위해서는 현재의 자격을 직업능력개발과 경력개발경로의 유연성·통합성을 강화할 필요가 있다. 스킬 프레임워크는 직무능력의 등가화를 통하여 학위 등 유관 자격과 산업현장에서의 근로경험을 직업자격과 연계하여 인적자원개발체계 전반의 통합성을 증대시키며, 그 결과 잠재적 근로자에 대한 불확실성을 감소하여 능력과 일자리의 일치도를 증대시킬 수 있다.

4. 스킬 맵(Skills Map)의 활용방안

어떤 산업이나 직종 분야는 여러 일(또는 기능)로 나누어질 수 있는데, 이러한 일은 각각 고유의 직무능력을 가진다. 과거에는 이러한 일들을 체계성, 연계성 등을 고려하여 자격과 교육훈련 등을 분할했어야 함에도 불구, 그렇게 하지 못하여 불필요한 유사자격, 중복된 교육훈련 등이 존재하고, 자격과 교육훈련의 연계성이 부족한 실정이다. 이로 인해 자격 혹은 교육훈련으로 얻은 직무능력의 유지, 확장 등에 어려움이 있다.

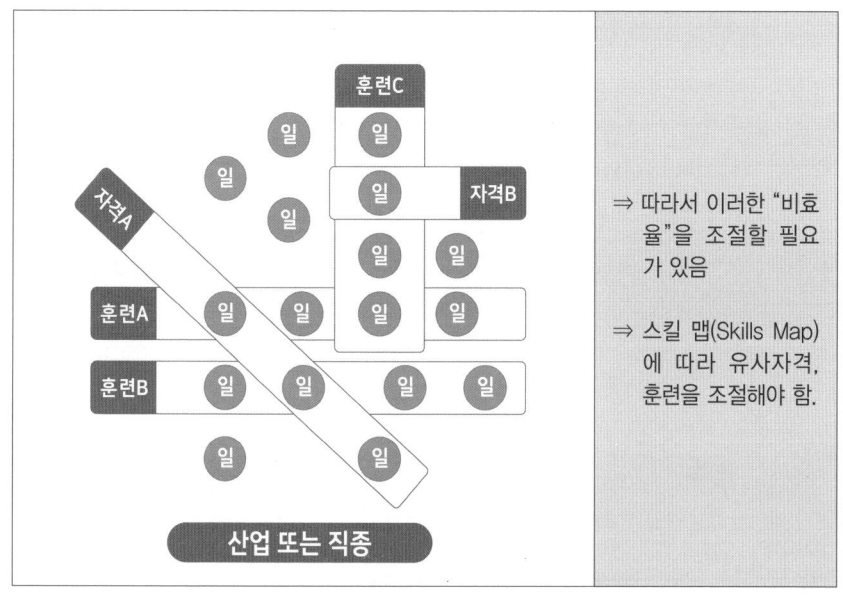

[그림 1] 스킬 맵(Skills Map)의 필요성

    스킬 맵(Skill Map=Competency Map)은 개발영역에서 어떠한 직업들이 존재하고 이들 직업간의 위치, 관계 등이 어떻게 구성되어지는가를 분석하는 것이다. (현재는 SQF의 직무맵-직무역량체계-역량인정방안을 의미한다.) 스킬 맵(Skill Map)은 가로축의 직능유형(Skill Type, 또는 Skill Specialization)과 세로축의 직능수준(Skill Level)의 2개의 분석 툴을 사용한다. 직능유형(Skill Type, 또는 Skill Specialization)은 해당분야의 직업에서 요구되는 지식, 기술, 도구의 유사성과 최종 산출물(Products)의 유사성 존재 여부를 파악하는 것이고, 직능수준(Skill Level)은 요구되는 지식, 기술, 학력, 경험 등의 수준과 교육훈련의 유형, 기간, 난이도, 수행되는 일의 범위와 복잡성에 따라 해당분야의 직업의 수준을 구분하는 것을 의미한다. 스킬 맵(Skill Map)의 예시는 다음 [그림 2]와 같다. 향후 산업별역량체계(SQF)에서 보다 더 자세히 살펴볼 수 있다. 스킬 맵(Skill Map)에 따른 능력단위 및 수행준거를 작성할 수 있다.

IV	출간 편집기획	디자인 컨셉 결정	생산계획 수립 및 생산공정 개선활동				
	편집 진행관리	고객 요구사항 파악	제작공정에 대한 전문지식 보유	고객 요구사항 파악	매엽 오프셋 인쇄기 및 관련기계 조작·관리	스크린인쇄기 및 관련기계 조작·관리	
	편집 관련자료 수집, 활용	콘텐츠 디자인 수행	원부자재 구매 및 조달일정 수립	레이아웃 수정·가공 (고급)	윤전 오프셋 인쇄기 및 관련기계 조작·관리	스크린인쇄 품질관리 수행	
III	교정·교열 수행	디자인 관련자료 수집	생산원가 산정		제작 규격에 맞는 색상 조정 및 유지		
	레이아웃 계획		기본적인 작업의 지도·교육(ojt)		인쇄 품질관리 수행		
	저작권 및 관련법규 준수				사내외 기술 및 안전교육 실시		
	제작공정 협의 및 결정						
			생산진행 관리	이미지 입력 및 가공	규격에맞는 원부자재준비	스크린 제판작업 수행	
II			품질검사 실행	영상·음성 정보 입력 및 가공		피인쇄물의 특성 및 인쇄재료 확인	
			고객서비스 지원	출판용 인쇄용 원판제작			
			출판·기획과정 파악	샘플 제작			
I	편집 관련 소프트웨어 사용	디자인 관련 소프트웨어 사용		텍스트 입력 및 가공	작업장 환경 및 안전유지	작업장 환경 및 안전유지	
			기초적인 정보기술도구 사용	레이아웃 수정·가공(기초)	인쇄 품질검사 수행	스크린인쇄 품질검사 수행	
	편집	출판 디자인	제작·공정관리	프리프레스	인쇄	스크린 인쇄	

※ 참고 : 2008년 보완개발된 '출판기획, 프리프레스, 후가공' 스킬 맵(Skills Map) 예시

[그림 2] 스킬 맵(Skills Map)의 예시(향후 SQF의 직무맵-직무역량체계-역량인증방안)

    스킬 맵(Skill Map)은 어떻게 활용될 수 있을까? 먼저, 근로자 개인이 스킬 맵(Skill Map)을 활용하는 방안은 ① 개발된 스킬 맵(Skill Map)을 중심으로 자신의 직무능력을 평가하고 자신의 능력의 가치를 판단할 수 있는 기준으로 활용. 즉, 자신의 위치를 파악하여, 자신의 직무능력 향상을 통한 경력개발과 승진을 위하여 자료로서 활용할 수 있다. ② 근로자 자신의 비전을 수립하고, 자신의 능력개발 및 교육훈련계획의 니즈(needs)를 명확히 할 수 있어 능력개발 방법의 선택과 자기계발(교육훈련 및 자격취득) 계획을 할 수 있다. ③ 스킬 맵(Skill Map)의 셀에 해당하는 능력단위 및 수행준거를 활용하여 근로자 자신의 역량진단체크리스트로 활용할 수 있다.

    둘째, 학교나 직업훈련기관과 같은 곳은 스킬 맵(Skill Map)의 각각의 직능수준에 맞게 양성·향상과정, 관리자 양성 및 향상과정에 대응할 수

있도록 편성하며 기존 훈련프로그램의 수정·보완하는데 활용할 수 있다.

셋째, 자격기관은 ① 산업현장의 직업구조와 자격의 일치성을 알아보기 위해 현재의 자격과 스킬 맵(Skill Map)을 연계할 수 있다. 현행의 자격이 산업현장의 직업과 일치시키기 위해서는 자격의 신설 및 유사자격의 통합필요성을 파악하여 새로운 자격종목 신설에 활용할 수 있다. ② 현행자격의 수정·보완에 활용될 수 있다. 스킬 맵(Skill Map)에서 필요지식 및 기술, 태도를 도출하고 현행 시험과목과 비교하여 시험과목의 내용을 보충하고, 피평가자의 능력을 평가할 수 있는 다양한 평가방법을 개발하여 적용할 수 있다. ③ 개별 근로자의 경력개발에 따른 자격 신설에 활용될 수 있다. 각 셀에서 요구되는 지식 및 기술, 태도를 바탕으로 시험과목을 도출할 수 있다.

넷째, 기업에서는 ① 스킬 맵(Skill Map)을 활용하여 체계적인 인사선발, 경력개발, 인사고과 등에서 활용가능하다. ② 기업체에서 요구하는 능력과 그러한 능력을 갖춘 인재를 선발하기 위하여 제시된 스킬 맵(Skill Map)과 선발하고자 하는 인재의 능력을 상호 연계시킴으로써 정확한 인재의 선발이 가능하다. ③ 인사등록 시스템에 활용할 수 있다. 어떤 직위를 희망하는 사람이 자격요건을 인정한 경우에 등록할 수 있고, 그 직위에 공석이 생기면 선발의 후보자가 되며, 최적자로 판정되면 이동·승진할 수 있다. ④ 근로자의 경력상담에 활용하여 정기적으로 직원의 실적과 업무수행능력을 평가하여 부하의 경력경로 작성하는데 활용할 수 있다.

다섯째, 국가 차원에서는 ① 국가 산업별 근로자 경력개발에 대한 지원을 강화할 수 있는 기초자료로 활용될 수 있다. ② 중소기업의 근로자경력개발 지원 강화를 통한 고용구조 개선에 활용할 수 있다. ③ 수요자 중심 직업능력개발체계를 구축에 활용할 수 있다. ④ 자격제도 개선에 활용할 수 있다. ⑤ 노동시장, 교육훈련시장, 자격시장 체질개선에 활용할 수 있다. ⑥ 종합적 인적자원개발 지원체제를 구축하는데 활용할 수 있다.

여섯째, 스킬 맵(Skill Map)을 활용한 고용서비스(진로교육-경력개발-경력관리)시스템을 구축할 수 있다. 개인과 조직이 추구하는 경력개발 목적을 달성하고, 구조화된 경력개발 활동을 촉진할 수 있는 고용서비스시스템을 구축할 수 있겠다. ① 진단 및 계획단계 : 진로지도, 직업상담, 취업알선이 가능, ② 실천단계 : 직업능력개발 및 인사제도에 활용, ③ 환류단계 : 경력개발의 단계별 지표(Index)로서, 직업능력개발훈련을 견인하고, 승진, 배치전환 등 인사제도와 연계하여 직무능력 중심의 인사제도 구축에 기여할 수 있다. 스킬 맵(Skill Map)을 활용하여 경력관리지원시스템을 구축할 수 있다. : 경력관리지원시스템은 경력상담시스템과 경력정보시스템으로 구분할 수 있다. 첫째 스킬 맵(Skill Map)을 활용하여, 자기진단을 할 수 있도록 도와주는 경력상담시스템을 구축하여 근로자가 경력계획서를 작성하도록 하여 개인의 경력욕구와 조직의 경력욕구 등을 구명할 수 있고, 둘째 현재 개발된 스킬 맵(Skill Map)의 능력단위의 수행준거를 기준으로 자신의 역량을 평가하여, 근로자 스스로 경력계획을 적극적으로 실행에 옮길 수 있도록 실행방안을 제시할 수 있다.

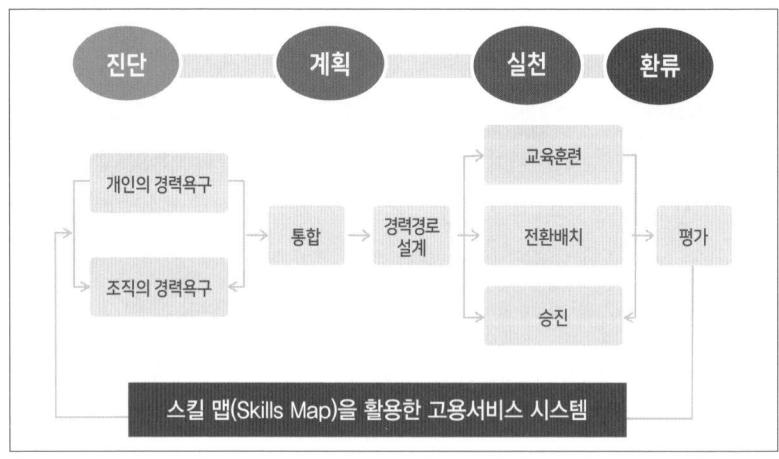

[그림 3] 스킬 맵(Skills Map)을 활용한 고용서비스 시스템

한국의
SKILLS *Future*

Ⅱ. 한국에선 역량으로(Competency)

"한국의 SkillsFuture"를 추천합니다.

"김진실 원장의 새 책 발간을 축하한다. 이론과 실무를 겸한 행정가이자 NCS 전도사로서 능력중심사회를 앞당기기 위한 그동안의 헌신에 박수를 보낸다. 이제는 스킬 중심 사회를 구현하기 위한 김진실 원장의 중단없는 전진에 더 큰 박수를 보낸다."

서울여자대학교 임효창 경영학과 교수/기획처장

"김진실 원장의 끊임없는 노력과 헌신의 산물인 이 책은 4차 산업혁명 시대를 맞이하여 필요한 인재를 육성하고 선발하는 데 있어 최고의 서적이 될 것이라 생각한다. 원장의 풍부한 경험과 통찰이 집약되어 우리나라 HRD 분야뿐만 아니라, 모든 산업 분야의 발전에 큰 기여를 할 것이다. 아울러 더 많은 전문가와 실무자들이 이에 영감을 받고, 우리 사회가 직무능력 중심으로 나아갈 수 있는 길을 찾기를 기원한다."

(사) 대한민국숙련기술인총연합회 배명직 회장/기양금속공업 대표

"김진실 원장은 KHRD의 대표적인 브랜드다. 이 책은 통섭적으로 노동과 교육을 살핌으로써, 직무능력중심 사회의 각 제반요소가 상호 유기적으로 작동할 수 있는 방안을 연구한 첫 번째 결과물이다. 연구자로서 또한 행정가로서 NCS의 꽃을 피워낸 그는 우리 사회에 필요한 스킬 프레임워크를 제시하는 최고의 적임자다. 그의 통찰을 책으로 접할 수 있게 되어 행운이다. 이 책은 저자가 싱가포르의 SkillsFuture SG를 벤치마킹하면서, 직무능력중심 사회의 제 요소가 상호 유기적으로 작동할 수 있도록 스킬(Skills)의 개념으로 풀어낸 역작이다. 서말의 구슬을 꿰어가는 저자의 노력에 박수를 보낸다."

스탭스(주) 박현승 부사장

"김진실 원장의 발자취와 경험을 바탕으로 직무능력 향상을 위한 표준화의 기반을 구축하시고, 국가경쟁력을 향상시키시는데 누구보다도 선구자적 소임을 수행하시고, 인생 2막의 출발에 건승을 기원한다. 한국적인 문화와 정서에 맞추어 보다 미래지향적인 연구 활동과 결실을 기대한다."

(주) 덕양가스 최정근 부사장

"국내 최고의 NCS전문가가 집필한 최고의 역작. 직업능력개발을 위한 최고의 가이드북!!!"

숙명여자대학교 권순원 경영전문대학원 원장

"『한국의 Skills Future』를 편찬한 김진실 원장은 대한민국 국가직무능력표준(NCS)의 역사에서 빼고 이야기할 수 없다. 현장의 다양한 경험을 기반으로 집필한 이책은 HRDer들이 꼭 알아야 할 직무능력, 스킬, 역량체계, 직업교육훈련 등 직무 중심의 HRD 개념을 이해 하기 좋게 구성이 되어 있다. 특히, 지역별·산업별인적자원개발위원회 사무국 직원들의 바이블로 꼭 한번은 읽었으면 한다."

전자산업 인적자원개발위원회 이준영 차장

II. 한국에선 역량(Competency)으로

학습개요

이 장에서는 KSS(Korea Skills Stndards)와 NOS(National Occupational Standards)의 차이를 살펴보고, 국가직무능력표준(NCS)으로 일원화되는 과정을 알아본다. 국가직무능력표준(NCS)에서 Competency의 의미를 살펴보고 국가에서 활용되는 역량의 세 가지 의미를 살펴본다.

학습목표

1. KSS(Korea Skills Stndards)와 NOS(National Occupational Standards)의 차이를 설명할 수 있다.
2. 국가직무능력표준(NCS)로 일원화되는 과정을 설명할 수 있다.
3. 국가직무능력표준(NCS)에서 Competency의 의미를 설명할 수 있다.
4. 국가에서 활용되는 역량의 세 가지 의미를 살펴본다.

1. KSS와 NOS의 비교

한국에서는 2002년 노사정 합의에 의해 국가직업능력표준(NOS : National Occupational Standards)을 고용노동부(당시 노동부)와 한국산업인력공단이 개발하기 시작한 반면에, 국가직무능력표준(KSS : Korea Skills Standards)을 교육부(당시 교과부)와 한국직업능력연구원(당시 한국직업능력개발원)에서 개발하였다. 국가직업능력표준(NOS)을 개발한 고용부와 공단의 논리는 국가적 차원에서는 직업능력 수준에서 표준화하는 것이 적당하다고 생각하였다. 국가 차원에서는 직업교육(직업훈련)이 직무교육(직무훈련)보다 적당한 용어라는 것이다. 흔히 말하는 직무(job)이라는 용어는 기업 내부에서의 인적자원관리 측면에서 언급되어지는 단위의 크기이며, 이는 개별 기업, 개별 작업장마다 상이하고 독창적인 것으로서, 어떤 표준율로서 규정되기 어려운 반면, 직업(occupation)의 경우는 더 포괄적이고, 어떤 일관성과 유사성을 가진 직무들의 군집으로서 기업단위가 아닌 어떤 산업 또는 국가적인 차원의 단위로서, 표준율로 규정할 수 있는 범위라고 하였다. 따라서, 현장 기업의 개별 업무 자체를 규정짓는 것은 불합리하기 때문에, 국가차원의 기준 또는 표준이라면 포괄적인 직업이라는 단위에서 내려지는 것이 합리적고, 직무를 중심으로 개발이 완료되면, 직업 간의 공통이나 수준간의 필수/선택 능력을 구분하기 어려워 교육훈련 및 자격 취득 시 활용상의 문제가 발생한다고 주장하였다. 반면에 교육부와 직능연은 직무능력으로 표준화하는 것이 보다 정교하게 개발되어 교육과정 설계 등에 용이하다고 생각하였고 2007년 자격기본법에 이미 국가직무능력표준으로 법적기반을 마련하였으며, 또한 미래 사회는 직무중심의 사회변화로 직무능력 단위가 필요하다고 하였다. 이와 같이 각각 개발 및 운영되고 있는 것을 2009년에 국가직무능력표준(자격기본법 제5조)을 원활히 개발하도록 KSS와 NOS의 개발 매뉴얼 일원화TF를 구성 및 운영하였다. 1차 TF는 '09년 2월 1일부터 4월 6일까지 총 7회를 운영하였다. 구성원은 총 8명으로 교과부 사무관과 한국직업능력연구원 2명, 노동부 사무관과 서울대 ○○교수, 한국산업인력공단 ○○○팀장, 지경부 추천 ○○○교수, 국토부 추천 ○○○으로 구성되었고, 2차 TF는 '09년 4월 28부터 8월 30일까지 운영하였으며, 교과부측은 사무관 및 직업능력연구원 3명, 노동부측은 사무관 및 공단 2인, 한기대 ○○○교수로 구성 운영하였다. 주된 논의내용은 국가직무능력표준 개발영역(안)을 마련하고, 국가직무능력표준 개발 지침서를 확정하는 것이다. 운영결과 개발영역과 관련 대분류 수준을 합의하고, '09년 4월 21일에 자격정책심의회를 통과하였다(09년 국가직무능력표준 개발계획, 2009). KSS와 NOS의 비교표는 〈표 4〉와 같다.

〈표 4〉 KSS와 NOS의 비교(2010년 국가직무능력표준(NCS)일원화 이전 표준)

구 분	국가직무능력표준 (KSS: Korea Skills Standards)	국가직업능력표준 (NOS: National Occupational Standards)	비 고
표준의 정의	○산업현장의 업무수행을 위해서 요구되는 표준화된 지식, 기술, 태도 그리고 이것의 평가를 위해 조직화된 내용으로서 국가차원의 표준제정기관의 승인을 받은 내용	○근로자가 자신의 직업에서 업무를 성공적으로 수행하기 위하여 요구되는 능력을 과학적이고 체계적으로 도출하여 국가적 차원에서 표준화 한 것	

구 분		국가직무능력표준 (KSS: Korea Skills Standards)	국가직업능력표준 (NOS: National Occupational Standards)	비 고
표준개발에서의 매뉴얼 및 지침서의 의미		○표준 개발 사업을 준비기·도입기·정착기의 3단계로 구분하고 표준의 점진적이고 단계적인 도입과 활용을 위한 지침으로 활용	○국가적으로 표준 개발체계의 구축이 미흡한 상태에서 난개발을 미연에 방지하고 체계적이고 효율적인 개발을 위해 매뉴얼 보급	
개발 영역		○산업영역을 18개의 대영역으로 구분하고 중분류, 소분류로 구분하여 소분류 밑의 직무능력이 표준 개발대상 ※표준 개발을 위한 세부 산업영역분류(안)은 추후 제시하되, 직무능력명칭은 한국표준직업분류 또는 한국직업사전의 표기 양식에 따름	○산업을 16개의 대분류와 54개의 중분류로 구분하고 중분류 밑에 개발 영역을 설정 ※ KECO(고용직업분류)를 토대로 한 연구 결과에 의거 제시	
표준의 구성		○직무내용을 분류하여 소분류에 속하는 직무능력을 선정, 그 하위의 개별 핵심능력은 아래와 같이 구성됨 [직무능력 / 핵심능력 / 능력단위 / 능력단위 설명 / 능력요소 / 수행기준: 지식, 기술, 태도 / 작업상황: 주요 고려사항, 장비 및 도구 / 평가방법]	○직종구조분석을 통해 직종(능력군)을 선정, 그 하위의 개별 능력단위는 아래 표와 같이 구성됨 [능력군 / 능력단위 / 코드명 / 능력단위 설명 / 능력단위 요소 / 수행준거 / 적용범위: 적용범위, 필요자료 및 서류, 사용 장비 및 도구 / 평가지침: 평가시 고려사항, 평가방법, 관련 지식, 기술, 태도]	○양 표준의 구성적인 측면의 비교를 위해 NOS의 '능력군'과 KSS의 '직무능력'을 동일 선상에 놓음
용어	능력군 vs 직무능력	○직무능력: 수행하는 직무의 목적을 성취하여야 할 결과로 표현한 것	○능력군: 긴밀한 관계가 있거나 관련성이 높은 능력단위 들의 묶음으로서 해당 개발 분야의 직무 또는 직종	

구분		국가직무능력표준 (KSS: Korea Skills Standards)	국가직업능력표준 (NOS: National Occupational Standards)	비고
용어	능력단위 VS 핵심능력, 능력단위	○핵심능력 : 직무능력의 정의에서 도출된 '직무수행 목표'를 달성하기 위한 하위 기능을 몇 개의 큰 일 덩어리로 묶은 것임 ○능력단위 : 한개의 직무를 체계적인 방법에 따라 작은 단위로 나눈 단위로서 자체로 독립될 수도 있고 측정이 가능한 행동의 범위	○능력단위 : 해당 작업에만 요구되는 전체 직업능력을 구성하는 개별 직업능력으로 교육훈련과 평가를 위한 명확한 성과를 가진 기능단위	
	능력단위요소 VS 능력요소	○능력요소 : 능력단위를 구성하는 기본적인 요소로, 특정 장소에서 일하는 근로자가 할 수 있는 직무를 시범보일 수 있고 평가할 수 있도록 해위 형태 또는 결과물로 나타냄	○능력단위요소 : 해당 능력단위를 구성하는 중요한 하위능력을 기술하는 것으로 능력단위와 직접적인 연계성을 가지며, 행동양식, 결과형태, 능력단위 내에서 수행되어지는 기능으로 표현된 것	
	수행준거 VS 수행기준	○수행기준 : 해당 작업을 수행하는 절차와 방법을 논리적인 순서에 따라 구체적으로 기술	○수행준거 : 해당 능력단위의 성취여부를 판단하는 척도이자 준거로서 각 능력단위요소들별로 성취여부를 판단하기 위하여 개인들이 도달해야 하는 수행의 기준을 제시	
	수준체계	○표준에 의거한 자격 개발을 위해 7단계의 '국가자격체계'(KQF) 설정 - 능력요소별 제시 ○수준별 현장을 관리/사무직, 기능/기술직, 전문직으로 구분하고 1수준은 기능사, 2수준 산업기사, 3~4수준은 기사, 5~7수준은 기술사에 해당~	○산업현장의 일을 중심으로 교육훈련과 자격 연계를 위해 8단계의 직능(직업능력)수준체계 설정 - 능력단위별로 제시 ※ 표준 개발 시 능력단위의 직능수준 책정은 개발 분야의 특성에 따라 유연성을 둠 ○수준별 현장을 기능/생산서비스 분야, 기술/경영관리 분야로 구분하고 1~4 수준은 기능사, 산업기사, 기능장에 대응하고 5~8수준은 산업기사, 기사, 기술사 등에 해당함	

구 분	국가직무능력표준 (KSS: Korea Skills Standards)	국가직업능력표준 (NOS: National Occupational Standards)	비 고
기초 직업 능력과 직업 기초 능력	○직업기초능력: 직종이나 직위에 상관없이 모든 직업인에게 공통적으로 요구되는 능력 ○영역설정 : 5개의 역량군 밑에 11개의 영역(자기개발능력, 의사소통능력, 수리활용능력, 정보활용능력, 문제해결능력, 자원관리능력, 기술활용능력, 대인관계능력, 문화이해능력, 조직이해능력, 변화관리능력)과 총 30개의 하위요소로 구분 ○수준설정 : 능력단위별, 30개의 기초직업능력 하위요소별로 수준1~수준5로 구분	○기초직업능력: 직종이나 직위에 상관없이 대부분의 직종에서 직무를 성공적으로 수행하는데 공통적으로 필요한 능력 ○영역설정 : 10개의 영역(의사소통능력, 수리능력, 문제해결능력, 자원관리능력, 대인관계능력, 정보능력, 기술능력, 조직이해능력, 직업윤리)과 총 34개의 하위능력으로 설정 ○수준설정 : 능력단위별로 10개의 기초직업능력영역을 '상','중', '하'의 3수준으로 책정	

KSS와 NOS의 공통양식은 아래 [그림 4]와 같은 체계로 구성하였다.

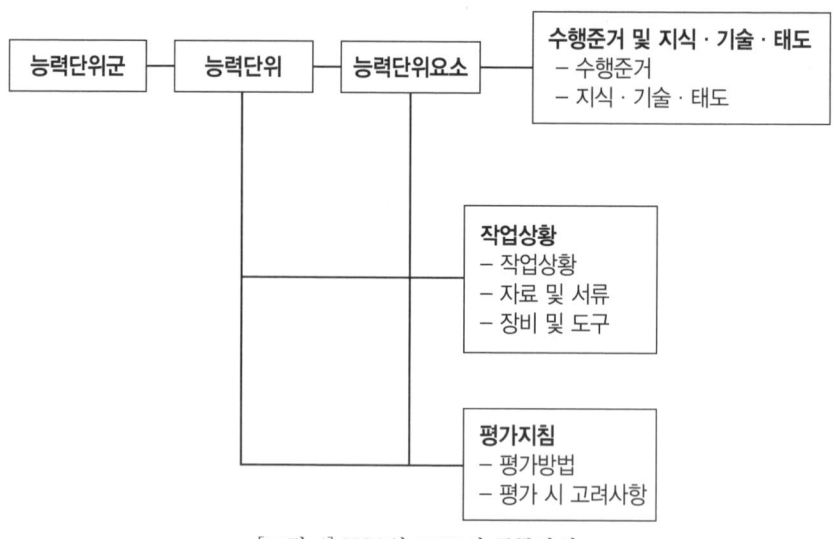

[그림 4] KSS와 NOS의 공통양식

2. 국가직무능력표준(NCS)로 일원화

국가직무능력표준 TF를 거쳐 2010년 5월 10일 제 55차 국가정책조정회의 결과(국가직무능력표준 효율화 추진 관련)에 따라 한국에서는 스킬표준(Skills Standards)도 아닌 직업 표준(Occupational Standards)도 아닌 역량표준(Competency Standards)으로 일원화되었다. 국문은 이미 자격기본법 제 2조에 명시된 국가직무능력표준으로, 영문은 NCS(National Competency Standards)로 정리된 것이다.

구체적으로 살펴보면, 국가직무능력표준의 의의는 산업현장의 직무수행에 필요한 핵심능력을 산업별·수준별로 체계화한 것으로 산업별 인적자원협의체(SC) 또는 대표기구가 개발하고 국가가 인증·고시하는 것이다(근거법률: 자격기본법 제2조(국가직무능력표준의 정의), 제5조(국가의 국가직무능력표준 개발의무)). 동 표준을 교육·훈련과정과 자격기준에 활용함으로써 산업현장과의 연계성을 강화하여 교육투자의 효율성을 제고(근거법률 : 자격기본법 제3조, 시행령 제8조)한다.

일원화되기 전의 상황을 다시 살펴보면, 2010년 당시 국가직무능력표준 개발이 노동부의 국가직업능력표준(NOS)과 교과부의 국가직무능력표준(KSS)으로 이원적으로 운영 중이었으며, 노동부에서는 '02년부터 매년 15~20종의 국가직업능력표준(NOS)을 개발하였고, 교과부에서는 '03년부터 국가직무능력표준 기초연구 등을 실시하고, '08년부터 매년 4~15종의 국가직무능력표준(KSS)을 개발하였다.

* KSS(Korean Skills Standards) : 직무를 수행하기 위하여 요구되는 지식·기술·소양 등의 내용을 산업 부분별·수준별 체계화 (한국직업능력개발원 담당)('03년부터개발)

* NOS(National Occupation Standards) : 한 직업내에서 필요한 일을 효과적으로 수행하기 위하여 요구되는 능력(지식·기술·태도)을 국가적 차원에서 표준화(한국산업인력공단 담당)('02~'09년까지 개발)

연도	NOS(National Occupational Standards)	KSS(Korean Skills Standards)
'02	• 4영역 20직종 개발 - 자동차정비(4), 기계설비(6), 정보통신(5), 전기(5)	
'03	• 5영역 23직종 개발 - 토목(4), 건축(3), 기계가공(7), 기계설계(1), 미용서비스(4), 자동차정비(4)	• 표준 1종 개발 - 실내건축, e-비지니스 ※ 시범개발
'04	• 4영역 32직종 개발 - 환경(3), 기계장비 설치 및 유지보수(6), 출판·인쇄(6), 사업지원서비스(7), 건축(10)	
'05	• 3영역 24직종 개발 - 금속가공(4), 기계조립 및 제어(4), 전자(3), 기계설비(4), 정보통신(5), 전기(4)	• 표준 1종 개발 - 반도체 소자, 설계·개발·생산 • 직무체계 시안개발 1종(IT분야)
'06	• 4영역 41직종개발 - 조선(8), 금속엔지니어링(4), 음식서비스(8), 섬유(7), 토목(13), 기계설계(1)	• 표준 2종 개발 - 디스플레이(설계·개발·생산), RF 회로(개발·생산) • 직무체계 시안 2종 개발 - 환경, 전기전자분야
'07	• 7영역 51직종 개발 - 공예(5), 귀금속/보석(6), 철도(4), 사회복지서비스(8), 농업(12), 금형(8), 금속재료제조(7), 사업지원서비스(1)	• 직무체계 시안 3종 개발 - 경영·사무분야, 건설분야, 기계분야
'08	• 5영역 10직종 개발 - 사업지원서비스(2), 출판인쇄(2), 정보처리(1), 기계설계(4), 패션(2)	• 표준개발 : 4종 - 토목설계, 건축설계, 조경, 지적 및 측량 • 교육훈련과정개발 매뉴얼
'09	• 1영역 9직종 개발 - 건설시공(9)* * 국토부 소관 표준(공단개발) • 표준활용 패키지* 개발(조선, 패션, 금형 분야) * 표준을 기반하여 훈련기준, 출제기준, 훈련교재, 직무기술서 등 11개 산출물 개발	• 직무체계 3종 개발 - 농림·수산, 문화·예술·디자인 등 • 표준개발 : 15종 - 기계설치 및 유지보수, 세무, 웹 개발 등

이와 같이 이원화되어 운영되는 문제점으로 첫째, 수요자 혼란이었다. 2개의 기준이 존재함으로써 근로자가 자기진단이나 경력개발경로 설정 등 활용상의 혼선을 야기하고 장기적으로 표준에 대한 불신이 초래될 우려된다. 둘째, 업무중복 및 예산 낭비였다. 유사한 개발 절차와 방법에 의해 개발되고 있어 개발기관 간 업무 중복과 인력활용 및 예산 낭비가 예상되었다. 셋째, 국제협력에 있어서 혼란이 야기되었다. 국가간 자격의 상호인정과 관련 인력의 교류시 국가자격체계에 기반한 표준 및 자격을 활용하나, 이원적 운영으로 국제적 통용성이

저하될 것이다.

국가직무능력표준 통합추진 경과는 국가직무능력표준의 이원화 추진에 따른 중복 방지 등을 위해 「국가직무능력표준 일원화 TF」('09.2~8)를 구성·운영하여 주요 용어 및 표준개발양식 등 일부 쟁점은 합의하였으나, 표준 명칭·개발 주체 등은 미합의하였다. 이후 '10년 4월 국무총리실 주관으로 관계부처 조정회의를 추진, 국가직무능력표준 통합 방안이 마련되었다(교과부와 노동부 합의). 통합추진 방안으로 명칭은 '국가직무능력표준', 영문표현은 'NCS'(National Competency Standards)로 통일되었고, 정부주관 국가표준개발사업은 노동부가 담당하고, 국가표준개발사업의 기본계획 수립 및 자격정책심의회 상정 중요안건 작성은 교육과학기술부와 노동부가 공동으로 추진하며, 한국산업인력공단은 정부발주 표준개발사업을 담당하고, 한국직업능력개발원은 국가직무능력표준 연구를 담당하게 되었다.

[그림 5] 국가직무능력표준(NCS)로의 일원화 공문

3. 국가직무능력표준(NCS)에서의 Competency의 의미

스킬을 이해하는데 있어서 우선적으로 역량의 개념을 이해해야 한다. 특히 한국에서는 국가직무능력표준(NCS: National Competency Standards)으로 일원화되었기 때문에, 더구나 역량(Competency)에 대한 개념을 이해할 필요가 있다.

역량을 논의하고 설명할 때 우리말로는 역량이지만, 영문으로는 competence와 competency가 혼용될 때가 있다. 주로 영국을 비롯한 유럽 학자들은 'competence'를 사용하고, 주로 직업교육 맥락에서 활용되고 있다. 즉, 개인들에게 키워주어야 하는 기본적 능력이나 기술을 설명하면서 'competence'를 사용하고 있다. 반면에 미국 학자들은 'competency'를 사용하며 주로 기업교육 맥락에서 활용되고 있다. 즉, 역량(competency)이란 특정 조직이나 환경에서 필요로 하는 것을 이룰 수 있는 능력으로, 평범한 성과를 내는 직무 수행자와 우수한 성과를 내는 직무 수행자를 구분 짓는 행동 양식의 특성에 초점을 맞추었다(McClelland, 1973). 이후로 Boyatizis(1982)는 성공적인 직무수행에 필요한 동기, 기술, 자아상, 사회적 역할의 한 부분 또는 지식체계로 직무수행과 관련된 능력으로 정의하였고, Spencer & Spencer(1992)는 특정한 상황이나 직무에서 준거에 따른 효과적이고 우수한 수행의 원인이 되는 개인의 내적 특성으로 정의하였다. 이와 같이 역량(competency)이란 기업 등의 조직에서 우수 성과자의 행동특성으로 종합할 수 있다.

하지만 NCS의 'C' 역시 competency의 약자로 기업에서 쓰이는 역량과 같은 개념일지 고민해볼 필요가 있다 굳이 차이를 두자고 한다면, 기업에서 쓰이는 '역량'의 개념은 우수한 성과를 내는 직무수행자를 구분 짓는 행동 양식의 특성에 초점을 맞추어, '특정 조직이나 환경에서 필요로 하는 것을 이룰 수 있는 능력'으로 뛰어난 수행수준(superior performance)의 의미로 사용되었다. 반면에 국가적 차원에서 국가직무능력표준(NCS)에서의

Competency는 "역량"이라는 용어보다는 '직무능력'으로 사용하고 있다. 이미 자격기본법에 2007년 국가직무능력표준으로 이미 명시되어 있었던 부분도 있지만, 실제 국가 차원에서는 다양한 산업과 직업의 세계에서 존재하고 있는 각각의 역량들을 체계화할 필요가 있고, 제도의 수혜자 역시 우수성과자 이외의 저성과자, 그리고 남녀노소를 포함한 대국민들을 대상으로 하고 있기 때문에 역량이라는 용어보다는 "직무능력"으로 쓰는 것이다. 즉, 국가적 차원에서 의미하는 'competency'는 국민들 누구나 일을 할 수 있는 능력(직업능력 혹은 직무능력)으로 효과적인 수행수준(effective performance)을 의미하는 것이다. 이렇게 국가가 마련한 역량들의 정보인 NCS는 국민들에게 제한 없이 공개되어 누구든지 각 직업에 필요한 능력과 그 능력에 따른 행동들을 검색할 수 있게 된다. 각 기업에서는 공개되어 있는 국가적 차원 역량(능력: NCS)들을 각 조직의 미션과 비전 및 핵심가치 등에 따라 얼마든지 커스터마이징할 수 있다.

즉 국가직무능력표준(NCS)에서의 Competency는 직무능력으로 명명하고, 여기서 직무능력(competency)은 직무수행능력(Job Specific Competency)과 직업기초능력(Foundational Common Competency)을 포함하는 개념이다. 직무능력을 표준화한 것이 국가직무능력표준(NCS)이고, 직무수행능력은 능력단위(competency unit)이고, 직업기초능력은 10개 대영역과 34개 하위영역 100여개의 요소로 국가인프라로 구축되었다.

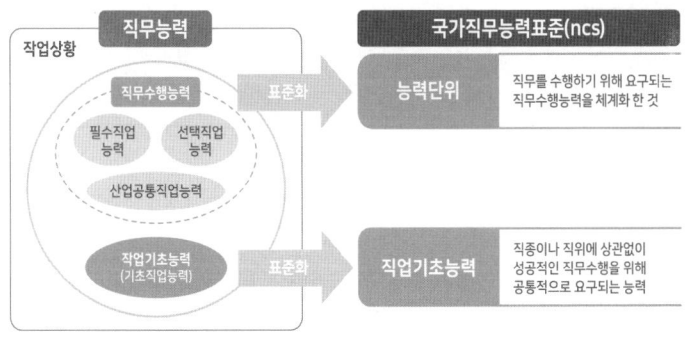

[그림 6] 직무능력(직무수행능력+직업기초능력)의 표준화=국가직무능력표준(NCS)

국가직무능력표준(ncs)에서 직무수행능력을 나타내는 능력단위 설정 기준은 다음과 같다.(한국산업인력공단(2023), 국가직무능력표준 개발·개선 매뉴얼)

첫째, 한 사람이 수행 가능해야 한다. 능력단위는 하나의 임무(duty)를 수행하기 위한 한 사람의 최소 업무 범위로 한정되어야 한다.

둘째, 명확한 성과(outcome)를 도출해야 한다. 능력단위의 수행결과는 현장에서 요구되는 최소한의 또는 평균 수준의 명확한 성과를 나타내어야 한다.

셋째, 교육훈련 및 평가가 가능해야 한다. 능력단위의 내용 범위는 최소한의 교육훈련 및 평가가 가능한 크기여야 한다.

넷째, 일정한 기능(function)을 해야 한다. 능력단위는 해당 능력단위 내용 자체로 업무를 수행할 수 있고, 직무 내에서 의미가 있는 역할이어야 한다.

다섯째, 수행하는 직무가 독립적이어야 한다. 능력단위의 내용 및 수준은 다른 능력단위와 독립되어야 한다.

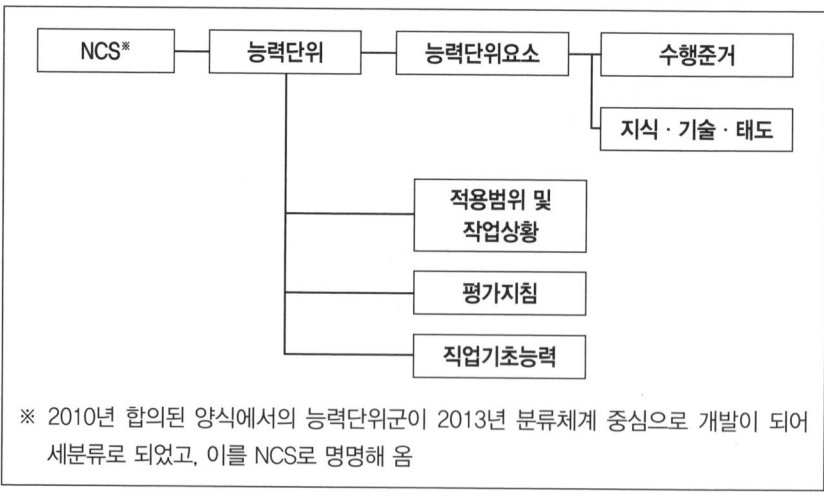

※ 2010년 합의된 양식에서의 능력단위군이 2013년 분류체계 중심으로 개발이 되어 세분류로 되었고, 이를 NCS로 명명해 옴

[그림 7] 국가직무능력표준(NCS)에서의 직무수행능력인 "능력단위"의 구성

<표 5> 직무능력(competency) 중 직무수행능력인 능력단위 구성항목별 내용

구성항목	내용
① 능력단위분류번호 (competency unit code)	능력단위를 구분하기 위하여 부여되는 일련번호로서 14자리로 표현
② 능력단위명칭 (competency unit title)	능력단위의 명칭을 기입한 것
③ 능력단위정의 (competency unit description)	능력단위의 목적, 업무수행 및 활용범위를 개략적으로 기술
④ 능력단위요소 (competency unit element)	능력단위를 구성하는 중요한 핵심 하위능력을 기술
⑤ 수행준거 (performance criteria)	능력단위요소별로 성취여부를 판단하기 위하여 개인이 도달해야 하는 수행의 기준을 제시
⑥ 지식·기술·태도 (KSA : knowledge, skill, attitude)	능력단위요소를 수행하는 데 필요한 지식 · 기술 · 태도
⑦ 적용범위 및 작업상황 (range of variable)	능력단위를 수행하는데 있어 적용되는 범위와 물리적 · 환경적 조건 등 고려사항과 관련자료, 장비 및 도구, 재료를 제시한 것
⑧ 평가지침 (guide of assessment)	능력단위의 성취여부를 평가하는 방법과 평가 시 고려되어야 할 사항
⑨ 직업기초능력 (key competency)	능력단위별로 업무 수행을 위해 기본적으로 갖추어야 할 직업능력
⑩ 개발·개선이력 (improvement history)	해당 능력단위의 최초 개발부터 능력단위가 변경된 이력관리

[그림 8] NCS에서의 대분류-중분류-소분류-세분류-능력단위-능력단위요소 엑셀시트 예시

출처: 국가직무능력표준(2024), NCS활용-자료실-NCS정보망 DB
https://www.ncs.go.kr/th06/bbs_lib_list.do?libDstinCd=47

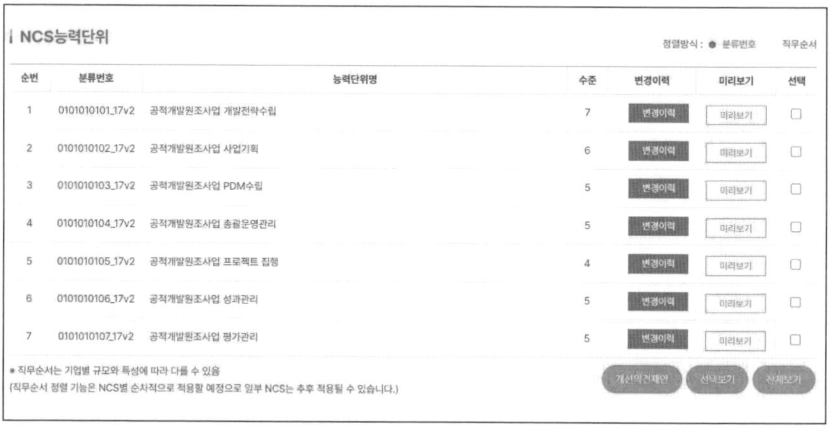

NCS능력단위

정렬방식 : ● 분류번호 직무순서

순번	분류번호	능력단위명	수준	변경이력	미리보기	선택
1	0101010101_17v2	공적개발원조사업 개발전략수립	7	변경이력	미리보기	☐
2	0101010102_17v2	공적개발원조사업 사업기획	6	변경이력	미리보기	☐
3	0101010103_17v2	공적개발원조사업 PDM수립	5	변경이력	미리보기	☐
4	0101010104_17v2	공적개발원조사업 총괄운영관리	5	변경이력	미리보기	☐
5	0101010105_17v2	공적개발원조사업 프로젝트 집행	4	변경이력	미리보기	☐
6	0101010106_17v2	공적개발원조사업 성과관리	5	변경이력	미리보기	☐
7	0101010107_17v2	공적개발원조사업 평가관리	5	변경이력	미리보기	☐

* 직무순서는 기업별 규모와 특성에 따라 다를 수 있음
(직무순서 정렬 기능은 NCS별 순차적으로 적용할 예정으로 일부 NCS는 추후 적용될 수 있습니다.)

개선의견제안 선택보기 전체보기

[그림 9] NCS에서의 공적개발원조사업관리의 능력단위 화면 예시

출처 : 국가직무능력표준(2024). NCS학습모듈 검색-사업관리-공적개발원조사업관리
https://www.ncs.go.kr/unity/th03/ncsResultSearch.do

직무능력 중 직업기초능력은 다음과 같이 10개 영역 34개 하위영역 100개 능력요소로 구성되어 있다.

〈표 6〉 직무능력(competency) 중 직업기초능력 영역

대영역 (10)	하위영역(34)		능력요소 (100)
	영역	정의	
의사소통능력	문서이해능력	복잡하고 다양한 문서를 읽고, 그 내용을 이해하여 요점을 파악하는 능력	• 문서 정보 확인 획득 • 문서 정보 이해 및 수집 • 문서 정보 평가
	문서작성능력	업무를 수행하는 데 자기가 뜻한 바를 글로 나타내는 능력	• 작성 문서의 정보 확인 및 조직 • 목적과 상황에 맞는 문서 작성 • 작성한 문서 교정 및 평가
	경청능력	업무를 수행하는 데 다른 사람의 말을 듣고 그 내용을 이해하는 능력	• 음성정보와 매체 정보 듣기 • 음성정보와 매체 정보 내용 이해 • 음성정보와 매체
	의사표현능력	업무를 수행하는 데 자기가 뜻한 바를 말로 나타내는 능력	• 목적과 상황에 맞는 정보조직 • 목적과 상황에 맞게 전달 • 대화에 대한 피드백과 평가
	기초외국어능력	업무를 수행하는 데 외국어로 의사소통할 수 있는 능력	• 외국어 듣기 • 일상생활의 회화 활용

대영역 (10)	하위영역(34)		능력요소 (100)
	영역	정의	
수리 능력	기초연산 능력	업무 상황에서 필요한 기초적인 사칙연산과 계산 방법을 이해하고 활용하는 능력	• 과제 해결을 위한 연산 방법 선택 • 연산 방법에 따라 연산 수행 • 연산 결과와 방법에 대한 평가
	기초통계 능력	업무를 수행함에 있어 필요한 기초 수준의 백분율, 평균, 확률과 같은 통계 능력	• 과제 해결을 위한 통계 기법 선택 • 통계 기법에 따라 연산 수행 • 통계 결과와 기법에 대한 평
	도표분석 능력	업무를 수행함에 있어 도표(그림, 표, 그래프 등)가 갖는 의미를 해석하는 능력	• 도표에서 제시된 정보 인식 • 정보의 적절한 해석 • 해석한 정보의 업무 적용
	도표작성 능력	업무를 수행함에 있어 자기가 뜻한 바를 말로 나타내는 능력	• 도표 제시방법 선택 • 도표를 이용한 정보 제시 • 제시 결과 평가
문제 해결 능력	사고력	업무와 관련된 문제를 인식하고 해결함에 있어 창조적, 논리적, 비판적으로 생각하는 능력	• 창의적 사고 • 논리적 사고 • 비판적 사고
	문제처리	업무와 관련된 문제의 특성을 파악하고, 대안을 제시, 적용하고 그 결과를 평가하여 피드백하는 능력	• 문제 인식 • 대안 선택 • 대안 적용 • 대안 평가
자기 개발 능력	자아인식 능력	자신의 흥미, 적성, 특성 등을 이해하고, 이를 바탕으로 자신에게 필요한 것을 이해하는 능력	• 자기이해 • 자신의 능력 표현 • 자신의 능력 발휘 방법 인식
	자기관리 능력	업무에 필요한 자질을 지닐 수 있도록 스스로를 관리하는 능력	• 개인의 목표 정립(동기화) • 자기통제 • 자기관리 규칙의 주도적인 실천
	경력개발 능력	끊임없는 자기 개발을 위해서 동기를 갖고 학습하는 능력	• 삶과 직업세계에 대한 이해 • 경력개발 계획 수립 • 경력전략의 개발 및 실행
자원 관리 능력	시간관리 능력	업무 수행에 필요한 시간자원이 얼마나 필요한지를 확인하고, 이용 가능한 시간자원을 최대한 수집하여 실제 업무에 어떻게 활용할 것인지를 계획하고 할당하는 능력	• 시간자원 확인 • 시간자원 확보 • 시간자원활용 계획 수립 • 시간자원 할당

대영역(10)	하위영역(34)		능력요소(100)
	영역	정의	
자원관리능력	예산관리능력	업무 수행에 필요한 자본자원이 얼마나 필요한지를 확인하고, 이용 가능한 자본자원을 최대한 수집하여 실제 업무에 어떻게 활용할 것인지를 계획하고 할당하는 능력	• 예산 확인 • 예산 할
	물적자원관리능력	업무수행에 필요한 재료 및 시설자원이 얼마나 필요한지를 확인하고, 이용 가능한 재료 및 시설자원을 최대한 수집하여 실제 업무에 어떻게 활용할 것인지를 계획하고 할당하는 능력	• 물적자원 확인 • 물적자원 할당
	인적자원관리능력	업무수행에 필요한 인적자원이 얼마나 필요한지를 확인하고, 이용 가능한 인적자원을 최대한 수집하여 실제 업무에 어떻게 활용할 것인지를 계획하고, 할당하는 능력	• 인적자원 확인 • 인적자원 할당
대인관계능력	팀웍능력	다양한 배경을 가진 사람들과 함께 업무를 수행하는 능력	• 적극적 참여 • 업무 공유 • 팀 구성원으로서의 책임감
	리더십능력	업무를 수행함에 있어 다른 사람을 이끄는 능력	• 동기화시키기 • 논리적인 의견 표현 • 신뢰감 구축
	갈등관리능력	업무를 수행함에 있어 관련된 사람들을 사이에 갈등이 발생하였을 경우 이를 원만히 조절하는 능력	• 타인의 생각 및 감정 이해 • 타인에 대한 배려 • 피드백 제공 및 받기
	협상능력	업무를 수행함에 있어 다른 사람과 협상하는 능력	• 다양한 의견 수렴 • 협상 가능한 실질적 목표 구축 • 최선의 타협 방법 찾기
	고객서비스능력	고객의 요구를 만족시키는 자세로 업무를 수행하는 능력	• 고객의 불만 및 욕구 이해 • 매너 있고 신뢰감 있는 대화법 • 고객 불만에 대한 해결책 제공
정보능력	컴퓨터활용능력	업무와 관련된 정보를 수집, 분석, 조직, 관리, 활용하는데 있어 컴퓨터를 사용하는 능력	• 컴퓨터 이론 • 인터넷 사용 • 소프트웨어 사용

대영역 (10)	하위영역(34)		능력요소 (100)
	영역	정의	
정보 능력	정보처리 능력	업무와 관련된 정보를 수집하고, 이를 분석하여 의미 있는 정보를 찾아내며, 의미 있는 정보를 업무 수행에 적절하도록 조직하고, 조직된 정보를 관리하며, 업무 수행에 이러한 정보를 활용하는 능력	• 정보 수집 • 정보 분석 • 정보 관리 • 정보 활용
기술 능력	기술이해 능력	업무에 수행에 필요한 기술적 원리를 올바르게 이해하는 능력	• 기술의 원리와 절차 이해 • 기술 활용 결과 예측 • 활용 가능한 자원 및 여건 이해
	기술선택 능력	도구, 장치를 포함하여 업무 수행에 필요한 기술을 선택하는 능력	• 기술 비교, 검토 • 최적의 기술 선택
	기술적용 능력	업무 수행에 필요한 기술을 업무 수행에 실제로 적용하는 능력	• 기술의 효과적 활용 • 기술 적용 결과 평가 • 기술 유지와 조정
조직 이해 능력	국제 감각	주어진 업무에 관한 국제적인 추세를 이해하는 능력	• 국제적인 동향 이해 • 국제적인 시각으로 업무 추진 • 국제적 상황 변화에 대처
	조직 체제 이해능력	업무 수행과 관련하여 조직의 체제를 올바르게 이해하는 능력	• 조직의 구조 이해 • 조직의 규칙과 절차 파악 • 조직 간의 관계 이해
	경영이해 능력	사업이나 조직의 경영에 대해 이해하는 능	• 조직의 방향성 예측 • 경영조정(조직의 방향성을 바로잡기에 필요한 행위 하기) • 생산성 향상 방법
	업무이해 능력	조직의 업무를 이해하는 능력	• 업무의 우선순위 파악 • 업무활동 조직 및 계획 • 업무수행의 결과 평가
직업 윤리	근로 윤리	업무에 대한 존중을 바탕으로 근면하고 성실하고 정직하게 업무에 임하는 자세	• 근면성 • 정직성 • 성실
	공동체 윤리	인간 존중을 바탕으로 봉사하며, 책임있고, 규칙을 준수하며 예의 바른 태도로 업무에 임하는 자세	• 봉사정신 • 책임 의식 • 준법성 • 직장 예절

출처 : 국가직무능력표준. (n.d.). 직업기초능력. https://www.ncs.go.kr/th03/TH0302List.do?dirSeq=152. 재구성.

4. 국가에서 활용되는 스킬(역량)의 세 가지 유형

역량은 서로 다른 의미와 목적을 가진 상황에서 다르게 해석하고 있는데, 박용호(2023)는 역량을 활용하는 사례와 각 사례들이 의미하는 바를 종합적으로 분석하여 세 가지 유형으로 〈표 7〉과 같이 제시하였다.

〈표 7〉 역량의 세 가지 유형

구분	생애능력	기본노동능력(직무능력)	성공적 성과창출능력
정의	삶을 살기 위해 필수적으로 갖추어야 하는 능력	노동시장에서 기본적 업무 수행을 위해 필요한 능력	성과에 긍정적 영향을 미치는 능력
역량개발 목적	시민양성	업무수행능력확보	개인 및 조직 성과창출
관련 학문	학교교육학, 평생교육학	직업교육학	인적자원개발학, 산업조직심리학, 경영학
사례	초·중등학교의 역량기반 교육과정, 국제성인역량 조사 등	국가직무능력표준, 국가역량체계 등	기업 역량모델 공공기관 역량모델 등

출처 : 박용호(2023), 역량, 할 수 있게 하는 힘, 학이시습.

세 가지 서로 다른 역량 중 첫 번째 유형은 생애능력으로서의 역량이다. 삶을 살아가는데 기본적으로 필요한 능력을 말할 때 역량이라는 용어가 사용된다. 역량을 생애능력으로 이해하는 입장에서 역량은 건전한 시민 혹은 성인이라면 반드시 가져야 하는 능력이다. 주로 학교에서 교육을 받는 학생이 개발해야 하는 능력이나 혹은 일반 성인이 평생교육을 통해 개발해야 하는 능력을 의미한다. 현재 교육부의 고등·평생교육부 측면에서 고민하고 있는 과제 역시 첫째, 현재 성인을 위한 고등교육 수준 이상의 역량인증 관련 주요 제도들의 현황은 어떠하며 각기 어떠한 역할을 하고 있는가? 둘째, 성인을 위한 미래지향적 역량인증 생태계는 어떠한 모습으로 그릴 수 있는가? 셋째, 흩어져 있는 역량인증 관련 주요 제도들을 하나의 연결된

생태계 안에서 전체적으로 검토할 때 연계·통합의 관점에서 제기되는 쟁점은 무엇인가? 넷째, 연계·통합의 관점에서 역량인증 체제를 개선하기 위한 정책 과제는 무엇인가? 등이 있다(김경애 외, 2023).

두 번째 유형은 일할 수 있는 능력으로 기본노동능력(직무능력)으로서의 역량이다. 주로 직무능력 혹은 직무역량이라고도 쓰인다. 노동시장에서 기본적 직무를 수행하기 위해 필요한 능력을 의미한다. 학문적으로는 주로 직업교육학 배경의 연구에서 등장한다. 실천적 측면에서의 노동시장에서 요구하는 직무능력, 직무역량, 기본노동능력이기 때문에, 이 책에서 주로 다루는 스킬과 관련된다.

이 유형의 역량을 살펴볼 때는 역량분석과 직무분석의 차이에 유의해야 한다. 즉, 개인의 내적 특징을 분석할 것이냐(역량분석) 아니면 개인이 수행하는 일을 분석할 것이냐(직무분석)에 따라 서로 다른 방법과 절차가 필요하다는 사실을 이해해야 한다. 국가직무능력표준(NCS)에서 직무분석 자료는 직무수행능력(하드스킬 : hard skill)은 능력단위로 귀결되고, 내적 특성을 분석한 역량분석은 직업기초능력(소프트스킬 : soft skill)으로 10개 대영역의 34개 하위영역인 직업기초능력 모듈로 귀결될 수 있겠다.

세 번째 유형은 역량(competnecy)이란 특정 조직이나 환경에서 필요로 하는 것을 이룰 수 있는 능력으로, 평범한 성과를 내는 직무 수행자와 우수한 성과를 내는 직무 수행자를 구분 짓는 행동 양식의 특성에 초점을 맞추었다(McClelland, 1973).

한국의
SKILLS *Future*

Ⅲ. 스킬 프레임워크(Skills Framework)란?

"한국의 SkillsFuture"를 추천합니다.

"한국의 스킬(skills) 개발 및 발전과 관련한 역사서이자 기본서이자 또 미래의 청사진도 제시하는 아주 중요한 자료인 것 같다. NCS에서 QF에 이르기까지 HR분야 실무자들이 접할 수 없었던 현장에서의 이슈와 전문지식이 총 망라되어 있어 매우 유용하게 쓰일 것 같다. 직업훈련이 너무 어렵다는 분들에게 통합적 관점을 제시해 주는 아주 좋은 자료가 될 것 같다. 바쁘심에도 프론티어로서 학자로서, 전문가로서 의미 있는 발자취 남겨주시고 공유해 주심에 감사드린다."

한국디지털직업전문학교 전휴정 대표

"이 책은 생애단계별로 직무능력개발, 자격평가, 취업지원 ONE-STOP 서비스를 원하는 기업과 개인의 가슴을 설레게 하는 SkillsFuture다."

인리치 인재교육원 정대규 대표

"직업교육훈련에 대한 전문성과 16년간의 현장 경험을 바탕으로 필자가 재정립한 skill의 개념틀로써 우리나라 HRD의 현황과 미래를 총정리한 역작이다. 이 분야의 이론서로서는 물론 실무와 정책전문가에게도 필독을 권한다."

경기대 강순희 교수/ 前 근로복지공단 이사장

"저자는 제가 아는 리더 중 가장 열정적이고 건강한 리더십을 가진 분이다. 책의 마지막 장을 덮는 순간, HR 관련 전문지식의 향상과 함께 당신의 인생이 한 단계 업그레이드 될 것을 확신한다."

EY 한영 여수동 파트너/공인회계사

"공공기관의 조직부서장으로서 그리고 과거 채용 담당 실무자로서 직무중심 조직 인사 운영을 깊이 고민하고 있는 시기 때 마침 매우 훌륭한 지침서가 나왔다. 현 한국스킬문화연구원장이자 전 국가직무능력표준원장인 김진실 박사가 저술한 이 책은 직무 중심 채용, 인사, 조직운영을 고민하고 있는 기업의 실무자 뿐만 아니라, 관련 분야 전문가들에게도 실용적이고 훌륭한 참고서가 될 것으로 기대한다."

한국전력거래소 채영진 기획처장

"저출산 문제의 가장 중요한 원인은 주택 문제와 사교육비 문제일 것이다. 특히 사교육비 문제는 지나친 학력 위주의 경쟁사회에서 기안하는 것일 것이다. 저자는 이 문제를 직시하고 오래 전부터 학력이 아닌 능력 중심의 사회를 구현하고자 노력해온 인적자원개발 분야의 독보적인 현장 전문가이다. 지난 20여 년간 연구자로서, 컨설턴트로서, 행정가로서 쌓아온 그의 경험과 혜안이 이 책에 잘 집대성된 것으로 보인다."

한국소프트웨어산업협회 박환수 전무/정보기술 ISC 사무총장

III. 스킬 프레임워크(Skills Framework)란?

학습개요

이 장에서는 왜 스킬 프레임워크(Skills Framework)가 필요한지, 한국에서는 스킬프레임 워크를 역량체계(Qualification Framework)로 구축됨을 살펴보고, 한국에서 스킬 프레임 워크가 작동되는 사례와 스킬 프레임워크(역량체계)의 활용사례는 무엇인지 살펴본다.

학습목표

1. 왜 스킬 프레임워크(Skills Framework)가 필요한지 설명할 수 있다.
2. 한국에서는 역량체계(Qualification Framework)로 구축함을 설명할 수 있다.
3. 한국에서의 스킬 프레임워크(역량체계)의 작동 사례는 어떠한지 설명할 수 있다.
4. 한국에서의 스킬 프레임워크(역량체계)의 활용 사례는 어떠한지 설명할 수 있다.

1. 왜 스킬 프레임워크(Skills Framework)인가

스킬 프레임워크(Skills Framework)에서의 스킬(Skills)은 앞에서 언급한 스킬 개념 중 두 번째 개념이다. 즉, 역량을 국가나 산업계에서 인증 받은 결과, 즉, 자격(학위, 훈련, 자격증, 경험)을 의미한다. 우리나라는 국가 차원의 인적자원개발 정책을 수립하거나 추진시 국민의 인적자원개 발 수준의 향상 목표를 설정하고 목표 달성 여부를 확인하기 위한 통일된 스킬(역량)에 대한 수준체계가 없다. 다만, 사회통념상 중졸-대졸-석사- 박사 혹은 기능사-산업기사-기사-기술사 등 교육자격이나 기술자격 등 이 운용되고 있으나, 서로 자격간 상호 호환 및 연계도 미진한 실정이다. 이는 학벌중심 사회의 영향으로 학위와 기타 자격(자격증, 훈련이수, 경험 등)간에 상호 교류·인정이 미진하여 동일한 수준의 자격증이나 훈련이수 및 일경험이 있다고 하더라도 충분히 인정받지 못하기 때문이다.

왜 정부에서는 스킬 프레임워크(한국에서는 역량체계(QF))를 구축해야 하는 것인가?

첫째, 학력중심사회 구조를 타파하고, 불필요한 스펙쌓기를 줄여야 한다. 학위가 없어도 다양한 능력을 정당하게 인정받고 평가받아 채용이 될 수 있고, 이후 승진, 보수 책정 및 경력 관리시 반영하는 사회를 구현해야 한다. 둘째, 중복학습의 부담을 완화해야 한다. 학교 내외의 다양한 학습결과(학위, 직업훈련, 자격취득, 현장경력 등)를 인정받아 일자리 진입 또는 이동 시 중복 학습의 문제를 완화시켜야 한다. 셋째, 교육훈련의 품질을 보장해야 한다. 교육훈련의 품질은 학습결과(learning outcomes)에 따라 수준체계를 설정하고 인정함으로써 투입중심에서 결과중심으로 질적 변화를 이루어야 한다. 넷째, 평생경력개발경로를 가시화해야 한다. 스킬 프레임워크가(QF)가 구축되면 근로자가 일·학습 병행을 통해 평생에 걸쳐 경력을 개발하고, 관리할 수 있도록 지원이 가능하다. 다섯째, 국내외 자유로운 인력 이동을 촉진하는 것이다. 학위는 물론 재직 중에 획득한 자격, 현장경력, 훈련결과의 등가화를 바탕으로 노동시장 진입 이후 자유로운 인력 이동을 촉진하고 타 국가 스킬 프레임워크(NQF)와 상호 호환성을 확보하여 국내외 인력 이동 활성화 및 국내 우수 인재의 해외 일자리 창출이 가능하다.

특히, 한국에서는 왜 스킬 프레임워크(역량체계)를 구축해야 하는가?

첫째, 평생학습 및 평생직업능력개발을 촉진해야 한다. 인구구조 변화, 디지털 전환, 노동 및 직무 전환, 사회적 양극화 심화 등 경제·사회적 변화를 고려할 때 모든 국민의 평생학습 및 평생직업능력개발에 대한 수요는 지속적으로 증대할 것으로 예상되고 있다(전승환 외, 2021).

둘째, 자격의 현장성 강화를 통한 교육과 노동시장을 연계해야 한다. 통상적으로 자격은 교육훈련시스템과 노동시장을 연결하는 핵심 연결고리 역할을 하여야 하며, 스킬 프레임워크(한국에서는 KQF 혹은 SQF)상 배치되는 각종 자격은 이를 충분히 담보할 수 있어야 한다. 이러한 측면에서 스킬 프레임워크(한국에서는 KQF 혹은 SQF)상 배치되는 자격은 디지털 신기술 등 노동시장의 수요를 교육훈련 사이드에 전달하고, 학습결과를 체계적으로 인정하는 기능으로써 그 역할이 매우 중요하다(Cededop, 2021).

셋째, 교육훈련 및 자격에 대한 품질을 관리해야 한다. 스킬 프레임워크(한국에서는 KQF 혹은 SQF)에 등록되는 교육훈련과 자격은 국가 혹은 산업체 차원에서 공식적으로 인증함으로써, 학력 이외에 개인이 보유한 직무능력을 체계적으로 인정받도록 하고, 궁극적으로는 능력중심사회 구현을 위한 핵심기제로 작동 가능할 것으로 기대된다. 또한, 개별 기관에서 운영하는 교육, 훈련, 자격 등을 스킬 프레임워크(한국에서는 KQF 혹은 SQF)에서 제시하는 기준에 따라 품질관리할 수 있다.

넷째, 국민 개개인의 경력개발 지원을 통해 진로를 다변화해야 한다. 다양한 경로로 학습한 결과를 국가 차원에서 인정함으로써, 개인의 수직적·수평적 경력개발경로 다양화가 가능해질 수 있다. 스킬 프레임워크(한국에서는 KQF 혹은 SQF)를 근거로 학위·자격·교육훈련 등을 상호 연계·인정하여 개인의 다양한 경력개발경로 설계가 가능하다. 학위 뿐만 아니라 자격 취득, 교육훈련 이수 등을 통해 해당 분야 전문가로 지속적인 성장 및 사회적 인정이 가능하다. 현장경력도 학력, 자격 등과 동일한 능력을 인정받아 진학을 위해 과도하게 비용을 투입하는 현상도 감소시킬 수 있다.

2. 한국에서는 역량체계(Qualification Framework)로

2013년 "학벌이 아닌 능력중심사회 구현"의 국정과제 수립 이전에는 한국직업능력연구원에서 주로 "국가자격체제(KQF)" 연구가 수행되었다.

당시 KQF는 개인이 보유하고 있는 지식 및 기술 등의 달성 정도를 국가 차원에서 인정하고, 이들 능력 인정결과 간의 호환성 구축을 위해 여러 자격을 포괄하고 연계시키는 국가적인 틀로 정의하였다(조정윤 외, 2010). 하지만, 2013년 교육부와 고용노동부가 발표한 "국가역량체계(NQF) 구축 기본계획(안)"에 따르면, 능력중심사회 구현을 위해서는 『학력, 자격, 현장경력 및 교육훈련 이수 등이 상호연계될 수 있도록 국가 차원에서 NCS를 기반으로 등가성을 제시하는 수준체계』로서 국가역량체계(NQF) 구축을 추진하였고, 이전에 쓰인 국가자격체계(KQF) 대신 국가역량체계(NQF)라는 용어를 쓰기 시작하였다.

다시 정리하자면 NQF가 필요한 이유는 현재 개인이 보유한 다양한 직무능력을 평가할 수 있는 기제가 미흡하여, 대부분의 경우 학력을 중심으로 평가가 이루어지고 있어, 학력 외에도 개인이 가진 다양한 능력에 따라 정당하게 인정받고 평가받을 수 있도록 하기 위한 것이다. 즉, 채용, 승진, 보수 책정 및 경력 관리시 개인의 직무능력을 정당하게 평가하여 반영할 필요가 있는 것이다. 이에 NQF가 구축이 되면 평생경력개발경로를 가시화하여 근로자가 일·학습 병행을 통해 평생에 걸쳐 경력을 개발하고, 관리할 수 있도록 지원이 가능하고, 아울러, 재직 중에 획득한 자격, 현장경력, 훈련결과의 등가성을 확보하여 노동시장 진입 이후 자유로운 인력 이동을 촉진하며, 타 국가의 NQF와 상호 호환성을 확보하여 국가 간 인력 이동 활성화 및 국내 우수 인재의 해외 일자리 창출도 가능하다고 하였다. 유럽에서는 유럽 내 회원국가 간 인력 이동 활성화를 위해 2008년도부터 EQF(유럽역량체계)를 개발·적용하고 있는 실정이다. 한국은 부분적으로 학력, 자격, 교육·훈련 및 현장경력이 연계되기도 하지만 국가 차원의 역량체계(NQF)가 제시되지 않아 개인이 보유한 다양한 직무능력이 학력을 위주로 제한적으로 인정된다.

한국에서는 국가역량체계(NQF) 대신 한국형 국가역량체계(KQF)와 산업별역량체계(SQF)를 활용한다(이후 이후 자세하게 설명 예정). 한국형 국가역량체계(이하 KQF)란 "국가직무능력표준 등을 바탕으로 학력, 자격, 현장경력 및 교육훈련 이수 결과 등이 상호 연계될 수 있도록 한 수준체계"를 의미한다(한국형 국가역량체계 교육부고시 제2019-177호). 산업현장에서 직무를 수행하기 위해 필요한 지식이나 기술을 국가 차원에서 표준화한 것이 NCS라면 직무능력을 등급(수준)별로 자격화한 것이 KQF라 할 수 있으며, KQF는 NCS 등을 기반으로 개인의 직무능력을 환산표에 입력해 자격등급으로 구분한 국가 인증시스템적 성격을 갖는다(어수봉 외, 2020).

〈표 8〉 부분적으로 NQF가 작동하는 사례

구분	NQF 작동 사례
학위	박사과정 이수와 논문 작성을 하지 않았음에도 그에 상응하는 전문성을 인정하여 박사학위를 수여(예 : 명예박사)
자격	자격증을 소지하지 않았으나 해당 분야의 전문성을 인정하여 교원으로 활용(예: 산학협력겸임교사, 대학겸임교수 등)
입학 조건	각급 학교 입학조건으로 정규학력에 상응하는 동등학력 소지자를 인정하는 경우(예: 검정고시 합격)
입사 조건	학력을 요구하지 않거나 학력 이외의 직무 관련 자격이나 조건을 요구하는 사례(예: 개별기업에서 채용시 학력 이외의 조건을 요구)
호봉 및 급여	학력 이외의 재직연한이나 경험, 자격증 등을 요구하는 사례 (예: 교사 및 국립대학 교수 교육경력(호봉) 산정에서 학교 및 대학 재직경력은 100% 인정하나, 기타 재직경력은 일부 인정하거나 전혀 인정하지 않음

출처 : 교육부·고용노동부(2013). 국가역량체계(NQF) 구축 기본계획(안)

부분적으로 NQF가 작동하는 사례가 〈표 8〉과 같이 존재하긴 하지만, 국가차원의 통합적 역량체계(NQF)가 부재하고 전반적으로 『학력 – 자격 – 교육·훈련 – 현장 경력』간 연계가 매우 저조하다. 자격, 훈련, 경력 등 직무능력을 보여주는 중요한 신호들이 제대로 인정되지 않고 있어 노동시장에서의 보상이 최종 학력에 의해 좌우되는 보상체계 왜곡은 근로자들의 일·학습 병행을 통한 평생능력개발과 노동시장에서의 자유로운 인력이동을 구조적으로 제약하고 있다.

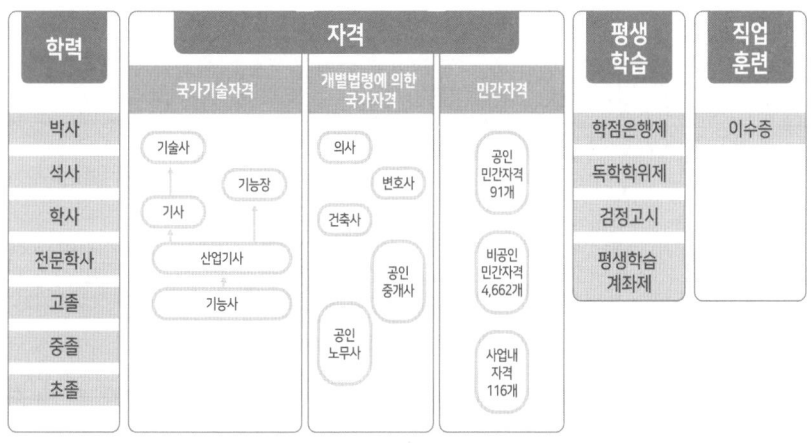

[그림 10] 우리나라 NQF 실태 : NQF 부재, 관련 제도간 연계 미비

출처 : 교육부·고용노동부(2013). 국가역량체계(NQF) 구축 기본계획(안)

이러다보니, 괜찮은 일자리로의 진입 및 더 좋은 일자리로의 이동을 위해서는 학위, 자격, 훈련 및 경력 등을 중복 취득해야 하는 부담이 발생된다. 즉, 자격, 훈련, 경력의 조합으로 현장이 요구하는 직무능력을 충분히 보유한 자도 채용·승진에서의 불이익 방지를 위해 불필요한 학위를 취득하게 되고, 특성화고 졸업생들은 여전히 취업보다 대학진학을 선호하며, 학점은행제·계약학과 등을 통한 후학습도 직무능력 향상보다는 사회적 평판, 기업내 불이익 방지 등을 위한 경우가 다수 존재한다(예: 생산기술 숙련자의 경영학과 진학). 특성화고 및 전문대학 등에 재학 중이거나 정상적으로 직업훈련을 이수한 자도 관련 분야 자격을 취득하기 위해 별도의 시간과 비용을 투입하고, 국가 차원에서의 양자 및 다자간 협력체제에서 기능·기술 분야 자격의 상호인정(MRA: Mutual Recognition Agreement) 기준이 없어 국내외 인력 이동이 체계적이지 않다.

따라서, NQF 구축은 1) 직무능력과 학력 및 자격제도의 연계 강화 2) 학력 요건을 대체하는 인정기준 마련 등으로 추진될 수 있으며, 산업분야 및 직종의 특성에 따라 선택적으로 적용될 수 있다. 먼저, 직무능력과 학력 및 자격제도의 연계성을 강화하기 위해서는 학교교육과정을 스킬(예, 능력단위 등)을 바탕으로 수직적, 수평적 연관성이 명확하게 제시되도록 개편할 필요가 있고, 국가기술자격의 학점 인정 범위를 재조정할 필요가 있으며, 개별법령에 의한 국가자격의 경우 실무경력자를 국가시험에서 일부 면제해 주거나 시험을 대체하는 방안을 마련할 필요가 있다. 또한, 능력단위 기반으로 학점을 부여하는 선행학습인정제(Recognition of Prior Learning)를 확대할 필요가 있다. 현재 학점은행제 표준교육과정을 능력단위 중심으로 개편할 필요가 있다. 둘째, 학력을 대체하는 인정기준을 마련할 필요가 있다. 이를 위해서는 상급학교 입학조건이나 각종 시험 응시 자격에 학력 이외에 경력, 자격, 전문성 등을 인정해 주는 기준을 마련하고, 각종 면허 및 자격 취득 시 해당 면허나 자격에 직접 연계되는 실무경력이나 전문성을 객관적으로 인정해 주는 기준을 마련할 필요가 있다. 채용 및 승진, 임금산정요건도 학력에 따른 임금격차를 줄이고, 직종별 직무능력에 따른 합리적인 임금산정기준을 마련할 필요가 있다.

3. 한국에서의 스킬 프레임워크(역량체계) 작동사례는?

한국에서의 스킬 프레임워크(역량체계)는 구축 초기단계로 작동사례를 제시하는데는 아직 한계가 있지만, 건설근로자공제회에서 오랫동안 축적되어 온 건설기능인의 데이터 기반으로 운영하는 건설기능등급제 사례는 스킬 프레임워크와 유사한 사례로 제시할 수 있겠다.

건설산업의 지속가능한 성장을 위해 5대 경쟁요소인 건설시공, 품질제고, 공기단축, 비용절감, 무재해가 매우 중요함에 따라 기능인력 확보가 매우 중요한 이슈로 부각되었다. 하지만, 직접 시공을 담당하는 '기능인력' 분야는 고령화가 심화되고, 오히려 퇴보되는 동시에 외국인력이 그 자리를 메우고 있는 상황이었고, 건설시공 품질과 생산성 제고를 위한 기능인력의 자질 고도화 및 지속적 재생산의 제도화가 매우 중요함에도 불구, 마땅한 제도적 수단이 부재하였고, 개선 노력이 한계에 봉착된 실정이었다.

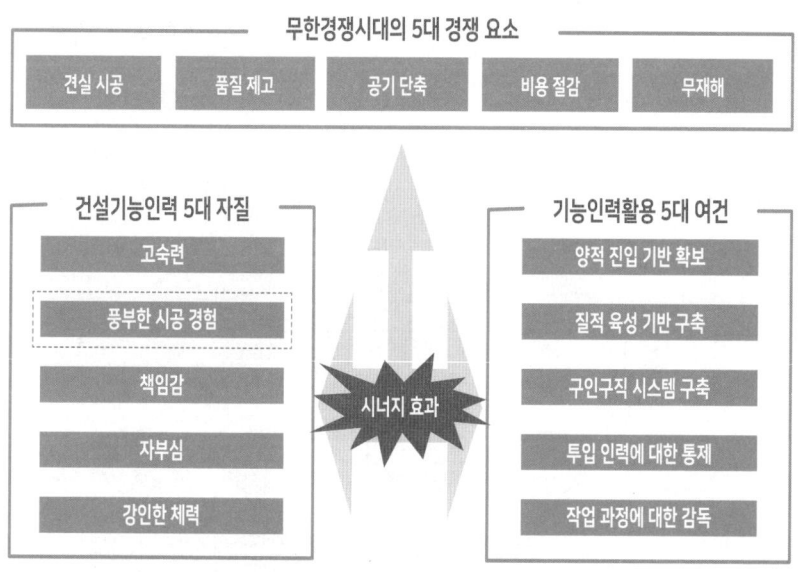

[그림 11] 건설기능인력 활용 5대 자질 및 여건

출처 : 심규범(2007), 무한경쟁 시대, 기능인력 관리를 통한 건설산업의 생존 전략 '5-5-5'(Three Five), 한국건설산업연구원

'기능계 관리자 부재'로 인한 부작용을 살펴보면, 먼저, 건설업자 측면에서는 현장과 맞지 않는 잘못된 설계 도면을 가지고 시공을 요구하는 경우 실제 시공경험 없는 기술계 기술인 또는 학·경력자는 현장에 맞도록 이를 조정하지 못하고 시공하는 현실로 재시공이 필요해지고, 비용이 증가되며, 공기가 지연되는 어려움이 있었다. 둘째, 근로자측면에서는 기능인 일자리 확보 및 직업 전망이 매우 불투명해지는 문제가 발생되었다. 기능인력들이 상위 자격증을 취득할 유인이 없어져 숙련형성 촉진에도 위배되고, 이것이 누적되어 상위 자격증 취득자가 부족해질 경우 자격증을 등록기준 및 배

치기준에 명시하는 방식의 제도 운영도 한계에 봉착된 것이다. 결국 "기능계 자격증 미활용 ⇒ 자격증 취득 유인 감소 ⇒ 취득자 감소 ⇒ 제도적 명시 곤란 ⇒ 자격증을 매개한 성실업체 육성 및 양질의 일자리 창출 불가능 ⇒ 기능계 자격증 미활용 ⇒ …" 등의 악순환으로 귀결되었다. 산업 및 국가 전체측면에선 기 기능인의 이탈을 방치하여 결국은 국가산업 기반이 약화되는 문제가 생기게 된 것이다.

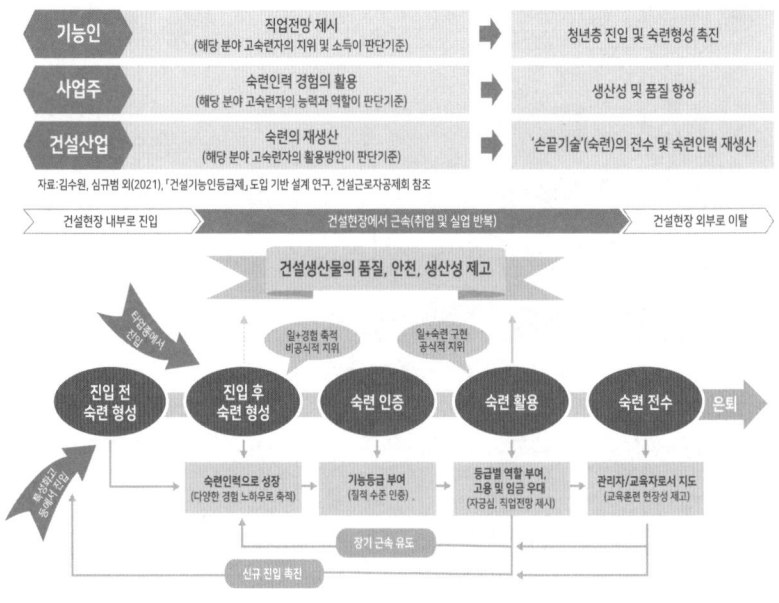

[그림 12] 건설기능인 스킬 프레임워크 작동사례(숙련형성과정)

출처 : 김수원, 심규범 외(2021), 「건설기능인등급제」 도입 기반 설계 연구, 건설근로자공제회

건설기능등급제란 건설근로자의 경력, 자격, 교육 또는 훈련 등을 종합적으로 고려하여 직종별 기능등급을 구분해 관리하는 종합 경력관리 체계다(심규범 외, 2022). 기능등급은 근로자의 생산능력을 정량화한 것으로, 숙련도와 직무능력을 나타낸다. 그러므로 높은 기능등급의 근로자는 정해진 시간에 다른 근로자보다 더 많은 양질의 생산을 할 수 있는 근로자를 말하며, 건설현장에 투입 시에 생산성 향상으로 이어진다.

건설근로자 의 경력, 자격, 교육·훈련 등을 종합적으로 고려하여 직종별 기능등급을 구분·관리하는 종합 경력관리 체계입니다.

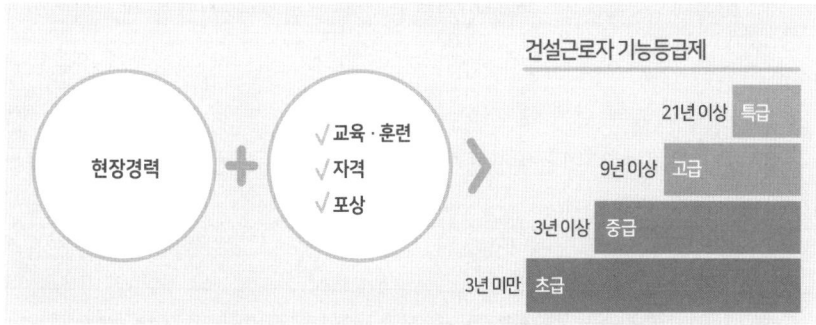

[그림 13] 건설근로자 기능등급제(건설근로자공제회 홈페이지)

단, 건설기능등급제는 SQF 구축되기 전에 건설근로자 개인 기반 축적된 데이터로 등급제 가능

출처 : 심규범(2022), 건설기능등급제 도입취지 및 운영 현황, 한국산업인력공단 교육자료.

좀 더 구체적으로 살펴보면, 건설기능등급에서 기능(skill)이란 생산에 영향을 미치는 근로자의 생산능력, 숙련의 의미와도 일맥상통하고, 기능등급(skill class)이란 기능의 정도나 수준을 서열화한 것으로, 기능등급이 높을수록 또는 숙련수준이 높을수록 단위시간 동안 생산에 필요한 양질의 유효노동(effective labor)을 더 많이 투입되어 생산성의 향상으로 표출될 수 있다.

이와 같은 기능등급 설정이 필요한 이유(스킬 프레임워크 구축되는 이유와 일맥상통)를 살펴보면, 정부로서는 건설산업분야 숙련인력 풀을 체계적으로 관리할 수 있고, 사업주 입장에서는 건설생산물의 규모 및 특성에 따라 생산과정에 필요한 기능 수준이 달라지므로 기능인력의 적정한 투입 기준으로서 활용할 수 있으며, 근로자 입장에서는 건설경력 축적, 훈련 이수, 자격 취득 등을 통해 향상된 기능 수준을 기준으로 직업생애경로 상의 직업전망을 제시할 수 있겠다.

기능 수준 결정 요소는 노동력 질적 내용의 객관적인 지표로서 스킬 프레임워크에서의 스킬, 즉 역량체계(Qualification)에서의 역량을 의미하는데, 건설기능듭급제에서는 현장경력과 교육훈련과 자격증을 포함하였다. 여기서 현장경력은 기능인력으로서 건설현장에서 일한 근로기간이고 (이는 건설근로자공제회에 쌓여있는 데이터가 있어서 가능), 교육훈련은 실제 활용하는 숙련의 형성에 도움을 준 교육과정 및 훈련과정의 이수현황이며, 자격증은 건설현장에서 실제 활용하는 숙련과 관련된 증명서를 의미한다.

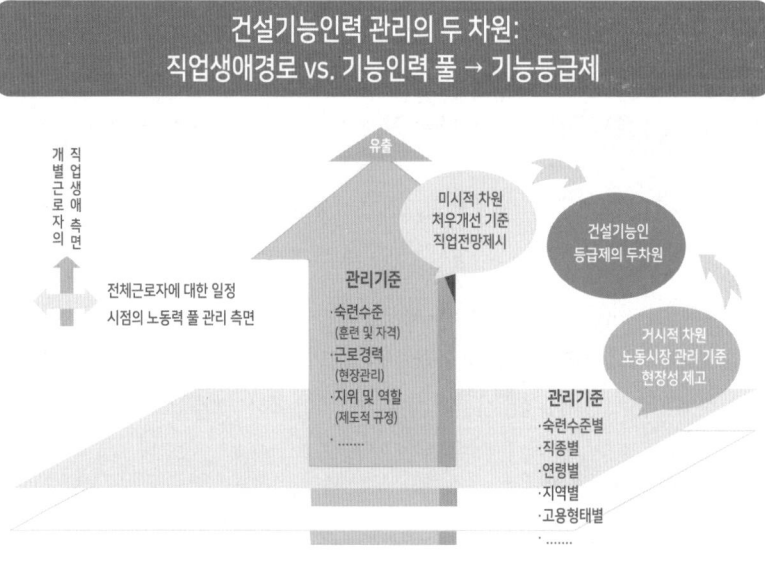

[그림 14] 한국에서 스킬 프레임워크가 작동되는 사례 : 건설기능등급제 사례

자료 : 심규범·김지혜(2001), 건설기능인력의 효율적 관리방안, 건설교통부

건설기능등급제를 운영하는데 벤치마킹하는 사례로 독일 건설현장의 마이스터 제도다(심규범, 2022). '시공경험'을 건설생산으로 되돌리는 메커니즘을 구축하여 마이스터로서의 자부심, 책임감, 전문성을 갖추게 할 수 있다. "나의 두 손으로 주택 건설, 거기서 사는 행복한 가정을 보면 뿌듯"한 자부심을 갖고, "품질과 안전은 나의 책임, 일을 하는 동안 집중 필요"한 책임감을 가지며, "남들 다하는 정도의 소양 + 나만의 전문성 ➡ 사회적 존경"을 갖는 전문성을 갖게 한다. 이와 같은 마이스터의 3대 특권은 현

장감독, 소장 역할, "일을 해봤기 때문에 관리도 더 잘할 수 있는" 현장관리자가 될 수 있고, 훈련센터 교수, 학교 이론교사, "현장을 알아야 이론도 잘 가르칠 수" 있는 교육자가 될 수 있으며, 41개 업종의 필수이자 유일한 설립요건인 '마이스터 자격증'을 갖는 사업가가 될 수 있다. 이들의 역량으로는 사업가 및 관리자 역량으로 입찰 요령, 견적서 작성, 공정관리, 현장상황 파악, 장비 투입, 노동력 작업량, 시공 실기 및 이론, 구조역학 등 엔지니어 과정을 알 수 있고, 교육자 역량으로 후진을 양성하는 데 필요한 교육학적인 역량도 갖출 수 있다.

이와 같은 사례는 한국에서의 스킬 프레임워크인 역량체계(KQF, SQF)를 구축하는데도 시사받을 수 있을 것이다.

4. 한국에서의 스킬 프레임워크(역량체계) 활용사례는?

한국에서의 스킬 프레임워크(역량체계)는 크게 국가 차원에서의 한국형 국가역량체계(KQF)와 산업 차원에서의 산업별역량체계(SQF)가 있지만, 구축 초기단계로 작동되기까지는 시간이 소요되리라 예측된다. 하지만, ITSQF와 의약품 SQF 등 부문별로 활용한 사례를 살펴보면 〈표 9〉와 같다.

〈표 9〉 연도별 SQF 활용 사례(2017~2022)

연도	SQF	활용 사례
2017	정보기술	• 기업(KT DS,롯데정보통신) 직무기술서 개발 및 직무 기반 채용 지원
	의약품	• 기업(동국제약,마더스제약) 직무분석 및 인력배치와 직무 기반 채용 지원
2018	정보기술	• 기업(유알피) 직무기술서 개발 및 SW기술자경력관리시스템 반영
	제품디자인	• 기업(모트디자인) 직무기술서 개발 및 개인별 경력이동체계도 제시

연도	SQF	활용 사례
2019	정보기술	• 기업(국민연금공단) 직무기술서 개발 및 교육계획수립, 자가진단도구 개발 • 대학(한국기술교육대학교) 컴퓨터공학부 전공교육 교과목 SQF 기반 분석
2019	바이오의약품	• 기업(삼진제약,징례팜텍제약) 직무기술서개발 및 직무역량평가표 개발 • 대학(청주대학교) 제약공학과 전공 교과목을 SQF직무 기반 분석·인정
2020	정보기술	• 기업(한전KDN) 직무기술서개발 및 모회사와 인력공급계약단가에 활용 • 대학(동양미래대학교) 전문대학 전공교과를 분석하여 교육과정 개편 제안
2020	금형	• 대학(한국폴리텍대학) 산업계 훈련 과정과 대학 과정을 비교, 개편 제안
2021	정보기술	• 훈련(이티윌 등 6개 기관) 교육과정의 현장 적합도 분석 및 개편 제안
2022	정보기술	• 훈련(공동훈련센터) 훈련과정 매칭 분석 및 개편 제안
2022	직업상담	• 훈련(솔데스크 등 2개 기관) 입직 수준의 장기훈련과정을 개발

'17년은 정보기술 SQF를 기반으로 KT DS, 롯데정보통신의 직무기술서 개발 및 직무 기반 채용을 지원하였고, 의약품 SQF를 기반으로 동국제약,마더스제약의 직무분석 및 인력배치와 직무 기반 채용을 지원하였다. '18년은 정보기술 SQF를 기반으로 유알피 기업의 직무기술서 개발 및 SW기술자 경력관리시스템에 반영하였고, 제품디자인 SQF를 기반으로 모트디자인 기업의 직무기술서 개발 및 개인별 경력이동체계도를 제시하였다. '19년은 정보기술 SQF 기반으로 국민연금공단 직무기술서 개발 및 교육계획수립 및 자가진단도구를 개발하였고, 4년제 대학인 한국기술교육대학교 컴퓨터공학부 전공 교과목에 적용하였다. 또한 바이오의약품 SQF를 기

반으로 삼진제약, 징레팜텍제약회사의 직무기술서 개발 및 직무역량평가표를 개발하고, 청주대학교 제약공학과 전공교과목을 SQF기반으로 분석하고 교육과정을 인정하였다. '20년은 정보기술 SQF 기반으로 한전 KDN의 직무기술서를 개발하고 모회사의 인력공급계약단가에 활용하였으며, 동양미래대학교이 전공교과를 분석하여 교육과정 개편을 제안하였다. 산업계가 인증하는 교육과정은 학생들의 취업역량 제고 등 직무수행능력 향상에 크게 기여한다고 할 수 있겠다. '21년은 정보기술 SQF를 기반으로 이티월 등 6개 훈련기관에서 교육과정의 현장 접합도를 분석하여 개편·제안하였고, '22년은 정보기술 SQF기반으로 공동훈련센터 훈련과정을 매칭하여 개편·제안하였고, 직업상담 SQF를 기반으로 국가기간전략직종훈련 등 장기훈련과정을 개발하여 활용하였다.

특히, IT분야 역량체계(SQF)는 기술자가 역량을 공정하게 인정받는 생태계를 조성하고 경력과 학력 중심의 인사관리에서 직무 중심으로 전환하기 위해 개발되었다. '15년부터 IT분야 역량체계 개발을 추진하여 9개 직종(IT컨설팅 및 기획, IT프로젝트관리, IT아키텍처, SW개발, 시스템 구축 및 운영, IT마케팅, IT품질관리, 정보보호, IT기술교육) 및 각 직종별 4~7개씩 총 34개 직무를 도출하였다.

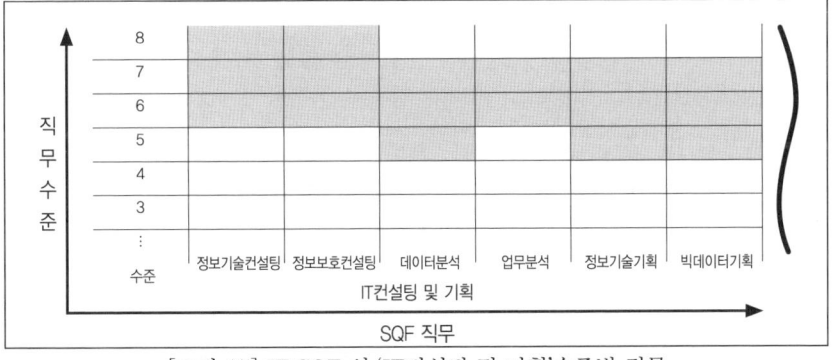

[그림 15] IT SQF 의 'IT컨설팅 및 기획'수준별 직무

출처 : 국가직무능력표준 홈페이지(2024). 산업별역량체계-24개 대분류 정보통신
https://www.ncs.go.kr/sqf/sqf01/sqf10100201p1.do?ncsLclasCd=20&sqfFldCd=010&sqfFldDegr=1

정보기술 ISC에서 개발한 IT SQF를 기반으로 "SW기술자 평균임금"을 매년 조사·공표(통계승인 제375001호), 관급사업 원가 산정 등에 활용하고 있다. 기존 IT분야는 기술자 등급제를 통해 등급별 평균임금을 발표했으나, 단일 체계로 되어 다양한 직무와 역량을 반영할 수 없는 한계가 존재하였다. 이를 직무·역량 중심으로 전환하고 SW기술자 성장 지원 및 처우 개선을 위해 IT분야 역량체계를 개발하고, 직무별 평균임금 조사에 활용하고 있다.

2024년 적용 SW기술자 평균임금 공표

통계법 제27조(통계의 공표)에 따라 『2023년 SW기술자 임금실태조사 (통계승인 제375001호)』의 결과로 다음과 같이 SW기술자 평균임금을 공표합니다.

(단위: 원)

구 분	월평균임금(M/M)	일평균임금(M/D)	시간평균임금(M/H)	포함직무
① IT기획자	10,056,941	481,654	60,206	
② IT컨설턴트	9,947,332	476,404	59,550	정보보호컨설턴트
③ 업무분석가	11,128,125	532,956	66,619	
④ 데이터분석가	7,938,379	380,190	47,523	
⑤ IT PM	9,525,983	456,225	57,028	
⑥ IT아키텍트	11,152,750	534,135	66,766	SW아키텍트, 데이터아키텍트, Infrastructure아키텍트, 데이터베이스아키텍트
⑦ UI/UX기획/개발자	6,595,965	315,898	39,487	UI/UX기획자, UI/UX개발자
⑧ UI/UX디자이너	4,680,254	224,150	28,018	
⑨ 응용SW개발자	7,128,530	341,404	42,675	빅데이터개발자, 인공지능개발자
⑩ 시스템SW개발자	5,821,743	278,819	34,852	임베디드SW개발자
⑪ 정보시스템운용자	9,095,496	435,608	54,451	데이터베이스운용자, NW엔지니어, IT시스템운용자
⑫ IT지원기술자	4,493,456	215,203	26,900	
⑬ IT마케터	10,098,552	483,647	60,455	SW제품기획자, IT서비스기획자, IT기술영업

[그림 16] ITSQF 기반 SW기술자 평균임금 조사·발표(2024년)

이를 활용한 사례를 살펴보면, 공공기관인 한전KDN㈜에서 인력계약 대가로 활용하고 있었다. 한전KDN㈜은 한국전력공사의 자회사로 전력 계통 IT서비스 인력을 제공하는 기관이다. 기존의 등급별 기준에서 IT SQF 직무 기준으로 평균임금이 공표됨에 따라 발주사에 제공하는 인력에 대한 직무분석과 가치 재산정을 실시, 직무에 따른 능력과 기술을 세부적으로 분석하여 발주사와 수주사 간 상호 이해·해석에 대한 차이를 해소할 수 있었다.

기존 인력공급 계약	직무기반 인력공급 계약
• 기술자 등급제 평균임금 활용 • 직무에 대한 명확한 기준이 없이 이전부터 실시된 서비스 체계를 유지·제공	• IT SQF기반 직무별 평균임금 활용 • 제공 인력에 대한 개인별 직무분석 실시 • 직무별 평균임금을 활용하여 대가를 산정

[그림 17] ITSQF 기반 직무기반 인력공급 계약사례(한전KDN㈜)

의약품 SQF는 산업계의 채용 단위 직무를 반영하여 의약품 생산 · 품질관리 · 연구개발 3개 직종으로 구분하고, 최근 중요성이 높아진 품질 안전 및 연구개발 직무를 중심으로 총 18개 직무를 도출 · 개발하였다.

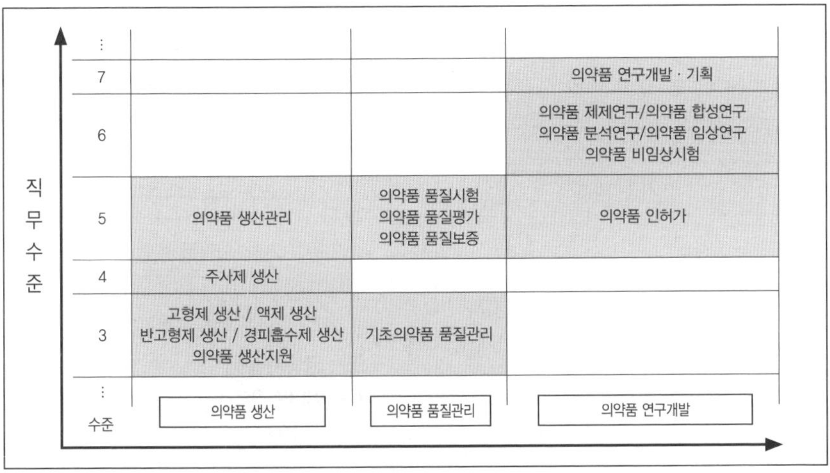

직무수준	의약품 생산	의약품 품질관리	의약품 연구개발
7			의약품 연구개발 · 기획
6			의약품 제제연구/의약품 합성연구 의약품 분석연구/의약품 임상연구 의약품 비임상시험
5	의약품 생산관리	의약품 품질시험 의약품 품질평가 의약품 품질보증	의약품 인허가
4	주사제 생산		
3	고형제 생산 / 액제 생산 반고형제 생산 / 경피흡수제 생산 의약품 생산지원	기초의약품 품질관리	

[그림 18] 화학 · 바이오 분야 중 의약품 SQF

출처 : 국가직무능력표준 홈페이지(2024). 산업별역량체계-24개 대분류 화학 · 바이오
https://www.ncs.go.kr/sqf/sqf01/sqf10100201p1.do?ncsLclasCd=17

이와 같이 개발된 의약품 SQF를 기반으로 4년제 대학교 제약공학과 교육과정을 인증하였다. 대학에서 SQF인증을 추진하게 된 배경은 산업현장 직무에서 요구하는 역량 소양을 산업계로부터 객관적으로 검증 · 인정받고, 재학생은 흥미 · 적성에 따라 프로그램에 참여하여 직무역량을 향상하는데 있었다.

인증절차는 먼저, 인증기준을 마련하는 것이다. 제약학과 교육 목표의 직무 연관성, 학습성과의 직무역량 부합성, 필수능력단위 구성, 교수진의 전문성, 교육환경 등 5개 항목으로 구성하였다. 둘째, 대학은 프로그램 인증을 화학 ISC(산업별인적자원개발위원회 : Industry Skills Council)에 신청하는 것이다. 대학은 인정받고자 하는 SQF 직무(고형제생산, 기초품질관리, 품질시험, 품질관리)에 맞춰 자체평가보고서를 제출하였다. 셋째,

ISC는 인증위원회를 구성하여 심의한다. ISC 사무총장을 위원장으로 하여 현장 전문가 4인, 교육·훈련전문가 2인 등 총 7인을 구성원으로 하는 위원회를 구성하고, 인증기준에 따라 직무역량에 부합하는 필수능력단위 소양 여부를 검증하였다. 기존 채용이 단순히 학위 중심이었다면 SQF 기반 채용은 기업에서 요구하는 직무와 수준을 반영한 적합한 인재를 선발하는데 매우 유용하다.

기존 채용	SQF 기반 채용(예시)
• 화학/화공/제약 관련 석사 학위 소지자 • 화학/화공/제약 관련 학사 학위 소지자 중 경력자	• (A기업, B기업) 의약품 개발 SQF 6수준 경력자 모집 • (C기업) 의약품 생산관리 SQF 5수준 신입 또는 경력자 모집 • (D기업) 의약품 생산 관리 SQF 3수준 신입 근로자 모집

[그림 19] 의약품 SQF 기반 채용 변화 예시

이 밖에 화학 ISC는 'CHEM-BIO.NET'을 통해 SQF 기반 구직자-구인자 매칭 플랫폼을 운영하였더니, 직무에 기반하여 적합한 구직자를 빠르게 탐색하고 SQF 인증 프로그램 이수 구직자를 채용하여 직무 적합성, 직무 만족도 및 재교육 투자 비용이 감소 등 효과가 나타나고 있다.

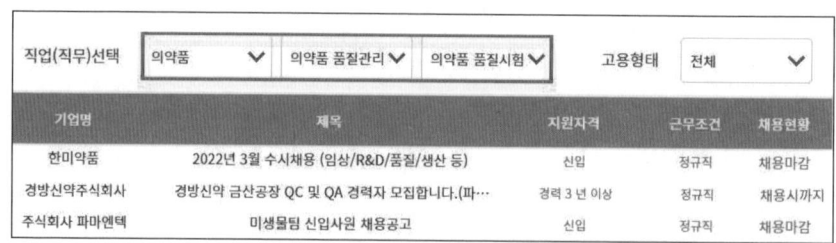

[그림 20] CHEM-BIO.NET SQF 의약품 품질시험 직무 채용 공고 등록 사례

향후 SQF의 활용 확산을 위해서는 ① 직무역량 등가성의 기준, ② 학습량의 측정 방법 및 범위(자기주도학습, 현장경험 인정 방식 등), ③ 인정 가능한 역량 형성(competency formation) 방식의 범위(정규 교육 및 비정규 교육훈련, 국가전문자격, 국가기술자격, 국가공인민간자격, 순수민간자격, 국제공인자격, 선행학습과 경험의 인정 범위 등), ④ 기존 직무역량 인정제도와의 정합성 및 연계 구축 방안 등에 대한 검토가 선결되어야 한다.(어수봉 외, 2020)

한국의 SKILLS Future

Ⅳ. 해외에서의 스킬 프레임워크(역량체계)란?

"한국의 SkillsFuture"를 추천합니다.

"기업 내 직무사다리가 존재하지 않는 비정규직에게는 초기업단위에서 직업전망의 제도화가 필요하다. 또한 생산 과정에서 축적된 숙련을 체계화하고 인증해 한편으론 그에 따른 지위 부여와 처우개선으로 직업전망을 제시하고, 다른 한편으론 생산으로 숙련을 되돌려 품질 및 안전을 높여야 한다. 이 책은 상술한 두가지 과제의 틀을 짜고 실천방안을 만드는 데 그리고 교육하는 데 훌륭한 길잡이가 될 수 있을 것으로 기대된다."

건설고용컨설팅 심규범 대표/前 건설근로자공제회 조사연구센터장

"한국의 SkillsFuture"는 우리나라 역량 체계의 영역을 이론의 영역에서 실천의 영역으로 끌어올린 김진실 원장님의 노력의 결실이라 생각한다. 직업훈련 시장 역시 스탠다드 스킬인 NCS 기반의 훈련을 통해 직업훈련의 단계적 발전을 만들고 체계화, 구조화를 이루어 지금의 직무중심의 훈련시장의 모습으로 변모할수 있었다고 생각한다. 책 출간을 진심으로 축하드리며 앞으로 "스킬 프레임워크"를 통해 다양한 역량체계의 문화로 발전할것이라 생각한다."

한국정보교육원장 고현정

"한국사회가 안고 있는 노동시장의 가장 큰 문제는 대기업, 중소기업 근로자와 정규직, 비정규직간 이중구조문제이다. 이중구조 문제의 해법 중 하나는 중소기업, 비정규직 근로자의 역량과 직업능력을 한 단계 끌어 올리는 것이다. 이 책은 스킬을 중심으로 우리사회가 어떻게 직업교육과 직업능력개발을 연계하고 발전시켜 하는지에 대한 나름대로의 해법을 제시하고 있다. 이 책이 이 분야에 종사하는 보다 많은 전문가와 정책담당자들에게 공유되어 한국의 스킬문화를 한 단계 더 발전시키는데 기여하기를 기대한다."

한국기술교육대학교 임서정 교수/前 일자리수석/前 고용노동부 차관

"한국의 Skills future'은 미래의 직무중심 사회를 대비하는 전 국가직무능력표준원 김진실 원장의 놀라운 통찰력을 만날 수 있는 책이다. 인적자원개발 전문가 및 종사자뿐만 아니라 인적자원관리, 정책분야 전문가들에게도 지침서가 될 완성도 높은 책을 놓치지 않고 만나보시길 바란다."

국가과학기술인력개발원 곽진선 연구위원

"김진실박사의 SkillsFuture" 우리나라 HRD분야의 최고기관이 되리라 믿는다. 그동안 노력의 결실이라 생각되며 더욱 건승하시고 발전을 기원한다."

한국산업인력공단 초대 구자길 직무능력표준원장

Ⅳ 해외에서의 스킬 프레임워크(역량체계)란?

학습개요

이 장에서는 해외는 왜 스킬 프레임워크(Skills Framework)가 필요한지, 유럽역량체계(EQF), 호주와 영국의 역량체계(QF), 싱가포르 스킬 프레임워크는 어떻게 작동되는지 제시한다.

학습목표

1. 해외는 왜 스킬 프레임워크(역량체계)가 필요한지 설명할 수 있다.
2. 유럽역량체계(EQF)는 어떠한지 설명할 수 있다.
3. 호주와 영국의 스킬 프레임워크(역량체계)는 어떠한지 설명할 수 있다.
4. 싱가포르 스킬 프레임워크는 어떠한지 설명할 수 있다.

1. 해외에서는 왜 스킬 프레임워크(역량체계)가 필요한가

앞에서 스킬의 개념은 역량(competency, 직무능력)으로 하드스킬(직무수행능력)과 소프트스킬(직업기초능력)이라고 한다면, 스킬 프레임워크에서의 스킬(Skills)은 앞에서 언급한 역량의 개념보다 이미 역량을 국가나 산업계에서 인증받은 상태, 즉, 자격(학위, 훈련, 자격증, 경험)을 의미한다. 따라서, 이 장에서는 역량 혹은 자격(Qualification)이라는 용어로 활용할 계획이다.

즉 역량체계(Qualification Framework)에서의 Qualification은 자격을 의미하는 것으로 개인이 교육 또는 훈련 등을 통해 습득한 학습결과로 국가 혹은 산업계 등에서 인정받은 것을 보여줄 수 있는 구조라고 할 수 있다. 구체적으로 역량(자격)을 분류하는 기준은 첫째, 역량(자격)목표로 역량(자격)을 취득하면 어떤 일을 할 수 있는가? 둘째, 평가내용(훈련내용)으로 어떤 내용을 평가(훈련)해야 하는가? 셋째, 어느 수준의 역량(자격)으로 개발 혹은 분류해야 하는가?가 있다

해외에서도 평생학습 촉진 및 교육훈련과 자격 및 노동시장 간의 연계를 강화하고, 국가 간 인력 이동 활성화를 위하여 스킬 프레임워크(예, EQF, AQF, DQF 등)을 강조하고 있다. 현재 전 세계 155개국에서 NQF를 기 개발하였거나 개발 추진 중이며, 유럽에서는 유럽 내 회원 국가 간 인력 이동 활성화를 위해 2008년도부터 EQF(유럽자격체계)를 개발·적용 중이다.

OECD(2006)는 역량체계(Qualifications Framework)란 "A qualifications framework is an instrument for the development and classification of qualifications according to a set of criteria for levels of learning achieved(역량체계는 달성된 학습 수준에 대한 일련의 기준에 따라 역량을 개발하고 분류하기 위한 도구)"로 규정하고, ① 역량목표 : 역량을 취득하면 어떤 일을 할 수 있는가? ② 평가내용(훈련내용) : 어떤 내용을 평가(훈련)해야 하는가?, ③ 수준 : 어느 수준의 자격으로 개발 혹은 분류해야 하는가?를 주요 핵심기준으로 설정하고 있다. 다시 반복하지만 역량체계(Qualifications Framework)에서 역량(Qualification)이란, 앞에서 언급한 직무수행능력과 직업기초능력을 포함한 개인이 가지고 있는 내적특성을 넘어서, 이를 인정한 상태를 의미한다. 일련의 교육과 평가를 거쳐 취득한 학위, 자격증, 훈련이수증, 일경험 및 경력 등을 포괄하는 개념이다. 역량체계(Qualifications Framework)의 유형은 국제적(Internationa), 국가 차원(National)에서, 국가간(Transnational), 지역적(Resional) 역량체계(Qualifications Framework) 등 다양하다.

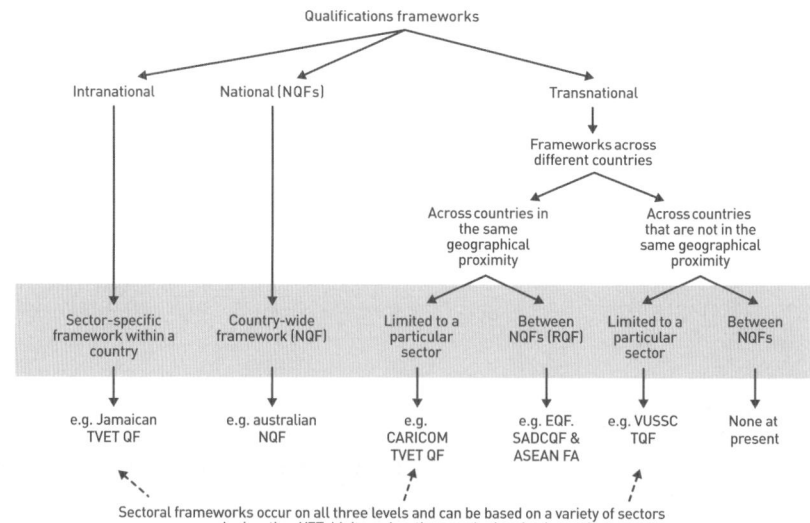

[그림 21] 해외의 스킬 프레임워크(역량체계, Qulification Framework)유형

출처 : 조세형(2024). KQF-SQF 연계방안. 한국산업인력공단 국가직무능력표준원 워크숍 발표자료

2. 유럽역량체계(EQF)

유럽연합(EU)에서는 유럽역량체계(EQF)를 도입하게 된 배경이 유럽의 각 국가별로 독립적으로 운영되고 있는 NQF들간의 호환성을 확보하여, 다양한 자격을 비교하고 동등성을 판단하기 위한 기준을 마련하기 위함이었다. 이에 2000년에 EQF의 도입 논의가 시작되었으며, 이후 EU 회원국과 관련 이해당사자들의 요구에 부응하는 공통기준으로써 2004년에 본격적으로 EQF가 개발되기 시작하였다.

EU는 EQF 전문가 그룹을 구성하여 자격의 투명성과 통용성을 촉진하고 평생학습 지원을 목적으로 학습결과에 입각한 8단계 수준체계의 EQF 청사진을 제안하였고, 이 제안에 대한 각 국가의 검토의견을 반영, 2006년 9월 6일 수정된 EQF를 도출하였으며, 2007년 유럽 각국의 국회와 의회의 검토를 거쳐 2008년 2월에 EQF를 공식적으로 채택하는데 합의하였다.

유럽의 국가역량체계(EQF: Europe Qualifications Framework)는 그 목적을 유럽 각 국가들의 역량체계를 공통의 기준체계를 가지고 연계시키기 위한 것임을 분명히 하고 있다(The EQF for lifelong learning is a common European reference framework which enables European countries to link their qualifications systems to one another). EQF는 서로 다른 각국의 역량체계를 이해하기 쉽게 연계하는 도구이다. (It is a translation device making qualifications more readable and understandable across different countries and systems in Europe). 즉, 평생 학습을 위한 EQF는 유럽 국가들이 자격 시스템을 서로 연결할 수 있게 해주는 유럽의 공통 참조 프레임워크이다.

유럽 국가 간 이동을 원하는 학습자나 근로자들이 적절한 일자리와 교육기관을 찾는 것을 용이하게 할 것이라고 한다. 이를 통하여 결국 인력 이동성과 고용 유연성이 높은 유럽 근로자들을 만들어내는데 일조할 것으로 기대하고 있다. 유럽의 국가역량체계(EQF)는 유럽 국가들 간의 학습과 자격인정을 뒷받침하고 통용성을 높여 이수한 학습과 취득 자격의 국제적인 인증을 도울 것이며, 일단 한 나라의 자격체계가 EQF와 연계되면 개인이나 고용주, 교육훈련기관의 관계자들이 각국의 서로 다른 자격과 교육제도를 비교가능하게 하여 이익을 얻게 될 것이라 한다. 개인은 자신이 가진 역량을 다양한 나라의 채용시장에 알릴 수 있으며, 적절한 교육훈련기회도 쉽게 찾을 수 있다. 또한, 고용주들은 다른 나라의 적절한 자격을 가진 근로자들을 손쉽게 찾을 수 있고, 노동이동을 촉진시키며, 수요와 공급 간 지식, 기술, 역량의 매칭을 쉽게 이룰 수 있을 것이다.

EQF는 유럽 국가 등의 역량체계(QF)를 연결하고, 각 국가의 역량(자격)시스템을 더욱 쉽게 이해할 수 있게하기 위한 변환장치로 유럽 공통의 역량(자격)기준체계다. 즉, 국가, 지역, 제도적 경계를 넘어서 자격의 내용과 개요, 가치를 더 잘 이해하고 인식할 수 있게 하는 해석 장치인 것이다.

EQF 수준은 유럽 국가들 상호간의 국가역량(자격) 체계를 공통유럽기준의 8단계 기준 수준에 맞추어 연계시키는 기능을 수행하였다. 수준은 기초(level 1, 예: 학교졸업증명)부터 발전된(level 8, 예: 박사학위) 수준까지 전체 역량(자격)등급을 의미한다. 평생학습 장려수단으로서 EQF는 일반, 직업, 대학(academic) 교육 및 훈련 등을 통해 취득된 모든 역량(자격)을 포함하고, 더불어 이 체계는 양성 및 지속 교육훈련을 통해 취득된 자격 전체를 포괄하고 있다. EQF의 8단계 수준은 학습결과의 형태로 표현되는 것으로, EQF는 학습의 기간과 같은 투입(inputs)에 초점을 맞추기 보다는 학습의 결과(outcomes)를 강조하며, 이는 지식, 기술, 역량의 세 가지 범주로 구체화되었다.

〈표 10〉 유럽역량체계(EQF) 수준 설명지표

수준		Knowledge	Skills	Competence (Responsibility and autonomy)
		유럽자격체계(EQF) 맥락에서 지식은 이론적 그리고/또는 사실적으로 표현된	인지적(논리적, 직감적, 그리고 창의적 사고를 포함) 혹은 실천적(손재주,그리고 방법, 매체, 도구, 기구 등의 사용)으로 표현된다.	유럽자격체계(EQF) 맥락에서 "역량"은 책임과 자율(responsibility and autonomy) 로 표현된다.
Level 1	Level 1과 관련된 학습결과는	Basic general knowledge (기초적인 일반 지식)	Basic skills required to carry out simple tasks (간단한 과업을 실행에 옮기는데 필요한 기초적인 기술)	Work or study under direct supervision in a structured context (구조화된 맥락 안에서 직접적 감독 아래 있는 일 또는 학업)

수준		Knowledge	Skills	Competence (Responsibility and autonomy)
Level 2	Level 2와 관련된 학습결과는	일 또는 학업 분야의 기초적인 사실 지식	과업을 실행하고 간단한 규칙과 도구를 사용하여 일상적인 문제를 해결하기 위해 관련 정보를 사용하는데 필요한 기초적인 인지 및 실천 기술	약간의 자율과 함께 감독 아래 있는 일 또는 학업
Level 3	Level 3과 관련된 학습결과는	일 또는 학업 분야의 사실, 원리, 절차, 그리고 일반적 개념의 지식	기초적인 방법, 도구, 매체, 정보를 선택하고 적용함으로써 과업을 달성하고 문제를 해결하는데 필요한 인지적, 실천적 기술의 범위 (range)	• 일 또는 학업 내 과업을 완수하는데 책임을 짐 • 고유한 행동을 문제해결을 위한 환경에 적응시킴
Level 4	Level 4와 관련된 학습결과는	일 또는 학업 분야 내에서 폭넓은 맥락의 사실적이고 이론적인 지식	일 또는 학업 분야 내 구체적인 문제의 해결책을 생성하는데 필요한 인지적, 실천적 기술의 범위(range)	• 주로 예상 가능하지만 변화 가능한 일 또는 학업 맥락의 지침 안에서 자기관리 연습 • 일 또는 학업 활동의 평가와 향상에 대해 일부 책임을 지며 타인의 일상적 일 감독
Level 5	Level 5와 관련된 학습결과는	일 또는 학업 분야 내에서 포괄적, 전문적, 사실적, 이론적 지식과 지식의 경계의 자각	추상적인 문제에 대한 창의적 해결책을 개발시키는 데 필요한 인지적, 실천적 기술의 포괄적인 범위	• 예상치 못한 변화가 있는 일 또는 학업 활동의 맥락 안에서 관리와 감독 연습 • 자신과 타인의 수행 비평과 발전
Level 6	Level 6과 관련된 학습결과는	이론과 원리에 대한 비판적 이해를 포함하는 업무 또는 연구 분야에 대한 고급 지식	전문적인 업무 또는 연구 분야에서 복잡하고 예측할 수 없는 문제를 해결하는 데 필요한 숙련도와 혁신을 입증하는 고급 기술	• 복잡한 기술 또는 전문 활동이나 프로젝트를 관리하고 예측할 수 없는 작업이나 학습 상황에서 의사 결정에 대한 책임 • 개인과 그룹의 전문성 개발을 관리하는 책임

수준		Knowledge	Skills	Competence (Responsibility and autonomy)
Level 7	Level 7과 관련된 학습결과는	• 독창적인 사고 및/또는 연구의 기초로서 업무 또는 연구 분야에서 지식의 최전선에 있는 고도로 전문화된 지식 • 한 분야와 다른 분야 간의 인터페이스에서 지식 문제에 대한 비판적 인식	새로운 지식과 절차를 개발하고 다양한 분야의 지식을 통합하기 위해 연구 및/또는 혁신에 필요한 전문적인 문제 해결 기술	• 복잡하고 예측 불가능하며 새로운 전략적 접근 방식이 필요한 업무 또는 학습 환경을 관리하고 변화 • 전문적인 지식과 실무에 기여하고/또는 팀의 전략적 성과를 검토하는 책임
Level 8	Level 8과 관련된 학습결과는	업무나 연구 분야의 가장 진보된 영역과 분야 간 인터페이스에 대한 지식	연구 및/또는 혁신의 중요한 문제를 해결하고 기존 지식 또는 전문 실무를 확장 및 재정의하는 데 필요한 합성 및 평가를 포함한 가장 진보되고 전문화된 기술 및 기법	• 연구를 포함한 업무 또는 학습 환경의 최전선에서 새로운 아이디어나 프로세스 개발에 대한 실질적인 권위, 혁신, 자율성, 학문적, 직업적 진실성과 지속적인 헌신

출처 : 유럽역량체계(EQF)(2024). https://www.aqf.edu.au/

3. 호주(AQF)와 영국 역량체계(RQF, SCQF 등)

호주역량체계(AQF: Australian Qualifications Framework)는 10개의 단계로 구성되어 있으며, 고등학교 교육, 직업 훈련 교육 및 대학 교육을 단일 국가 시스템으로 통합하여 운영한다.

한국은 특성화 고등학교를 다니다가 갑자기 대학이 가고 싶어져서 인문계 고등학교로 바꾸고 싶어도 현재로써는 매우 어려운 일이지만, 호주는 학생들의 잘못된 판단으로 학업이 끊기는 일이 없도록, 각 교육기관별 과정별 레벨을 체계화하였다. 이는 호주에서 국가역량체계(AQF)가 작동되기 때문에 가능한 일이다.

호주는 AQF에 대한 설명자료(AQF council, 2013)를 통해 ① AQF 수준 및 자격 유형별 학습 결과, ② 자격 설계 및 인정 시 적용규격(specifications), ③ 자격 발급을 위한 요건, ④ 자격 연계를 위한 요건 및 학습경로(student pathways), ⑤ AQF 자격 인증기관, AQF 자격 발급기관, AQF 자격 및 경로를 등록하기 위한 요건, ⑥ AQF자격 유형의 추가 및 삭제요건, ⑦용어 정의 등을 제시한다.

〈표 11〉 호주역량체계(AQF) 수준체계 및 역량(자격)

수준 (Level)	역량(자격)유형 (Qualification Type)	학습량 (단위: year)	요약 (summary)
10	Doctoral Degree	3~4	학습의 발전 또는 전문적 실행을 위한 복잡한 학습 분야의 체계적·비판적 이해와 전문화된 연구 스킬을 갖춤
9	Masters Degree	3~4	연구 또는 전문적 실행 및 평생학습을 위한 전문화된 지식과 스킬을 갖춤
8	Bachelor Honours Degree Graduate Certificate Graduate Diploma	1 0.5~1 1~2	전문적으로/고도로 숙련된 직무 및 평생학습을 위한 고급지식과 스킬을 갖춤
7	Bachelor Degree	3~4	전문적인 직무 그리고/또는 평생학습을 위한 폭넓고 일관된 지식 및 스킬을 갖춤
6	Advanced Diploma Associate Degree	2 1.5~2	준전문가/고도로 숙련된 직무 그리고/또는 평생학습을 위한 지식과 스킬을 갖춤
5	Diploma	1~2	준전문가/숙련된 직무 그리고/또는 평생학습을 위한 지식과 스킬을 갖춤

수준 (Level)	역량(자격)유형 (Qualification Type)	학습량 (단위: year)	요약 (summary)
4	Certificate IV	0.5~2	특화된/숙련된 직무 또는 평생학습을 위한 이론적이고 실용적인 지식과 스킬을 갖춤
3	Certificate III	1~2	직무 그리고/또는 평생학습을 위한 이론적·실무적 지식 및 스킬을 갖춤
2	Certificate II	0.5~1	정해진 맥락조건에서의 직무 그리고/또는 평생학습을 위한 지식과 스킬을 갖춤
1	Certificate I	0.5~1	초기직장, 지역사회 참여 그리고/또는 평생학습을 위한 지식과 스킬을 갖춤

출처 : 호주역량체계(AQF)(2024), https://europa.eu/europass/it/strumenti-europass/il-quadro-europeo-delle-qualificazioni/quadri-nazionali-delle-qualifiche

영국은 기본적으로 국가자격증 취득을 위한 단계로 운영하는데, 특히, 중등단계의 중등교육자격시험(GCSE)과 후기 중등단계에서 취득하는 GCE A-level은 국가자격증에 속하며, 모듈 시스템으로 각 과목은 유닛(unit)으로 교육 및 평가를 받은 후 득한 등급을 해당 과목에 대한 자격으로 인정되며 이에 대해 과목별 인증서(Certificate)를 발급한다. 우리나라의 수능 성적표의 개념과는 달리 해당 교과의 수준을 나타내는 자격증 또는 인증서로써 사회적 인정을 받는다. 예를 들어, 영어 교과의 경우 'GCSE 영어 3급을 취득했다.'라는 개념이다.

〈표 12〉 영국역량체계(RQF, CQFW, CCEA Qualifications, SCQF)

구분	잉글랜드	웨일스	북아일랜드	스코틀랜드
국가역량체계 (자격 프레임워크)	\- 자격의 체계를 표준화, 구조화하고 수준을 정의하여 학생, 교육기관, 기업 및 고용주에게 자격 수준 및 비교 가능한 자격을 보여줌 \- 크레딧 시스템(Credit System)으로 자격별 일정 크레딧을 가지며, 크레딧은 자격을 획득하는데 필요한 학습 시간과 작업의 양을 나타냄			
	RQF	CQFW	CCEA Qualifications	SCQF

구분	잉글랜드	웨일스	북아일랜드	스코틀랜드
자격청	Ofqual	Qualifications Wales	CCEA	SQA
수준체계	1~8수준	1~8수준	1~8수준	1~12수준

	잉글랜드, 웨일스, 북아일랜드 (RQF/CQFW/CCEA Qualifications)	스코틀랜드 (SCQF)
수준비교	8수준	12수준
	7수준	11수준
	6수준	9~10수준
	4~5수준	7~8수준
	3수준	6수준
	2수준	5수준
	1수준	4수준
	Entry3	3수준
	Entry2	2수준
	Entry1	1수준

※ Entry레벨은 서브 레벨(sub-levels)로 교육이나 경험이 요구되지 않는 입문단계

출처 : 최영애(2024). 영국의 교육 및 자격체계. 2024년 해외스킬동향포럼. 한국산업인력공단-한국직업자격학회 공동학술대회

4. 싱가포르역량체계(WSQ)

싱가포르의 국가역량체계(스킬 프레임워크)는 Workforce Skills Qualifications(WSQ)으로 표현되며, 인력에 대한 기술과 역량을 훈련, 개발, 평가 및 인증하는 국가 자격 증명 시스템이다. WSQ 인증 과정은 스킬 프레임워크에서 개발된 스킬을 참조한다. 스킬 프레임워크는 개인이 다양한 직무를 수행하고 전환 가능성을 유지하는 데 필요한 직무 역할과 기술에 대한 주요 정보를 제공한다.

WSQ는 강력한 품질 보증 프레임워크로 보증된다. 기술 및 역량, 핵심 기술 개발부터 교육 제공자 승인 및 WSQ 자격 수여에 이르기까지 필요한 표준 및 제공을 보장하기 위해 엄격한 기준이 적용된다. 싱가포르의 인력 개발을 지원하는 강력한 교육 인프라 구축을 돕기 위해 체계적이고 효율적인 시스템이 구축된다.

[그림 22] 싱가포르 스킬 프레임워크(WSQ: Workforce Skills Qualification)

WSQ는 어떻게 작동될까? 먼저, 직무 관련성이 있다. WSQ는 직무별 기술 및 역량뿐만 아니라 직무 전반에 걸쳐 요구되는 핵심 기술 및 역량을 개발하도록 설계된 역량 기반 시스템이다. 둘째, 오픈 액세스다. 입학에 필요한 학문적 전제 조건이 없으며 업무 경험 및 자격 증명과 같은 사전 학습을 인정한다. 개인이 전체 WSQ 자격을 취득할 수 있는 성취 진술서(Statement of Attainment)를 수여하는 간단한 모듈을 제공한다. 셋째, 성장경로가 있다. 각 부문의 스킬 프레임워크에 맞는 기술 및 자격 경로를 제공한다. 넷째, 권위가 있다. 성취 증명서(SOA) 및 자격은 SkillsFuture Singapore 또는 기존 수여 기관과의 협력을 통해 품질이 보장되고 수여된다.

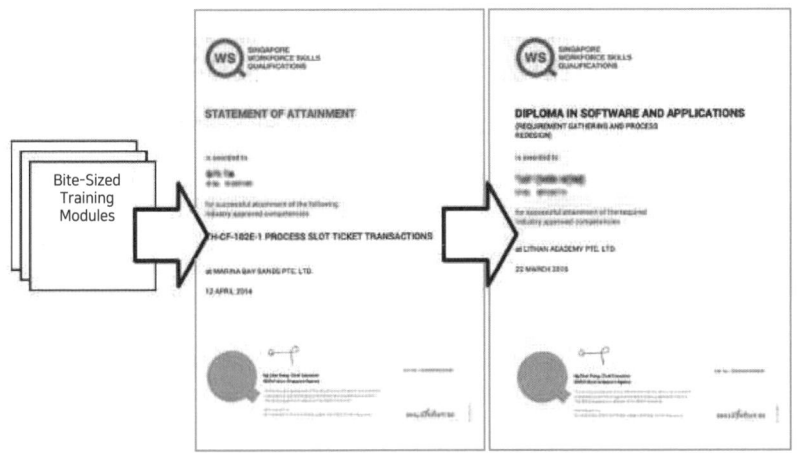

[그림 23] 싱가포르 WSQ에 따른 성취 증명서(SOA) 및 자격

SkillsFuture Singapore는 WSQ를 실용적이고 유연하게 만들어 싱가포르 인력의 적응, 성장 및 발전을 돕겠다고 믿는다. WSQ는 개인의 속도에 맞춰 학습할 수 있도록 간단한 교육 모듈을 제공함으로써 이를 수행한다. 각 모듈이 완료되면 SOA(성명서)가 수여된다. 관련 SOA를 축적하여 WSQ 자격을 획득할 수 있다. 싱가포르 공익광고로 홍보 중에 있는 WSQ의 영상은 다음과 같다.

[그림 24] 싱가포르 WSQ 홍보영상
https://www.youtube.com/watch?v=7GuvMmD0xkQ

한국의
SKILLS *Future*

Ⅴ. KQF-SQF 연계방안은?

"한국의 SkillsFuture"를 추천합니다.

"Skills(역량)를 국가차원의 통합적 시각에서 접근함으로써 사회적 이슈로 부각되고 있는 노동시장과 교육시장의 미스매치를 해소하는 데에 큰 도움이 될 것으로 본다. 또한 각 교육주체별로 Skills(역량)의 현재와 미래 모습을 이해하고, 역량향상 방안을 모색하는 길잡이가 될 것으로 생각한다. 역량개발을 통한 성과향상을 도모하는 기업 현장에서도 적극 활용을 기대한다."

숯 포스코 인재창조원 최중권 상무/前 스카우트 전직지원 사업부문 전무

"이제, 조직관리는 skill 중심이 핵심이다. 본 서적은 김진실 원장의 오랫동안 축적된 경험과 노하우, 전문성을 통해 한국의 미래직무 방향성의 key를 쥐고있는 필독도서가 될것이라 확신한다."

(사) 미래노사상생지원협회 송민영 노사혁신본부장

"이 책은 학연, 지연 등이 아닌 직무능력 중심 선진 미래사회 구현을 위한 최적의 방안을 제시한다. 현재 뿐 아니라 미래사회로 갈수록 분야별 융합은 필연적이다. 이를 위해서 공공 및 민간조직은 투명하고 합리적인 업무 프로세스, 객관적 평가로 공정한 보상을 할 수 있는 조직을 구축해야 한다. 저자는 이런 것을 고민하는 모든 분들에게 해결방안을 제시했다."

전 육군본부 제대군인지원처 박범우 대령

"직무능력 중심 사회를 지향하는 지금의 시대에 오랜 경험과 지식을 바탕으로 실태와 방향을 명쾌하게 정리한 최고의 서적!!!"

한국산업인력공단 국가직무능력표준원 유지용 NCS개발개선부장

"변화의 시대 미래인재 육성을 위해 소프트스킬과 하드스킬은 조화로워야 하고, 스킬교육의 깊이는 더욱 심화되어야 한다. 이 책은 스킬특화된 인재육성을 위한 대학혁신과 평생교육혁신을 위해 핵심 지침서가 될 것이다."

교육부 교육정책자문위 대학개혁분과 박철우 위원장/ 한국공학대학교 교수

"김진실 박사의 풍부한 현장 경험과 지식을 담은 이 책은 HRD 분야에 입문하는 분들과 전문가들에게 꼭 필요한 자료다. 국가직무능력표준원장을 역임한 저자의 체계적인 정리와 실무 경험은 독자들에게 귀중한 인사이트를 제공할 것이다. 이 책은 HRD 분야의 풍부한 지식과 실무 경험을 체계적으로 정리하여 기업의 실무자부터 전문가까지 모두에게 유용한 필독서가 될 것이다."

우송정보대학교 엄준철 부총장

V. KQF-SQF 연계방안은?

학습개요

이 장에서는 한국의 스킬 프레임워크인 한국형 국가역량체계(KQF)와 산업별역량체계(SQF)를 살펴보고, 해외에서의 KQF-SQF 연계 사례와 한국에서의 KQF와 SQF의 연계방안에 대해서 제시한다.

학습목표

1. 한국형 국가역량체계(KQF)에 대하여 설명할 수 있다.
2. 산업별역량체계(SQF)에 대하여 설명할 수 있다.
3. 해외에서의 KQF와 SQF의 연계사례를 설명할 수 있다.
4. 한국에서의 KQF와 SQF 연계방안을 설명할 수 있다.

1. 한국형 국가역량체계(KQF)란

　　2013년 정부 국정과제로 "능력중심사회를 위한 여건조성"을 설정하고, 세부과제로 국가역량체계(NQF, National Qualifications Framework) 구축을 포함하고 있다. 이에 "국가역량체계 구축 기본계획"('13.12월) 및 "국가역량체계 구축 시범사업 추진계획"('14.6월)에 한국형 NQF(안) 설계('16년) 일정이 제시되었다.

　　한국형 국가역량체계(KQF)의 구축 목적으로 제시된 것은 다섯 가지다. 이미 앞 장에서 왜 스킬 프레임워크를 구축하는지에 대한 당위성을 언급하였지만, 실제 한국에서 KQF를 구축하는 목적으로 제시된 다섯 가지를 정리하면 첫째, 학력중심사회를 극복하고 능력중심사회 구현을 위한 여건을 조성하는 것이다. 학력 이외에 경력, 자격 등 개인이 가진 다양한 능력이 노동시장 신호기제로 작동하지 못하는 학력중심사회를 극복하기 위해 필요한 것이다.

둘째, 불필요한 중복학습 부담 완화 및 스펙쌓기를 지양하는 것이다. 일반적으로 학위 이외 다양한 학습결과가 인정되지 않아 채용·승진시 불필요한 중복 학습 및 별도의 스펙을 쌓는 것이다.

셋째, 평생에 걸친 경력개발경로를 가시화하고 역량개발을 촉진시키기 위해서다. 즉 국민 개인이 일·학습 병행, 평생학습, 직업훈련, 현장경험 등 다양한 방식으로 평생에 걸쳐 경력을 관리하고 역량을 개발하도록 지원해야 한다.

넷째, 교육훈련의 품질을 보증해야 한다(Quality Assurance). 학습결과(learning outcomes)에 따라 다양한 능력을 인정하므로 교육훈련을 결과중심으로 유도함으로써 교육훈련의 질적 수준을 보장할 수 있다.

다섯째, 국내외 자유로운 인력 이동((Mobility)을 촉진해야 한다. 학위는 물론 자격, 현장경력, 훈련결과의 연계를 바탕으로 노동시장 진입 이후 양질의 일자리로의 자유로운 인력 이동을 촉진해야 한다. 다른 국가의 NQF와 상호 호환성을 확보하여 국내 인력의 해외 일자리 진출을 촉진할 수 있다.

명칭으로는 국문으로 "한국형 국가역량체계"이고, 영문으로는 "Korean Qualifications Framework(약칭, KQF)"이며, 정의는 "국가직무능력표준 등을 바탕으로 학력, 자격, 현장경력 및 교육훈련 이수 결과 등이 상호 연계될 수 있도록 한 수준체계"로 하였다. 보통 영어의 Qualification은 "자격", Competency는 "역량"이라고 번역되나, 국문용어상 "자격"은 보통 직업자격으로 이해되어 "학위" 등은 포함하지 않는 것으로 인식될 수 있는 점을 고려하여, 국가역량체계라고 하였다(강순희, 2016). 당초 2013년 기본계획 수립시 국가역량체계(NQF)의 정의는 "학력, 자격, 현장경력 및 교육훈련 이수 등이 상호 연계될 수 있도록 국가 차원에서 국가직무능력표준을 기반으로 등가성을 제시하는 수준체계"였지만, 현재 KQF의 정의는 "국가 직무능력표준 등을 바탕으로 학력, 자격, 현장경력 및 교육훈련 이수 결과 등이 상호 연계될 수 있도록 한 수준체계"로 변경하였다. 변경한 사유를 살펴보면, 첫째, "국가직무능력표준을 → 국가직무능력표준 등"으로 변경한 사유는 국가가 국가직무능력표준으로 체계화하기 곤란한 분야도 포함할 필요가 있기 때문이다. 예를 들어, 일정한 기술과 전문가의 직관에 의해 역량수준을 판단할 수 있는 분야, 전문가의 권위에 의해 역량수준을 판단할 수 있는 분야 등이 있기 때문이다. 둘째, "기반으로 → 바탕으로"으로 변경한 사유는 자격기본법상 자격체제의 용어정의를 고려한 것이다. 자격기본법상 자격체제란 국가직무능력표준을 바탕으로 학교교육·직업훈련 및 자격이 상호 연계될 수 있도록 한 자격의 수준체계를 말한다. 셋째, "교육훈련 이수 → 교육훈련 이수 결과"로 변경한 사유는 앞에 열거된 용어인 학력, 자격 등과 같이 학습결과(learning outcomes)를 나타내는 용어로 변경한 것이고, 넷째, "등가성을 제시하는 → 삭제"한 사유는 등가성은 가치의 동등성(equivalence)이 아니라 상호 비교가능성(comparability), 호환성 정도를 의미하므로 "연계"와 중복된 표현임을 고려하여 삭제하였다.

KQF 수준별 설명지표는 기 개발된 NCS 설명지표 구성요소와 일관성을 고려하여 국제적 통용성을 위해 가장 많은 국가에서 통용되는 EQF 설명지표를 참조하여 구성요소를 지식(knowledge), 기술(skill), 자율성과 책임성(autonomy & responsibility)로 하였다. 구체적으로 살펴보면, ① 지식(knowledge)은 직무수행 또는 학습을 통해 체득된 사실, 원칙, 이론, 개념 등을 포괄하는 인지적 능력이고, ② 기술(skill)은 과업을 수행하고 문제를 해결하기 위해 재료 및 도구 등을 사용하고 지식을 활용하는 능력이며, ③ 자율성 및 책임성(autonomy & responsibility)은 스스로 업무를 수행하는 정도나 타인의 직무수행을 관리 및 감독할 수 있는 능력이다.

<표 13> KQF 수준별 설명지표 국내 및 해외 사례

구분		구성요소1	구성요소2	구성요소3
국내	자격기본법	지식	기술	소양 등
	시행령	지식	기술 등	
	NCS 설명지표	지식기술	역량	경력
해외	EQF	Knowledge (factual, theoretical)	Skills (cognitive, practical)	Competence (autonomy, responsibility)
	영국	Knowledge & Understanding	Application & Action	Autonomy & Accountability
	호주	Knowledge	Skills	Application of Knowledge and Skills (autonomy, judgement adaptability, responsibility)
	독일	직업능력		개인능력
		지식 (depth & breadth) / 기술 (instrumental and systemic skills, judgement)	사회적 능력 (team/leadership skills, involvement and communication)	자율성 (autonomous responsibility /responsibility, reflectiveness and learning competence)

KQF 설명지표를 설계하는데 있어서 고려했던 사항은 첫째, 기 개발된 NCS 수준별 설명지표와 일관성을 유지하였고, 둘째, 가능한 모든 형태의 학습결과가 포함되도록 작성하였으며, 셋째, 미래 지향적 체계라는 점에서 현재 학위나 국가기술자격 체계에 얽매이지 않고 개발하였다. 넷째, 수준 간의 적절한 차이가 있고 이전의 수준과 비교하여 진전의 크기(dimension of progress)를 명확히 표현하였다. 여기서 진전의 크기란 지식과 이해의 복잡성과 깊이, 필요한 지원 또는 지시의 정도, 필요한 통합성, 독립성, 창의성의 정도, 적용 및 실행의 범위와 복잡성, 투명성 또는 상황의 복잡성 정도를 의미한다. 다섯째, 반복을 회피하여 개별 수준은 낮은 수준을 기반으로 하고 모든 하위 수준을 포괄하도록 하였고, 여섯째, 긍정 표현만을 사용하고 일반인도 이해하도록 전문용어 사용을 지양하였으며, 일곱째, 가능한 단순하고 일반적이며 분명하고 구체적인 용어 사용(예시, "적절한, 좁

은, 좋은 그리고 더 좁은, 더 넓은" 같은 용어 사용을 자제)하였다. 여덟째, 높은 수준으로 올라가면서 반드시 전문성(specialization)을 의미하지는 않고 일부 학습 또는 작업 상황에서는 더 큰 일반성(generalization)을 의미할 수 있도록 하였다. 아홉째, 수준의 구간별(1수준, 2~3수준, 4~6수준, 7~8수준)로 주요 컨셉의 변화와 핵심 키워드의 유형 및 적용을 고려하였고, 열 번째, 다양한 산업·직무분야의 상위수준 유무 판단 및 변별이 용이하도록 최상위 수준인 6~8수준을 구체적으로 서술하였다.

〈표 14〉 한국형 국가역량체계 구성요소·수준·설명지표

수준\요소	지식	기술	자율성과 책임성
8	해당 분야 최고의 전문 지식과 관련 분야와의 융합적 지식	관련 지식을 확장하고 재정의 하는데 필요한 융합적 기술	조직 전반에 영향을 주거나 변화를 가져올 수 있는 새로운 아이디어나 프로세스를 창출 조직 전반에 대한 전문가적 헌신 및 책임
7	해당 분야 고도의 전문 지식과 관련 분야와의 연계적 지식	새로운 지식과 절차를 개발하고 관련 분야의 지식을 통합하기 위해 필요한 연계적 기술	새로운 전략적 해결방안을 제시하고 적용 조직의 성과를 관리하고 타인의 성과를 평가
6	해당 분야 심화된 전문 지식	해당분야의 예측불가능한 문제를 해결하는데 필요한 기술	일반적 권한 내에서 과업을 수행하고 조직의 과업을 관리
5	해당 분야의 포괄적 전문 지식	해당분야의 일상적이지 않은 문제를 해결하는데 필요한 기술	일반적 권한 내에서 과업을 수행하고 타인의 과업을 감독
4	해당 분야의 제한적 전문 지식	해당분야의 특정한 문제를 해결하는데 필요한 기술	제한된 권한 내에서 과업을 수행하고 타인의 정해진 과업을 관리
3	해당 분야의 포괄적 기초 지식	해당분야의 일상적 업무를 수행하고 일상적 문제를 해결하는데 필요한 기술	제한된 권한 내에서 정해진 과업 수행

요소 수준	지식	기술	자율성과 책임성
2	해당 분야의 제한적 기초지식	일상적 업무를 수행하는데 필요한 기술	일반적인 지시를 받아 정해진 과업 수행
1	문자 이해, 연산 능력 등 단순지식	단순 업무를 수행하는데 필요한 기술	구체적인 지시 및 감독을 받아 정해진 과업 수행

출처 : 한국형 국가역량체계 운영·고시(2022.6.30.), 교육부 고시 제 2022-14호, https://www.law.go.kr/LSW/admRulLsInfoP.do?admRulSeq=2100000211475#J2398539

이와 같이 KQF 기본틀은 확정·고시되었으나 KQF의 기능·작동 방식에 대한 사회 각 분야의 이해도가 낮고, 구체적인 학위·자격 등이 KQF에 등록되어 있지 않아 교육훈련·노동·산업 현장에서 적용에 한계가 있다. 앞으로 KQF의 활용 확대를 위한 사회적 논의를 활성화하고, KQF에 학력·자격 등을 등록·배치하는 기준과 절차를 마련하기 위한 시범사업 추진이 필요하다. 또한 KQF의 적용 대상으로서 학력, 자격, 경력 등을 토대로 해당 분야 인력관리에 활용되고 있는 기술자등급제와 같이 다양한 자격 활용체계의 역량정보를 체계화하고 KQF와 연계 강화 방안을 마련할 필요가 있겠다(김상진 외, 2023). 좀 더 구체적으로 살펴보면, KQF 구축 측면에서의 주요 이슈는 다음과 같다(어수봉 외, 2021).

첫째, KQF 체제에 대한 타당성을 검토하고 개선해야 한다. KQF는 2019년 2월 고시되면서 KQF 정의, 구성요소 및 설명지표 등을 정립하고, 8개 수준 체계에 대한 공식적인 합의를 도출한 바 있다. 그러나 고시 내용에서도 확인할 수 있듯이 2019년 7월을 기준으로 매 3년이 되는 시점마다 그 타당성을 검토하여 개선 조치를 하여야 하는 바, KQF 체제에 대한 지속적인 검토가 필요하다. 특히 KQF 수준체계를 참고하여 SQF를 구축하고 있는 산업별인적자원개발위원회(ISC) 등에서는 KQF의 기본 틀(수준체계 등)을 충분히 이해하는데 어려움이 발생하고 있어 KQF 수준체계의 설명지표 용어 등을 보다 구체화할 필요가 있다. 기업에서 많이 활용되는 역량을 참고하여 구성요소(domain)를 추가하는 방안도 검토될 필요가 있다.

둘째, 직무역량간 등가성 확보를 위한 가이드라인을 구체화해야 한다. 우리나라의 KQF는 학력, 자격, 경력, 교육훈련 이수 등 개인이 보유한 다양한 직무역량을 상호 인정하는 체제로써 활용될 것으로 기대되고 있으나, 다양한 직무역량간 상호 인정을 위한 구체적인 기준 마련 및 사회적 합의는 다소 미흡한 것이 사실이다. 이러한 문제를 해소하기 위해서는 산업 현장에서의 직무역량 구성요인 간 등가성을 파악(comparable level of skills among industries)하는 작업이 선결되어야 하며, 이를 위해서는 NCS 등에 기반한 KQF 수준별 최소 학습량에 대한 검토가 필요하다. NQF를 도입한 국가들은 NCS에 근거하여 능력단위별로 학점을 부여하고 이를 통해 자격을 부여하는 체계를 구축하고 있는데, 해당 수준 도달 정도의 판단을 누적된 학점 수와 학점 수준을 통하여 이루어지고 있다. 유럽의 경우 교육수요자 입장에서 정규교육에 참여하는 시간(attending time)만이 아닌 개인의 자기주도학습, 과제수행, 시험준비, 견학 등을 포함하는 개념시간(notional time)이라는 용어를 활용하여 1학점당 25~30시간(개념시간)을 할당하고 있는데, 우리나라에서도 KQF 수준별 학습시간에 대한 기준 검토시 이러한 사항을 종합적으로 고려할 필요가 있다(조정윤 외, 2013).

셋째, 직무역량 인정의 범위를 검토해야 한다. KQF의 활용 측면에서 어떠한 유형의 직무역량(학위, 직업자격, 그 외 학습인정 결과 등)을 KQF상에 배치하고, 개별 자격은 어떤 범주까지 KQF에 포함할 것인지에 대한 합의가 필요하다. 국외의 경우 직무역량의 범위로 주로 학위, 직업자격이 배치되며, 현장경력의 평가인정 결과는 직업자격 혹은 학위로 연계되지만 직접 KQF상에 배치되지는 않는 특징이 있다. 한편, 직업자격의 경우도 어떤 유형의 자격이 KQF에 배치될 것인지에 관한 검토가 필요하다. 스코틀랜드의 경우 운영되는 모든 직업자격은 이 체계에 배치된다. 하지만 호주의 경우 외국어 등 소양자격은 배치되지 않으며, 또 전문직 자격(의사, 변호사,

교사 등)과 기술사 자격 등은 어떤 나라도 역량체계상에 배치되지 않는다.

이 밖에 우리가 그간 국가역량체계 도입과 관련하여 벤치마킹을 많이 해 온 호주의 국가역량체계(AQF)에서는 국가역량체계의 성공을 위한 과제 (Critical factors for success)를 제기하면 다음과 같다(AQF, 2015).

첫째, 국가역량체계의 목적과 목표를 분명히 하고 공유해야 한다. NQF 의 도입배경, 이득, 목적 등을 이해관계자에게 분명히 전달하고 책무성을 가지고 참석하고 협력하도록 할 필요가 있다(The importance of establishing a clear purpose and goals of the AQF should not be understated. In most cases it is likely that a country's decision to establish an NQF would be taken to address a problem and/or benefit from an opportunity. Clearly setting out the purpose of the framework provides clarity to stakeholders and users as to the intended end vision which in turn assists them in setting their own directions in terms of how they will use the framework. Furthermore it also helps to both clarify and establish lines of accountability with regards to the framework).

둘째, 이해관계자가 적극적으로 참여해야 한다. 모든 이해관계자들이 국가역량체계 구축과정에 대하여 이해하고 참여와 피드백받고, 또한 구축이 된 이후에는 활용과 평가, 인정과 모니터링 등 질 관리에도 참여하는 것이 매우 중요하다. (In developing and introducing a new or revised qualifications framework or system it is vital that all stakeholders are consulted and have the opportunity to provide feedback and input into the design of the framework. Successful implementation of an NQF depends on those who deliver and assess qualifications and those with the authority to accredit and monitor the quality of qualifications).

셋째, 유연하게 운용하되 전체를 포괄해야 한다(Balance of comprehensive coverage with flexibility). 국가역량체계는 국가적으로 의무교육 이후 취득한 학습결과를 일관되게 인정한 것이지만 동시에 다양한 교육훈련도 제대로 반영하는 틀로서 유연성을 갖추어야 한다(While the AQF was developed to provide nationally consistent recognition of outcomes achieved in post-compulsory education, it was also vital that the framework was flexible enough to suit the diversity of purposes of education and training in Australia).

넷째, 전 자격의 질 관리가 전제되어야 한다(Strong and clear relationships with quality assurance). 교육과 훈련이 그 분야의 이론과 실제에서 필요한 역량을 갖추도록 하는 질 관리가 중요하다. 국가역량체계는 전 국가적인 수준에서 교육과 훈련의 질을 인증하고 관리하는 핵심적인 도구이다(Trust in an education system is required in order to ensure society that the graduates of its education system are competent in their field of study and practice. As the AQF was developed to support pathways between qualifications, sectors and the labour market and improve national productivity through relevant, consistent and nationally-recognised qualifications, it was vital that the AQF was a fundamental part of regulation and quality assurance in education and training. An NQF requires a robust and clear connection to the education system's quality assurance processes to ensure trust and confidence among stakeholders, both domestically and internationally).

다섯째, 충분한 정보의 제공과 활용이 전제되어야 한다(Provision and availability of information). 국내외적으로 사용자들에게 국가역량체계에 대한 정보를 분명하고도 쉽게 알고 활용할 수 있도록 하는 것이 중요하다(The provision and availability of clear and easy to understand information about an NQF is vital as such information raises awareness and informs users (i.e. institutions, students, employers and recognition authorities) both domestically and internationally).

여섯째, 폭넓게 활용되어야 한다(Wider use). 호주의 AQF는 처음 개발 시에는 전혀 예상치 못하였던 사용자들이 나타나고 있으며 또한 사용 범위가 넓다. 이에 따라 국가역량체계가 힘을 받고 있으며, 또한 교육훈련, 고용과 이민정책에 영향을 미치고 있다(The AQF is now used in a number of ways that were never envisaged when it was first developed. Its wider use, integration and adoption for a variety of purposes by a diverse range of organisations and sectors that were not intended users is an indicator of success and a critical factor in its acceptance across Australia. The AQF's diversity of uses (and users) has strengthened it, and further entrenched it as a national policy for education, training, employment and migration).

2. 산업별역량체계(SQF)란

한국형 국가역량체계(Korean Qualifications Framework, 이하 KQF)가 마련되었지만, 현재의 KQF는 그 자체로서는 산업현장에서 작동하기 어려우며, KQF를 위한 사전 단계로서 산업수준에서의 통합적이고 구체적인 상호인정의 틀이 필요한 것이다. 즉, 능력중심사회의 정의를 학력이나 학벌 등의 특정한 요소로 국한하지 않고 교육훈련, 자격 및 현장경력 등 다양한 요소들을 종합적으로 활용하여 개인의 능력을 인정하는 국가역량체계(NQF)를 구축함으로써 실현되는 일이지만 산업별로 능력에 대한 개념 및 수준 등의 차이로 인하여 NQF 구축을 위해서는 많은 애로사항이 발생되었다. 이로써 정부에서는 산업 분야별로 개인이 교육·훈련·자격 등을 통해 학습하고 취득한 다양한 능력을 상호연계하여 인정하기 위한 체계인 SQF(Sectoral Qualification Framework)구축을 우선 실시하였다(고용노동부·한국산업인력공단, 2019). 즉, 학벌이 아닌 능력중심 사회 구현을 위해 정부에서는 '13년부터 국가역량체계(NQF) 구축 추진하였으며, 산업의 특수성·다양성을 반영하기 어렵다는 사실을 고려하여 산업차원에서 SQF를 우선적으로 도입하기로 한 것이다. 업종별 사례를 통해 일반인들이 쉽게 이해할 수 있도록 하고, 이렇게 구축된 SQF를 통해 NQF를 완성해나간다는 방법을 선택하였다. 학력 중심의 인력양성 체계를 탈피, 교육훈련·자격·경력 등 다양한 개인의 역량이 산업현장에서 통용될 수 있는 인정기준이 필요하며, 산업별역량체계(SQF)를 통해 현장에서 통용되는 직무와 능력에 관한 정보를 제공하고, 국민의 평생에 걸친 고용가능성을 제고하기 위한 직업능력개발 지원체계를 구축하여, 기업 수요 맞춤형 인력양성을 위한 인프라 역할 및 산업현장 직무 기반의 '산업현장 맞춤형 인력양성' 및 '직무역량중심 노동시장 구현'의 핵심 기제로 활용하고자 한다. 특히 현 정부 국정과제 국정과제-54번(전 국민 생애단계별 직업능력개발과 일터 학습 지원)에서 산업별역량체계(SQF)를 개발·확산하여 산업 현장 맞춤형 인력양성을 위한 교육훈련 과정 지원, 자격 신설·개편 등 일터 학습을 지원하기로 하였다.

그렇다면 왜 산업별역량체계(SQF)가 필요할까?

산업 발전 및 노동시장 유연화로 전통적인 사람 중심 인사관리에서 직무 중심의 노동시장으로의 전환 필요성은 지속적으로 제기되어 왔다. 직무 중심의 노동시장은 직무능력, 직무가치, 직무성과 등 직무와 연계된 요소를 중심으로 채용·평가·배치가 이루어지는 것으로 공정성과 객관성이 높은 반면에, 사람 중심의 인사관리는 성별, 학력, 근속 등 편견이 개입될 수 있는 요소 중심으로 인사관리가 이루어지므로 합리성과 공정성이 낮다는 평가를 받고 있다.

〈표 15〉 사람 중심 인사관리와 직무중심 인사관리의 장·단점

사람 중심 인사관리	직무중심 인사관리
• 성별, 학력, 근속, 업무경력 중심의 인사관리 • (장점) 인력 활용의 유연성이 높음 • (단점) 인사관리의 합리성과 공정성이 낮음	• 직무능력, 직무가치, 직무성과 등 직무관련 요소중심의 인사관리 • (장점) 인사관리의 공정성과 객관성이 높음 • (단점) 인력 활용의 유연성이 낮음

출처 : 조세형(2021). 수요자 요구에 기반한 NCS 활용확산 연구. 한국산업인력공단.

우리나라는 개인이 보유한 역량을 직무에 기반하여 평가 및 인정받을 수 있는 기제가 미흡하여 직무능력에 대한 평가가 주로 학위 중심으로 작동되었다. 이로 인한 과다한 사교육, 대학 졸업자 실업률 증가, 직무 미스매치 및 재교육 등 학위 중심의 개인능력평가로 인한 노동시장 문제해결의 필요성이 증가되었다.

이를 해결하기 위해서 2000년 초반에 논의를 시작으로, 2013년부터 본격적으로 개발하기 시작한 국가직무능력표준(NCS)은 교육, 훈련, 자격, 인사관리에 활용되며, 근로자의 역량관리와 기업 지출비용 감소, 블라인드 채용 등 다양한 분야에 활용·확산되고 있다. 이와 더불어, 직무 중심의 노동시장 구현을 위해서는 산업현장에서 통용되는 직무 및 요건, 역량에 대한 분석을 통한 객관적 정보 인프라가 필요하다. 노동시장의 직무표준화는 단일 기업의 노력으로 이루어지기 어려우며, 산업 차원에서 존재하는 직무표준화가 이루어져야 한다. 즉, 산업 내 존재하는 표준직무를 파악하고, 그 직무에 필요한 능력이 무엇인지 분석하여, 이를 어떻게 습득·평가할지 고려해야 한다. 이를 가능하게 하는 것이 산업별역량체계(SQF : Sectoral Qualification Framework)로서, 기업은 산업내 표준직무와 기업 내 직무를 비교하여 인력채용과 배치에 활용될 수 있다. 또한, 개인의 능력을 표현하는 기제(자격, 교육·훈련, 경력 등)들이 학위와 동등한 수준임을 인정할 수 있게 된다. NCS와 SQF의 관계를 쉽게 설명하자면, NCS가 요리의 재

료라면, SQF는 완성된 요리라고 비유할 수도 있겠다.

우리나라 SQF는 2013년 ITSQF(정보기술분야) 시범 개발을 시작으로 21년까지 31개 분야를 개발하였지만, 매년 소규모로 SQF를 개발하고 있어 활성화가 미흡한 실정이다. 우리나라가 미래 사회 변화 대비 직무중심 노동시장 구축을 위해서는 전 산업 대상 SQF를 신속히 개발하여 체계화된 산업현장 직무 정보를 통해 미스매치의 확인 및 이를 기준으로 NCS의 개발·개선, 자격 개발·개선, 직업훈련과정 운영과 경력개발 및 인사관리 등에 활용할 필요가 있다.

직무중심 인사관리를 위해서는 산업 내 어떠한 직무가 존재하는지 파악하고, 그 직무에 필요한 능력이 무엇인지 분석하여, 이를 어떻게 습득하고 평가할지 고려하여야 한다. 이들 각각에 대한 산업차원의 정보를 제공하는 것이 직무맵, 직무역량체계, 역량인정방안이다.

〈표 16〉 직무중심 인사관리와 SQF 구성요소와의 관계

직무중심 인사관리를 위한 질문	SQF의 구성요소
1) 어떠한 직무가 있는가?	직무맵
2) 이 직무에 필요한 능력은 무엇인가?	직무역량체계
3) 이 능력을 어떻게 습득할 수 있는가?	역량인정방안

출처 : 조세형(2021). 수요자 요구에 기반한 NCS 활용확산 연구. 한국산업인력공단.

산업별역량체계(SQF: Sectoral Qualification Framework)는 이를 다 포함하는 개념으로, ①직무맵 : 산업분야별로 현장에서 통용되는 직무를 도출하여 표준화하고, ②직무역량체계 : 직무수행에 필요한 능력을 구조화한 것으로, ③역량인정방안 : 국가직무능력표준(NCS) 등을 토대로 교육훈련-학위-자격-경력을 연계하여 활용하는 체계를 의미한다.

<표 17> 산업별역량체계(SQF)의 개념

산업별 직무분석 및 구조화단계		직무역량체계 활용단계
[1단계] 직무맵 구축	[2단계] 직무역량체계 개발	[3단계] 역량인정방안

좀 더 구체적으로 살펴보면, 먼저, 직무맵은 산업분야별 직무분석의 결과로 산업분야 내 존재하는 직무를 도출하고 수준범위를 설정한 것으로, 직무중심의 인사관리(기업 컨설팅 등)를 위해 전산업 표준직무를 도출할 필요가 있다. 직무맵을 통해 나오는 결과는 산업범위(sector)와 표준직무이다. 이렇게 개발된 직무맵은 직무기반 인사관리가 필요한 전산업(NCS 개발 영역과 유사)에 활용될 수 있다.

둘째, 개발된 직무맵에 각 수준별 직무(직무맵이 가로축과 세로축이 교차되는 셀)는 직무역량체계인데, 이는 해당 산업의 직무별·수준별 요구역량이 정의된 체계를 의미한다. 직무역량체계를 통해 개발되는 결과는 직무별 수준범위와 직무수준별 요구역량을 정의할 수 있다. 이 역시 직무기반 인사관리가 필요한 전산업(NCS 개발 영역과 유사) 표준직무에 따라 요구되는 능력을 파악하여, NCS개발·개선 필요성도 파악할 수 있고, 직무기술서를 통해 기업에 활용할 수 있다.

셋째, 역량인정방안은 직무역량체계를 토대로, 학위, 자격, 직업훈련 이수결과, 현장경력 등을 연계한 것(※ 품질이 보증된 학위, 직업훈련, 자격만이 SQF에 포함)으로 그간 '학사+3년' 형태의 표기는 활용의 효용성이 낮아 현실과 괴리되어 있고, 교육훈련, 자격인증 주체 및 권한이 미흡한 실정이었다. 따라서 역량인정방안을 통해 교육훈련, 자격요건서 등 기존 직무맵과 직무역량체계를 각 산업특성 및 교육훈련 특성에 따라 맥락화를 실시하고, 인증기준을 만들 필요가 있다. 직무수준별 역량인정방안에 따라 학위-자격-교육훈련-경험 등의 다양한 역량인정의 연계가 필요한 부분에 대하여 요구되는 능력을 습득할 수 있도록 가이드하고, 습득한 능력에 대한 평가가 가능하다. 즉, 훈련과정이나 자격을 설계하고, 훈련과정과 자격을 이수한 결과에 대해서는 인증을 하며, 기업에서는 채용에 활용될 수 있다.

<표 18> 산업별역량체계(SQF)의 직무맵, 직무역량체계, 역량인정방안의 개념

구분	①직무맵 구축	②직무역량체계 개발	③역량인정방안
개념	• 산업분야별 직무분석의 결과로 산업분야 내 존재하는 직무를 도출하고 수준범위를 설정한 것	• 해당 산업의 직무별/수준별 요구역량이 정의된 체계	• 직무역량체계를 토대로, 학위, 자격, 직업훈련 이수결과, 현장경력 등을 연계한 것(※ 품질이 보증된 학위, 직업훈련, 자격만이 SQF에 포함)
필요성	• 직무중심의 인사관리(기업 컨설팅 등)를 위해 전산업 표준직무 도출 필요	• 활용이 이루어지고 있지 않은 역량인정방안 대신 직무역량체계를 탄탄하게 구축할 필요	• '학사+3년' 형태의 표기는 활용의 효용성이 낮으며 현실과 괴리됨. • 교육훈련, 자격인증 주체 및 권한 부재
결과물	• 산업분야(Sector)범위 • 표준직무	• 직무별 수준범위 • 직무수준별 요구역량 정의	• 교육훈련, 자격요건서 : 맥락화 결과, 인증기준 • 직무수준별 역량인정방안
범위	• 직무기반 인사관리가 필요한 전산업(NCS 개발 영역과 유사)	• 직무기반 인사관리가 필요한 전산업(NCS 개발 영역과 유사)	• 다양한 역량인정방안 연계 필요 분야
활용	• 직무기반 인사관리가 필요한 전산업(NCS 개발 영역과 유사)	• 표준직무에 따라 요구되는 능력 파악 • NCS개발 · 개선 필요 파악 →기업활용 : 직무기술서	• 직무에 요구되는 능력 습득 • 습득한 능력에 대한 평가 →훈련과정 · 자격 설계, 인증 →기업활용 : 채용

구분	①직무맵 구축	②직무역량체계 개발	③역량인정방안

출처 : 2024년 NCS 개발·개선 사업추진 기본계획(안), 한국산업인력공단 국가직무능력표준원.

SQF는 '13년부터 추진된 국가역량체계(NQF) 구축 추진과정에서 우선 산업 차원의 역량체계 도입이 필요하다는 의견에 따라 추진되기 시작하였는데, '13~'15년 정보기술 SQF 구축을 위한 기초연구 및 시범 개발을 시작으로, '16년 기계설계 등 5개 산업분야를 선정하여 ISC 주도의 SQF 시범적으로 개발하였다.

〈표 19〉 연도별 SQF 개발 현황(2015~2022)

연도	SQF 개발			
2015	정보기술			
2016	기계설계	통신	금속재료	전기공사
2017	건축시공	디자인	금형	의약품
2018	음식조리	제품디자인	전기철도	
2019	전자기기	절삭가공	숙박서비스	바이오의약품
2020	정밀화학제품제조	석유화학제품제조	컨벤션	선체건조
2021	경영관리 식품가공 의장생산	용접 고무 환경	직업상담 플라스틱	전시 의료장비제조
2022	표면처리 인사조직재무회계 곤충사육	수질관리 식품가공	카지노 선박의장생산·설치	청소년지도 화장품

출처 : 2024년 NCS 개발·개선 사업추진 기본계획(안), 한국산업인력공단 국가직무능력표준원.

'17년은 정보기술 SQF와 의약품 SQF의 활용사례를 발굴하여 활용성을 검토하였고, '18년은 'SQF 설계 매뉴얼' 기반의 SQF 구축의 표준화 향상을 기했다. '19~'20년은 전자기기 분야 등 매년 4건의 개발과 2건의 활용 사례를 축적하였고, '21년은 직무역량체계 개발을 확대하여 직업상담 등 10개 분야 개발하였으며, '22년은 경영관리 등 9개 분야 직무역량체계를 개발하였다.

이와 같이 개발된 SQF를 활용하여 직무분석, 훈련·자격개편, 대학교육 인정 및 직무·임금 기준 등 산업 내 통용성을 확보하기 위한 사례를 발굴하고 확산하였다. 최근 훈련시장 및 기업 HRD에서 요구된 스킬셋(Skills set)의 의미가 SQF의 직무역량체계에서 제시하는 필수능력단위의 조합과 비슷할 수 있다.

3. 해외에서의 KQF-SQF 연계 사례

우리나라는 해외와 달리 국가역량체계(NQF)의 구축이 완성되지 않은 상황(비록 한국형 국가역량체계(KQF)가 고시되었지만, 이는 수준체계만 고시되었을 뿐 직업교육훈련, 고등교육과의 연계부분 및 각 산업별 직무역량에 대한 품질관리체계 등이 완성되지 않은 상황)에서, 산업별역량체계(SQF)를 먼저 개발하고 있다. SQF 개발 및 활용확산이 어느 정도 안정화된 후에 미시적으로 KQF를 작동시키려는 계획 하에 한국과 같은 유사사례를 살펴보니, 폴란드역량체계(PQF)를 제시할 수 있겠다.

폴란드역량체계(PQF, Polish Qualifications Framework)는 일반교육, 고등교육, 직업교육훈련부문에 각각 구성되어 있던 역량체계를 일원화하여 자격의 투명성을 확보하고 비형식 및 무형식학습의 결과물을 형식화하여 평생교육을 진흥하기 위해 만들어졌다(IBE, 2013). PQF는 2013년부터 EQF와 본격적으로 연계되었으며, 유럽연합이 제시한 연계기준 및 절차를 참고하여 전반적인 자격시스템을 구축하였다(Cedefop, 2020; IBE, 2013, 조세형 외(2021)에서 재인용).

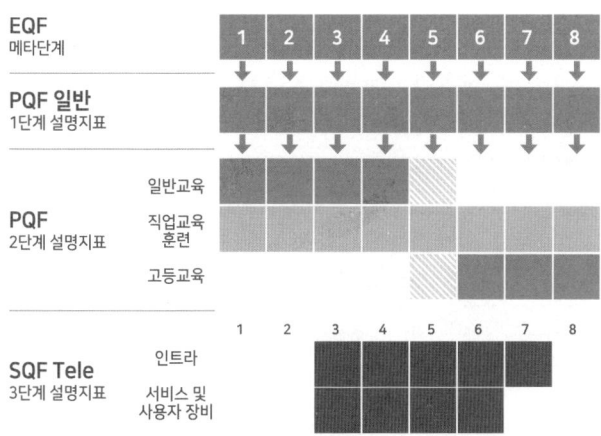

[그림 25] 폴란드 통신산업 SQF 설명지표 연계도

출처 : 조세형 외(2021). SQF-KQF 연계방안 연구. 한국산업인력공단

　PQF의 수준별 설명지표는 지식(knowledge), 기술(skills), 사회적 역량(social competence)으로 구성되어 있으며, 2단계 설명지표에서는 일반교육, 직업교육훈련, 고등교육별로 하위요소를 다르게 설정하고 있다. 예를 들어, 지식에 대해 일반교육은 언어 및 의사소통, 수리 및 자연과학, 사회적 기능을 하위요소로 설정하며, 고등교육은 지식의 깊이 및 범위, 맥락으로 구분하고, 직업교육훈련은 이론 및 원칙, 현상 및 절차, 업무구조화, 도구 및 재료를 기준으로 수준을 구별한다. 폴란드는 완전자격과 부분자격을 모두 PQF에 배치하고 있는데, 한 자격이 PQF에 배치되기 위해서는 우선 통합자격시스템(IQS, Integrated Qualifications System)에 등록되어 있어야 한다. 완전자격(full qualification)은 공식적인 학제 내 교육·훈련을 완료하였을 때 수여되는 자격으로, IQS와 PQF에 자동으로 등록·배치가 이루어진다. 한편, 부분자격(partial qualification)은 완전자격을 제외한 모든 자격을 의미하며, 대학원 비학위과정수료 자격(qualifications awarded after completing postgraduate studies), 시장자격(market qualification), 규제자격(regulated qualification) 등이 이에 해당된다 부분자격은 IQS에 등록하지 않더라도 운영할 수 있으나, EQF와의 연계, 각종 학점인정 및 교류제도 등 PQF 배치 시 적용되는 제도 및 혜택에서 제외된다. IQS에 등록된 자격은 PQF와 연계되며, IQS를 통해 자격의 질 관리, 비형식 및 무형식학습의 검증(validation) 등이 통합적으로 이루어진다.

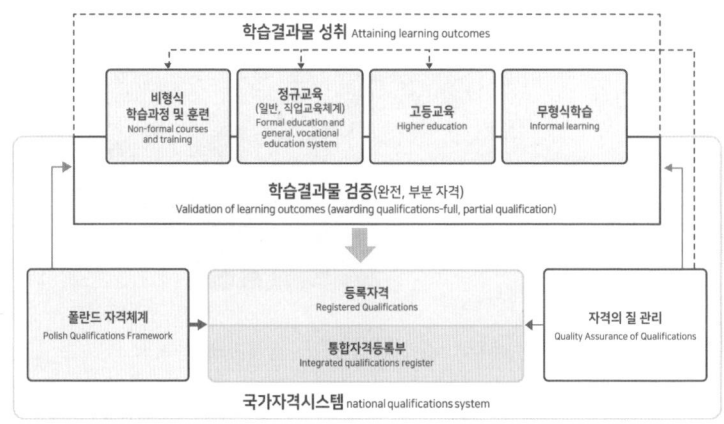

[그림 26] 폴란드역량체계(PQF)

출처 : Instytut Badań Edukacyjnych kwalifikacje dla każdego(IBE). (2017). Polish Qualifications Framework. 조세형 외(2021)에서 재인용

폴란드의 SQF는 직업교육훈련부문의 3단계 설명지표에 해당하며, IBE는 3단계 설명지표를 "2단계 설명지표를 심층적으로 개발한 것(further developed)"이라 표현하고 있다. 2단계 설명지표에서 분화된 각 교육훈련부문에 대해 3단계 설명지표가 개발되는데, 2013년 보고서 발간 당시에는 고등교육 부문의 3단계 설명지표인 NQF for Higher Education만 개발된 상태였으며, 이후 직업교육훈련부문의 3단계 설명지표인 SQF를 추가로 개발하였다. SQF는 NQF for Higher Education의 개발과정을 참고하여 유사한 절차로 개발하였다. 이를 구체적으로 살펴보면, 상위 단계의 설명지표를 토대로 하위 단계의 설명지표를 개발하여 이들이 연계되도록 하였으며, 3단계 설명지표에 기초하여 산업 및 교육, 자격의 요구사항을 기술할 수 있도록 하였다. 자격 관련 문서는 자격주관기관

(qualification awarding body)에서 개발하도록 하였다(IBE, 2017).

이러한 절차에 따라 관광, 스포츠 등 13개 분야에 SQF가 개발되었으며, 전기, 광업, 부동산, 교육·육성 분야에 대해서는 SQF 개발이 진행 중이다. 각 SQF는 산업 특성에 따라 수준의 범위를 다르게 설정하고 있다. 예를 들어 관광업의 경우 자격의 범위를 2~6수준으로 설정하여 이에 대한 설명지표를 제시하고 있으며, 건설업에서는 2~8수준의 설명지표를 제시하고 있다.

분야	관광	스포츠	은행	IT	통신	개발컨설팅	건설	패션	무역	공중보건	화학	자동차	농업	광업	전기	부동산
8							8	8	8		8	8	8	8	8	8
7		7	7	7	7	7	7	7	7	7	7	7	7	7	7	7
6	6	6	6	6	6	6	6	6	6	6	6	6	6	6	6	6
5	5	5	5	5	5	5	5	5	5	5	5	5	5	5	5	5
4	4	4	4	4	4	4	4	4	4	4	4	4	4	4	4	4
3	3	3	3		3	3	3	3	3	3	3	3	3	3	3	3
2	2	2					2	2	2		2	2				
1																

[그림 27] 폴란드 통신산업 SQF 수준 범위

출처: Instytut Badań Edukacyjnych kwalifikacje dla każdego(IBE). (2017). Polish Qualifications Framework. 조세형 외(2021)에서 재인용

SQF는 각 산업에서 수준별로 학습자가 갖추어야 할 지식, 기술, 사회적 역량을 설명지표에 제시하고 있다. 해당 설명지표들은 PQF(1단계 설명지표), 교육훈련부문별 설명지표(2단계 설명지표)와 연계되므로, SQF 설명지표에 PQF 설명지표를 함께 제시하고 있다. 또한, 산업의 특성에 따라 하위역량체계(sub-framework) 또는 영역(area)을 구분하여 수준범위 및 설명지표를 다르게 설정하기도 한다.

4. KQF와 SQF의 연계방안

KQF와 SQF의 차이를 법적 효력, 수준체계 활용, NCS 활용방안 측면에서 살펴보면 〈표 20〉과 같다. 2019년 교육부 고시를 통해 KQF에는 법

적 효력이 부여되어 있으나, 설명지표 및 NCS 활용방안의 구체적인 적용 기준 및 방법에 대해서는 충분한 설명을 제공하고 있지 않다.

〈표 20〉 KQF와 SQF의 비교

연도		KQF (한국형 국가역량체계)	SQF (산업별역량체계)
법적효력		• 교육부 고시를 통해 법적 효력 확보	• 명시적인 법적 효력 부재
수준체계 활용		• 설명지표의 구체적 활용 가이드 부재	• KQF 수준체계를 활용하여 산업별 수준체계 설정
NCS활용방안		• KQF 정의에 명시 • NCS를 통해 학력, 교육훈련, 자격, 현장경력이 연계되는 방안에 대한 구체성 부족	• NCS를 활용하여 직무수준별 요구역량 정의 • 요구역량정의를 토대로 학력, 교육훈련, 자격 등 비교 및 상호연계 가능
역량 인정 방안	일반교육	• 수준부여	• 산업관련 학과에 한하여 수준 설정
	고등교육		
역량 인정 방안	직업교육	• SQF 미개발 산업에 공통 적용되는 수준 설정	• 직무와 수준을 고려하여 세부 학과 · 과정 · 자격에 수준 부여
	직업훈련		
	자격		
세부역할		저체 SQF 개발 및 활용에 관한 이슈에 가이드 제공	• 현장 직무 표준화, 직무수행능력 구조화 • 산업의 자격실전 · 개편에 대한 기준 제공 • 기업, 교육훈련 등에서의 활용 지원
기타		• KQF 또는 SQF를 통해 수준 부여된 학위, 교육훈련, 자격의 정보(명칭, 운영 · 검정기관, 수준, 관련 산업분야 및 직무 등)을 통합관리	

출처: 조세형 외(2021). SQF-KQF 연계방안 연구. 한국산업인력공단. 재구성

메타프레임으로서의 KQF와 SQF의 연계는 메타프레임인 EQF와 각 국가의 NQF의 관계를 모티브로 한다. 유럽에서는 국가별로 NQF를 개발하고 있으며, 메타프레임인 EQF가 각국의 역량체계를 상호 비교하는 기준으로 작용한다. 새로 개발되는 NQF는 EQF와의 연계를 고려하여 연계기준

및 절차에 따라 개발되고 있다. 이동임 외(2018)는 KQF와 SQF의 연계를 [그림 28]과 같이 제시하였다.

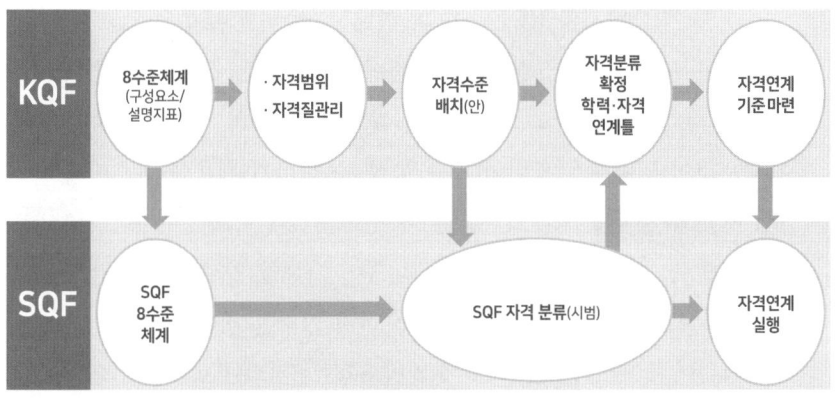

[그림 28] KQF와 SQF의 역할분담

출처 : 이동임, 정지운, 민숙원, 현지훈, 김현수. (2018). 한국형 국가역량체계(KQF)와 노동시장과의 연계방안. 한국직업능력개발원.
조세형 외(2021)에서 재인용

KQF가 수준체계, 자격의 범위, 질 관리, 수준 배치(안), 학력·자격 연계 틀, 자격 연계기준 등을 제시하면 SQF는 이를 활용하여 수준체계를 설정하고 자격을 분류·연계하는 형태로 KQF와 SQF의 연계가 이루어진다. 즉, KQF에서 연계기준을 설정하면 SQF가 이를 실행하는 형태로, KQF와 SQF가 각각 메타프레임과 하위프레임으로서의 역할을 수행한다. 현재의 KQF는 SQF 수준체계의 기준이 되므로 메타프레임의 역할을 일부 수행하고 있다.

메타프레임으로서의 KQF와 SQF의 연계를 강화하기 위해서는 KQF는 SQF가 준수해야 할 구체적인 기준을 마련해야 한다. 앞서 제시한 역량체계의 구성요소와 관련하여 KQF에서 기준을 제시하면, 이에 따라 산업별로 특화된 SQF를 구축함으로써 연계할 수 있다. 보다 엄격하게 SQF의 질 관리를 하고자 한다면 KQF에서 별도의 기준을 설정한 후 이 기준에 따라 승인받은 SQF만 산업에서 활용될 수 있도록 하는 방안을 적용할 수도 있다. 다만, KQF에서 SQF 질 관리를 할 경우 현재 공단이 SQF와 관련하여 수행하는 역할과 중복될 가능성이 있다는 점에서, 기준 설정 주체와 실행 주체를 분리하는 방안을 고려할 필요가 있다.

메타프레임으로서의 KQF와 SQF 연계 시 유의할 부분은 EQF와 NQF의 연계목적과 KQF와 SQF 연계 목적이 상이하다는 것이다. 유럽의 경우 국가 간 자격의 상호비교를 통해 학습자 및 근로자의 국제적 이동성을 확보하는 것이 역량체계 도입의 주요 목적 중 하나기 때문에 상호비교의 기준인 EQF와 자국의 NQF 연계가 매우 중요하였다. 반면, 우리나라의 SQF는 산업별로 개발되며, 산업 간 경력이동이 가능한 일부 직무 또는 직종을 제외하고는 SQF 간의 상호연계가 중요하지 않다는 점에서 KQF가 상호비교의 기준이 될 필요는 없다. 이에 개별 SQF가 지켜야 할 최소한의 기준을 제시하는 역할을 보다 강조할 필요가 있다.

〈표 21〉 KQF와 SQF 연계시 고려사항

구분		상세내용
프레임워크 관점	수준	· KQF 수준별 설명지표(지식, 기술, 자율성과 책임성) 구체화 및 교육훈련부문별 세분화 · '자율성과 책임성'의 전반적 재검토 또는 지식, 기술 중심으로 설명지표 재구성
	자격의 유형	· SQF에 배치 가능한 자격의 유형, 형식적 요건을 KQF에서 제시 · 세부적인 자격의 유형은 SQF를 통해 규정됨을 명시
	자격의 크기	· 모듈형 자격, 직무능력은행제 등 자격, 교육훈련 관련 제도와의 연계 논의 · 단위자격(또는 부분자격)의 반영 여부 결정 · 학습량(학습시간)을 통해 자격 크기 설정 · 직무수준 크기 이상의 자격(학력, 교육훈련, 자격 등) 배치 방안 검토
	자격의 배치	· 자격 유형별 명확한 배치 위치 결정

구분		상세내용
자격간 상호 인정	학점제도	· KQF를 통한 학점 기본원칙(학점 인정의 가능성, 학점의 단위 시간, 학점 축적 방식 등) 제시 · 교육훈련기관 간 상호협의를 통한 하검 인정 여부 결정
	선행학습인정	· 단순히 경력연수를 인정하는 방식이 아닌 직무수행능력에 대한 평가를 전제로 하는 선행학습인정 도입 · 직무능력은행제와 연계 방안 검토
역량 체계의 관리	거버넌스 구축	· KQF협의체와 SQF 전문위원회의 관계 및 역할 설정을 통한 유기적 관계 형성
	자격의 질 관리	· 질 관리 주체와 발급기관이 상이한 자격도 동등한 수준의 학습 결과를 도출할 수 있도록 철저한 질 관리 방안 마련 · 역량체계와 연계된 자격 목록 통합 관리 · 역량체계에 배치된 자격에 혜택 부여 검토
KQF와 SQF의	메타프레임 관점	· SQF가 준수해야 할 구체적 기준 마련

출처 : 조세형 외(2021). SQF-KQF 연계방안 연구, 한국산업인력공단. 재구성

국가역량체계(NQF)를 운영하고 있는 국가의 경우 SQF를 운영하는 사례가 많지 않아 구체적인 연계 방식에 대해서는 우리나라의 실정에 부합하도록 검토가 필요하다(전승환, 2022). KQF는 수준별 설명지표를 제시하고 있으나, 이 밖에 SQF 개발에 필요한 기준은 'SQF 설계 매뉴얼'을 통해 규정하고 있다. KQF와 SQF의 연계는 ① 메타프레임으로서 KQF를 설정하여 SQF와 연계하는 방식과 ② 독립적인 역량체계로서 상호 연계 두 가지 관점에서 접근이 가능하다(조세형 외, 2021). ① 안은 KQF와 SQF가 각각 메타프레임과 하위프레임으로서의 역할을 수행하는 방식을 의미하며, 이는 유럽연합 내 각국의 NQF와 유럽역량체계(European Qualification Framework; EQF)의 연계 방식 및 역할과 유사한 구조이고, 우선적으로 KQF는 SQF가 준수하여야 할 구체적 기준을 제시해야 한다. ② 안은 KQF와 SQF의 관계를 일반법과 특별법의 관계로 상정하는 방식을 의미한다. 즉, 일반법에 해당하는 KQF가 포괄적인 영역에 대

한 기준을 제한다면, 특별법인 SQF는 산업 특화적인 내용을 반영한 별도의 체계로서 기능하도록 하는 방안으로, KQF와 SQF의 관리 범위를 구분하여 각각 활용할 수 있다.

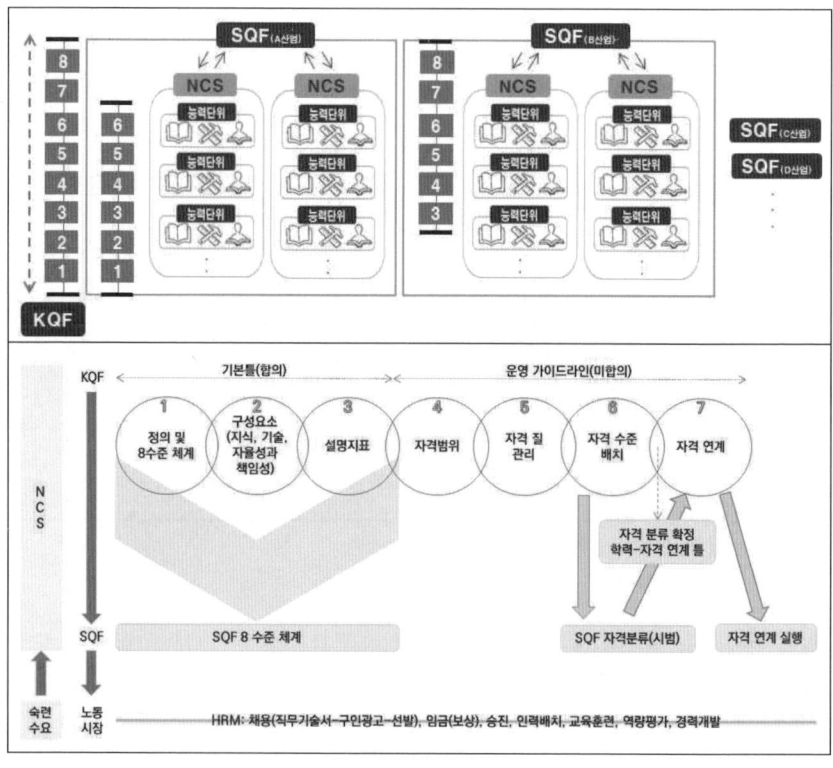

[그림 29] KQF-SQF 연계방안

출처 : 이동임 외(2018)의 내용을 통합하여 도식화 (전승환(2022)에서 재인용)

한국의
SKILLS *Future*

VI. 한국의 스킬 개발(Workforce Development)은?

"한국의 SkillsFuture"를 추천합니다.

"김진실 박사의 국가직무능력표준원장직을 수행하면서 경험한 실무와 이론을 집대성한 지침서를 발간하게 됨을 진심으로 축하드린다. 이 발간도서가 대한민국 미래 직업교육의 표준서가 되어서 현장 실무자뿐 아니라 전문가에게도 커다란 도움이 되기를 기대한다."

주식회사코인 서병일 대표

"'한국의 SKILLS Future"는 저자의 다년간의 경험을 통한 생생한 현장이 담긴 책이다. "K-HRD" 구현을 위한 방향과 방법이 담긴책으로 HRD전문가를 위한 필독서!! 강력추천!!!"

관광 · 레저산업 인적자원개발위원회 최병길 사무총장

"직무능력 중심의 채용에서 교육 그리고 성과관리까지 인사관리의 모든 노하우가 집약된 '한국의 SkillsFuture" 이 도서는 단순 연구와 사례가 아닌 실무에서 즉시 적용 가능한 인사관리 실무 서적이라 생각하며, 직무능력 중심 인사관리시스템이 필요한 모든 기업에 추천한다. 또한 이 책의 저자인 김진실 원장을 응원하며, 대한민국 Skills Future와 함께 하겠다."

(주)에너넷 신승엽 대표

"AI(인공지능), 빅데이터, 스마트팩토리, 블록체인 등으로 대변되는 기술 혁명은 미래를 살아가는 우리들에게 새로운 패러다임을 요구하고 있다. 정보의 홍수 속에 제대로 정리된 자료가 많지 않았는데, 김진실 원장은 이 책을 통해 명쾌한 가이드를 주고 있다. 스킬이란 무엇인지, 어떤 관점에서 준비를 해야하는지, 어떻게 질 관리를 해야하는지, 그리고 스킬 문화를 확산하기 위한 전략을 잘 제시해 주고 있다."

아산스마트팩토리고등학교 조동현 교장

"직무능력중심 사회를 만들기 위해서 알아야 하는 스킬의 A to Z 이 한 권에 담아있다. 한국 HRD 역사에서 한 장을 차지하고 있다고 해도 과언이 아닌 인작자원개발 전문가의 필독서!!!"

한국산업인력공단 국가직무능력표준원 김해영 NCS품질관리부장

VI 한국의 스킬 개발(Workforce Development)은? [1]

학습개요

이 장에서는 스킬 개발(Workforce Development)은 무엇이고, 왜 필요한지 살펴보고, 스킬 개발(Workforce Development)은 어떠한 학문에 기반을 두고 있는지, 스킬 개발(Workforce Development) 전문가들은 누구이고, 어떻게 양성하는지 살펴본다. 또한 스킬 개발(Workforce Development)과 관련된 행정 및 관련법을 알아본다.

학습목표

1. 스킬 개발(Workforce Development)의 개념 및 필요성을 설명할 수 있다.
2. 스킬 개발(Workforce Development)의 학문적 배경을 설명할 수 있다.
3. 스킬 개발(Workforce Development) 전문가는 어떻게 양성하는지 설명할 수 있다.
4. 스킬 개발(Workforce Development) 행정 및 관련법을 설명할 수 있다.

1. 스킬 개발(Workforce Development)의 개념 및 필요성

AI 등 디지털 전환으로 기계가 일자리를 대체한다고 하는 상황에서도 결국 AI를 활용하는 주체 역시 사람이기 때문에, 결국 사람의 스킬(역량)을 키우는 스킬 개발(workforce development)의 중요성은 매우 중요하다.

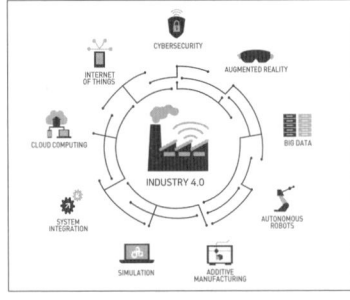
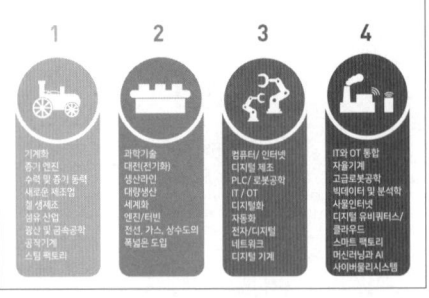

[그림 30] 제 4차산업혁명-디지털 전환

출처 : I-SCOOP.(n.d.), Industry 4.0 and the fourth Industrial revolution explained, https://www.i-sccop.ed/industry-4.0, 나승일(2023),외에서 재인용

이와 같은 상황에도 불구하고 아직까지 우리나라에서의 스킬 개발(skills development=workforce development)이라는 보다 거시적인 관점에서의 통합적 논의보다는 직업교육, 직업훈련, 기업교육(HRD) 등으로 분리하여 접근하고 있기 때문에 많은 한계를 보이고 있다. 특히 스킬 개발(workforce development)은 어느 한 분야나 기관에서 독자적으로 수행하는 것이 아니라, 교육훈련기관, 연구소, 기업체, 지방자치단체, 국가 등 모든 유관기관들이 긴밀하게 협력하여야 하므로 현재의 미시적인 접근을 탈피하여, 스킬 개발(workforce development)이라는 거시적이고 통합적인 관점에서 논의를 제기하고자 한다.

스킬(skills) 자체는 역량의 개념이지만, 스킬 프레임워크(skills framework)에서의 스킬(skills)은 역량을 갖춘 상태로서 인증받을 자격을 의미하며, 스킬 개발(skills development=workforce development, 이하, workforce development로 활용)에서의 스킬은 역량의 축적된 인력(workforce)의 의미를 가진다.

스킬 개발(workforce development)에서의 스킬은 경제적 가치를 생산하는 생산요소인 지식, 기술, 태도 등의 스킬(역량)의 축적(stock)으로서의 workforce를 의미한다. 즉 가치있는 재화 또는 서비스를 생산, 판매, 제공하는 경제활동에 필요한 지식·기술·태도 등의 역량의 축적으로서의 사람을 의미한다. 즉, 현재 산업 활동에 종사하고 있는 인력뿐만 아니라, 향후 일자리에 종사할 것을 전제로 하는 모든 인력을 포함하는 개념으로 정의되어 국외에서는 'workforce'라는 용어를 활용하여 보다 포괄적으로 개념을 정의하고 있다. 일자리에 종사하는 사람(who are employed)뿐만 아니라, 일자리에 종사가 가능한 사람(who are available for work)까지 모두 포함하는 개념이라고 할 수 있다. 즉, 일자리와 관련하여 현재 고용되어 있는 자(근로자) 및 고용을 준비하는자(구직준비자)나 일시적으로 비고용상태인 자(일시적 실업자)를 모두 포함하는 개념으로서, 생산적인 활동에의 참여를 의도하고 있는 모든 사람을 의미한다(Jacobs & Hawley, 2005).

〈표 22〉 Workforce의 정의

구분	정의
Jacobs & Hawley(2005)	• 산업 활동과 관련하여 현재 고용되어 있는 자 및 고용을 준비하는자나 일시적으로 비고용상태인 자를 모두 포함하는 개념으로서, 생산적인 활동에의 참여를 의도하고 있는 모든 사람을 의미함
위키피디아(2004)	• Labour force=Employed+Unemployed
HIPPA Glossary	• 기업, 산업 및 국가에서 일을 하고 있는 자 또는 일을 할 가능성이 있는 모든 사
Bates & Redmann(2002)	• 경제활동을 수행하는 고용된 사람 및 앞으로 고용될 가능성이 있는 사람

출처 : 이용환, 정철영, 나승일, 김진모, 이찬(2009). 산업인력개발론. 교육과학사에서 재구성

그렇다면, 스킬 개발(workforce development)이란 무엇인가?

Workforce development에 대한 다양한 학자들의 정의를 살펴보면 〈표 23〉과 같이, 우선 Gray & Herr(1989)는 '노동시장에서의 개인의 기회 향상이나 조직에서의 인간의 성과문제의 해결을 위하여 교육훈련기관, 민간사업 사업체, 정부기관, 지역사회 기반 조직에서 제공하는 중등교육 단계의 교육 훈련'이라고 정의하였다. 이 정의에 따르면 workforce development의 목적이 개인과 조직 모두를 고려하고 있으며, 개발을 위한 교육 훈련 기회의 제공이 매우 다양한 민간 공공기관으로 확장하고 있으나, 중등교육 단계의 교육 훈련에만 국한하고 있다는 점에서 한계를 가진다. 한편, Harrison & Weiss(1998)은 '직업세계로의 입문, 채용, 배치, 멘토링과 함께 추후지도 및 위기관리 등을 포함하는 활동들의 배열'이라고 정의하였으며, Grubb(1999)은 '기본 지식, 특수화된 기술 및 학문적 역량 등과 같이 근로자에게 필수적으로 필요한 정보를 개인에게 제공하는 것'이라고 정의하였다. 또한 Giloth(2000)는 '기본적으로 근로자의 훈련을 의미하나, 고용주와 지역사회가 인적자원 서비스와 산업체 기반의 교육 훈련

의 통합을 지원하는 네트워크에 깊숙이 관여하는 것을 포함함'이라고 정의하였으며, National Governors'Association(2000)은 '근로자들이 숙련된 기술을 습득하도록 돕고, 나아가 직업적 성공을 거두도록 돕도록 계획되어진 교육, 훈련 등'을 의미한다고 정의하였다. 그러나 이들 정의는 주로 현재 산업체에 종사하고 있는 근로자의 능력향상에만 국한하고 있다는 점에서 매우 좁은 개념의 정의라고 할 수 있다.

한편, Bates & Redmann(2002)은 인력투자법(Workforce Investment Act)의 도입에 따라 workforce development의 개념 및 특성에 대한 정의가 필요하다고 주지하면서, 다음의 [그림 31]와 같이 개념을 도식화하였다. 이에 따르면, workforce development의 목표는 모든 개인이 고용의 기회를 갖고, 생산적이고 풍요로운 삶을 영위하는데 필요한 개발 기회를 갖도록 하는 것으로서, ① 사용자와 조직의 요구에 부합하도록 개인을 숙련 기술자로 만드는 것, ② 학생, 구직자, 실직자, 재직자 및 기타 직무관련 기술 개발을 찾고 있는 개인들을 돕는 것, ③ 경제 개발을 향상, 4) 세계화된 경제체제와 경쟁하기 위하여 지역사회의 사업체 산업체의 인력을 세계 수준으로 개발하는 것 등을 포함한다. 또한, workforce development의 대상은 비고용자 및 고용자 모두를 포함하는 개인이며, 직무와 밀접한 연관을 맺는 조직 특정개발(organization specific development)과 기본 기술(basic skills), 일터 문해(workplace literacy), 경력개발(career development) 등을 포함하는 조직 비특정개발(non-organization specific development)을 포함하는 것으로 구명하였다.

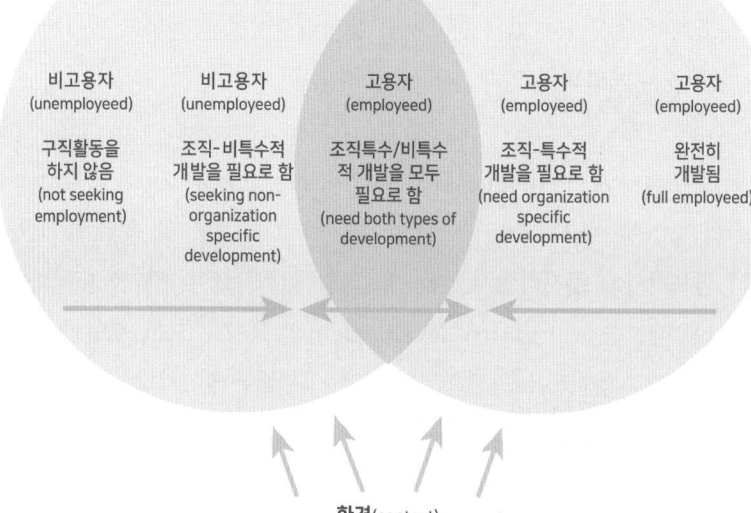

[그림 31] Workforce Development의 개념

출처 : Bates & Redmann(2002). Core principles and the planning process of a world-class workforce development system. Advanced Developing in Human Resource, 4(2), pp. 111-120. 이용환 외(2009)에서 재인용

최근에는 Jacobs & Hawley(2005)가 기존의 정의들을 비교 검토한 결과로서 workforce development를 '개인에게는 지속적인 생계유지의 기회를 부여하고, 조직에게는 사회적 윤리와 부합하는 목표 달성을 돕는 공공 정책 프로그램과 민간정책 프로그램의 협력(the coordination of public and private sector policies and programs that provides individuals with the opportunity for a sustainable livelihood and helps organizations achieve exemplary goals, consistent with the societal context)'이라고 정의 하였다. 특히 이와 같은 정의는 기존의 학자들의 정의들이 협의의 workforce development로만 국한되었다는 한계를 벗어났다는 점에서 큰 의의를 가진다(이용환 외, 2009).

<표 23> Workforce Development의 정의

구분	정의
Gray & Herr(1989)	• 노동시장에서의 개인의 기회 향상이나 조직에서의 인간의 성과문제의 해결을 위하여 교육훈련 기관, 민간사업·사업체, 정부기관, 지역사회 기반 조직에서 제공하는 중등교육 단계의 교육 훈련
Harrison & Weiss(1998)	• 직업세계로의 입문, 채용, 배치, 멘토링과 함께 추후지도 및 위기관리 등을 포함하는 활동들의 배열
Grubb(1999)	• 기본 지식, 특수화된 기술 및 학문적 역량 등과 같이 근로자에게 필수적으로 필요한 정보를 개인에게 제공하는 것
Giloth (2000)	• 기본적으로 근로자의 훈련을 의미하나, 고용주와 지역사회가 인적자원서비스와 산업체 기반의 교육·훈련의 통합을 지원하는 네트워크에 깊숙이 관여하는 것을 포함함
National Governors' Association(2000)	• 근로자들이 숙련된 기술을 습득하도록 돕고, 나아가 직업적 성공을 거두도록 돕도록 계획되어진 교육, 훈련 등
Jacobs & Hawley(2005)	• 개인에게는 지속적인 생계 유지의 기회를 부여하고, 조직에게는 사회적 윤리와 부합하는 목표 달성을 돕는 공공의 정책·프로그램과 민간이 정책 프로그램의 협력

출처 : 이용환, 정철영, 나승일, 김진모, 이찬(2009). 산업인력개발론. 교육과학사에서 재구성

　스킬 개발(workforce development)은 기존의 개인의 직업적 성공에 목적을 두는 '직업교육훈련(vocational education & training)'과 조직적 차원에서 기업과 근로자 개발에 목적을 두는 'HRD(human resource development : ID, OD, CD)'과 국가적인 차원에서의 산업에 필요한 인력개발을 강조하는 '산업인력개발(workforce development)(workforce development)'이 합쳐진 개념이다. 여기서 직업교육훈련(vocational education & training)은 학생 및 근로자 등에게 취업 또는 직무수행에 필요한 지식, 기술 및 태도를 습득 향상시키기 위한 직업교육과 직업능력개발훈련(직업교육훈련촉진법 제2조)으로, 직업을 준비·적응·유지·개선하려는 모든 개인에게 적용되는 스킬 개발(workforce development)과 공통점을 지닌다.

하지만, 직업교육 및 훈련은 개인의 직업적 성공에 초점을 맞추고 있는 데 반해, 스킬 개발(workforce development)은 그와 함께 조직, 지역사회 및 국가의 발전에도 개발의 목적을 두고 있다. 또한 직업교육 및 훈련은 교육훈련의 제공과 관련된 활동이 주를 이루는데 반해, 스킬 개발(workforce development)은 그와 함께 거시적인 수준에서의 인력의 양성·배분·활용의 제반활동이 포함된다는 차이점을 지니고 있다.

HRD(인적자원개발: Human Resource Development)란 어떤 조직이나 기관의 책임자가 개인, 집단, 조직의 효율향상을 목적으로 그 조직이나 기관의 구성원에게 제공하는 개인개발(ID : individual development), 조직개발(OD : organizational development), 경력개발(CD : career development)을 포함하는 의도적, 계획적, 조직적 학습활동으로, 인간능력의 향상을 위한 교육, 개발, 훈련 등의 다양한 방법 등을 포괄적으로 다루어진다는 점에서 공통점을 지니고 있고, 인간 능력의 개발을 통한 성과와의 직접적인 연계를 강조한다는 점과 인간을 지식·기술 등의 측적으로서 가치를 가지고 있는 존재로 인식한다는 점에서도 공통점을 가진다. 하지만, 스킬 개발(workforce development)과 HRD(인적자원개발)는 개념적인 차이를 지니고 있다. 첫째, 스킬 개발(workforce development)은 조직효과성뿐만 아니라, 임금(wage), 생산성(productivity)등과 같이 국가적인 역량(prosperity)을 측정하는 개념인 반면에, HRD(인적자원개발)는 조직효과성(organizational effectiveness)의 측면에서 성과가 해석된다. 둘째, 스킬 개발(workforce development)은 보다 광범위한 개념을 포함하며, 조직뿐만 아니라 교육훈련기관, 지역사회 및 정부기관들을 포함하는 반면에, HRD(인적자원개발)는 조직과 조직 내에서의 개인에 초점을 맞춘다. 셋째, 스킬 개발(workforce development)은 고용된 개인뿐만 아니라 고용을 준비하는 청소년, 구직자, 이직자, 은퇴자 등 직업활동과 관련한 모든 대상이 운영의 초점이 되는 반면에, HRD(인적자원개발)는 주로 조직에 고용된 개인 또는 조직에서 향후 고용 측면에서 관심을 갖는 개인에 국한하고 있다. 넷째, 스킬 개발(workforce development)은 개인이 노동시장에 진입·재진입, 일터에의 적응, 일터에서의 변화에의 대처 등과 관련한 사회적 이슈에 관심을 갖는 반면에, HRD(인적자원개발)는 주로 조직 수준의 성과에만 초점을 맞추고 있다.

앞으로 미래사회 변화에 맞는 국가적 차원에서의 스킬 개발(workforce development) 개념의 재정립이 필요하다. 국가적 차원에서의 스킬 개발(workforce development)이란 모든 국민이 고용의 기회를 갖고, 생산적이고 풍요로운 삶을 영위하는데 필요한 개발 기회를 갖도록 하는 것으로서, 첫째, 사용자와 조직의 요구에 부합하도록 개인을 숙련 기술자로 만드는 것, 둘째, 학생, 구직자, 실업자, 재직자 및 기타 직무관련 기술 개발을 찾고 있는 개인들을 돕는 것, 셋째, 경제 개발을 향상시키는 것, 넷째, 세계화된 경제체제와 경쟁하기 위하여 지역사회의 사업체 산업체의 인력을 세계수준으로 개발하는 것을 포함하는 개념으로 활용해야 할 것이다. 현재 스킬 개발(workforce development)과 인적자원개발(HRD)는 혼용해서 많이 사용하고 있지만, 면밀히 살펴보았을때, 정부나 공공기관에서 의미하는 인적자원개발(HRD)이란 스킬 개발(workforce development)을 의미한다.

따라서, 국가적 차원에서 국가경쟁력을 높이기 위해서는 스킬 개발(workforce development) 혹은 국가인적자원개발 개념으로 접근하여, 산업인력수급계획(국가인적자원수급계획), 산업인력개발(workforce development)(국가인적자원개발), 산업인력관리(국가인적자원관리), 산업인력정보시스템(국가인적자원정보시스템)이 시스템적으로 이루어져야 한다. 여기서 시스템적이란 서로 유기적인 연계를 이루어야 한다는 의미이다.

즉, 산업인력수급계획(국가인적자원수급계획) 단계에서는 산업인력의 수급을 예측하고, 종합계획을 수립하여, 체계적인 산업인력(국가인적자원) 관련 정책을 수립한다. 산업인력개발(workforce development)(국가인적자원개발) 단계에서는 교육훈련기관 등을 통하여 전문적인 산업인력(국가인적자원)을 교육·훈련을 시키고, 자격검정기관에서 평가를 실시하며, 특히 취약계층을 대상으로 사회화를 유도한다. 산업인력관리(국가인적자원관리 단계)에서는 선발, 채용, 임명, 인사, 보수, 후생복지, 전직 및 실업 등에 관한 활동을 효율적으로 운영할 수 있도록 유도한다. 마지막으로 산업인력정보시스템(국가인적자원정보시스템) 단계에서는 산업인력계획, 개발, 관리에 필요한 노동시장 관련정보, 교육훈련기관 관련정보, 자격 관련정보, 직업/진로 관련정도 등을 효율적으로 제공해야 할 것이다.

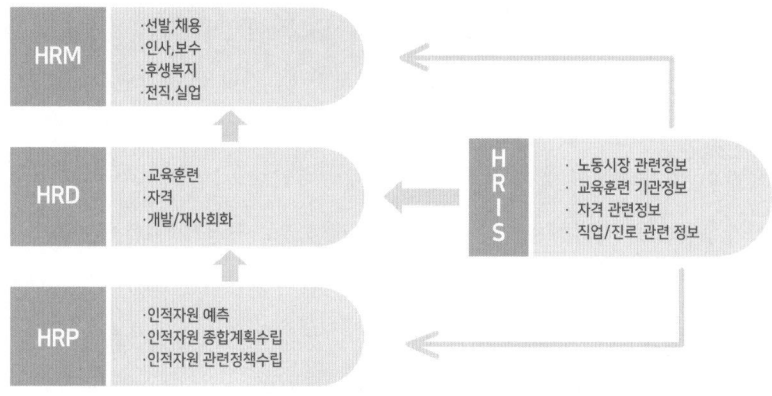

[그림 32] 한국의 스킬 개발(Workforce Development) 시스템

이와 같이 국가차원의 스킬을 개발하고 활용함에 있어 인적자원 계획, 인적자원개발, 인적자원관리 및 인적자원 정보체계를 유기적으로 연결해 줄 수 있는 기제가 바로 "국가직무능력표준(NCS : National Competency Standards)"이다.

국가직무능력표준이란 한 개인이 자신의 직업에서 업무를 성공적으로 수행하기 위하여 요구되는 능력을 국가차원에서 통일된 기준으로 제정하는 것을 의미하며, 이를 매개로 하여 각 산업별 인적자원을 예측할 수 있고, 직무능력표준을 통해서 현장중심의 교육훈련과 자격을 연계할 수 있으며,

직무능력표준을 통해서 산업체에서 인력을 채용하고 인사관리 기준으로 활용하여, 궁극적으로 근로자의 경력개발을 유도할 수 있다.

스킬 개발(workforce development)의 논의가 왜 필요한가?

미래사회는 끊임없이 다양하게 변화될 것이기 때문에 이를 예측한다는 것은 쉽지 않고 불확실하다.

첫째, 인구절벽으로 미래 사회를 이끌어갈 workforce의 역할과 중요성이 지금보다 상대적으로 더 증대되고 있다. 학령인구 감소로 교육훈련기관에서는 과감한 구조조정이 요구되고, 노인들의 평균 수명이 길어짐에 따라 이들이 삶을 영위할 수 있는 다양한 일자리 창출이 요구된다. 따라서 스킬 개발(workforce development) 논의를 통해 학령인구뿐만 아니라 성인 및 노인 인구가 능력개발을 할 수 있도록 체제개선이 이루어져야 할 것이다.

둘째, 현대사회는 부가가치창출요인이 토지·자본·노동에서 디지털 전환시대라는 것은 누구나 인식하고 있다. 이러한 디지털 전환시대에서는 새로운 지식과 기술을 개발할 수 있는 창의력과 문제를 발견하고 이를 해결할 수 있는 문제해결력이 매우 중요하다. 따라서 기존의 반복숙련만을 강조하던 스킬개발 패러다임에서 어떠한 상황에서도 적응하고 대처할 수 있는 스킬 개발 패러다임으로 전환하여 workforce의 질을 제고할 필요가 있다. 즉, workforce 질 제고를 위한 평생능력개발이 절실한 상황을 주도적으로 개척하기 위해서도 국가에서는 스킬 개발(workforce development)에 보다 관심을 두어야 할 것이다.

셋째, 급속한 직업구조의 변화로 직업의 생성·소멸 주기가 단축되었다. 직업이 빠르게 바뀌고 직장도 자주 옮겨야 하다보니 어떠한 직장을 갖느냐보다는 어떠한 직업능력을 갖추고 있느냐가 더욱 중요한 시점이다. 따라서 국가에서는 스킬 개발(workforce development)을 보다 시스템적으로 접근하여, 모든 국민이 본인의 적성과 소질에 맞는 직업능력을 키울 수 있도록 지원하여야 할 것이다.

넷째, 산업구조가 제조업보다는 서비스업 중심으로 변화되고 있고, 고용형태는 비정규직, 수시채용, 재택근무 등 다양해지고 있으며, 실무중심의 전문기술인력수요가 증가되고 있다. 이와 같이 급속한 직업구조의 변화와 직업생성 및 소멸주기의 단축으로 어떤 직업변화에도 잘 적응할 수 있는 직업기초능력을 비롯한 직무수행능력을 키우는 스킬 개발(workforce development)에 초점을 두어야 한다.

2. 스킬 개발(Workforce Development)의 학문적 배경

디지털 전환으로 스킬 개발(workforce development)의 환경 및 여건이 급속도로 변하고 있고, 이에 따라 스킬 개발(workforce development)의 목적, 대상, 범위, 수준, 방법 등이 변화하고 있으며, 이러한 변화에 발맞춰 패러다임의 변화 필요성도 높아지고 있다. 그런데 우리 주위에는 스킬 개발(workforce development)이라는 통합적 접근보다는 직업교육, 직업훈련, 기업교육 등 분리된 접근에서 인력을 양성하다보니 많은 중복과 갈등으로 어려움을 겪고 있다. 또한 오늘날 교육의 양적 성장에 비하여 질적 성장이 미흡하고, 인문교육과의 불균형이 심화되었으며, 인적자원 배분의 불균형으로 인한 인적자원의 효용도 저하, 고학력 선호 추세와 일과 학습의 연계 부족으로 직업세계 진입시기가 늦어지고 청년층의 경제활동 참가율이 낮은 등의 문제점을 안고 있다. 이 장에서는 효율적인 인적자원의 육성 및 배분 차원에서 균형잡힌 교육과 시대에 맞는 스킬 개발(workforce development)을 위해서는 스킬 개발(workforce development)의 학문적 기초를 재정립하고, 이 시대에 적합한 패러다임을 제시하고자 한다.

우리나라 스킬 개발(workforce development)의 문제점은 무엇인가?

우리나라 교육은 인문중심, 학문중심의 입시제도와 입시 교육 풍토가 만연되어 있다. 대부분의 학생들은 대학 진학을 준비하고 있고, 대학 진학 이외의 방법으로 인생의 진로를 개척하는 것은 실패한 사람이라는 인식을 지니고 있다. 이러한 풍토는 학생들이 자신의 적성에 맞는 직업을 선택하는 시기를 늦추게 하고, 재교육 비용을 증가시키며, 청년층의 경제활동 참가율이 낮아지게 하는 악순환을 반복한다.

또한, 역사적 전통으로 보아 사회적으로 형성되어 있는 스킬 개발(workforce development)에 대한 인식문제가 있다. 즉 인문교양교육과 실제적 직업기술 교육의 대립적 구조는 고대사회 이래의 사회구조인 지배계급으로서 귀족과 피지배계급으로서 생산자 집단 간의 대립적 구조를 반영하고 있는 것이다. 아직도 많은 나라들이 형식적으로는 민주제도를 받아들이고 있지만, 귀족적 신분사회의 구조를 반영하는 교육제도를 운영하고 있으며, 직업교육과 직업훈련 등은 서민층 자녀들에게 특정한 기능을 숙달시켜 취업하게 하는 교육으로 인식되고 있다.

스킬 개발(workforce development)의 학문적 정립을 통한 새로운 패러다임은 어떠한가? 학문으로서의 스킬 개발(workforce development)이란 산업 및 직업에 관련된 원리와 방법을 과학적으로 탐구하는 분야라고 할 수 있다. 이러한 스킬 개발(workforce development)을 제대로 연구하기 위해서는 학문적 기초를 이해할 필요가 있다. 스킬 개발(workforce development)의 일반적 토대는 철학, 심리학, 사회학, 교육학, 경제학 등의 순수학문으로부터 가져오고, 전문적인 내용은 농학, 경영학, 가정학, 보건학, 기술학 등의 응용학문으로부터 가져온다고 할 수 있다. 그동안, 스킬 개발(workforce development)에 대한 학문적 체계화가 미진하였던 이유에는 여러 가지가 있겠지만, 가장 주된 이유는 스킬 개발(workforce development)이 시대적으로 산업 및 직업의 필요에 의하여 이루어지다 보니 학문적 발전에 큰 관심을 갖지 못했다고 볼 수 있다. 게다가 스킬 개발(workforce development)의 분야가 전통적으로 내용 영역인 산업분야 (예, 공업분야, 경영분야, 기술분야, 농업분야 등) 중심의 연구가 이루어져 왔기 때문이라고 할 수 있겠다. 하지만, 효율적인 인력개발을 위해서는 학문적 기초를 다진 후에, 끊임없는 연구개발이 이루어져야 할 것이다. 이러한 측면에서, 여기서는 스킬 개발(workforce development)의 일반적 토대인 철학, 심리학, 사회학, 교육학, 경제학 관점에서 어떠한 논점을 지니고 있는지 살펴보고자 한다.

먼저, 철학적 관점이다. 스킬 개발(workforce development)의 철학적 기저는 지식론을 중심으로 한 "무엇을 어떻게 가르칠 것인가"와 존재론을 중심으로 한 "어떻게 효과를 얻을 수 있을 것인가"와 가치론을 중심으로 한 "어떠한 의의를 지니고 있는가" 관점에서 논의될 수 있다. 지식론 중심의 내재적 문제인 "무엇을 가르칠 것인가"에 대해서는 사회변화에 따라 무엇을 알아야 하는지 초점을 두고 어떤 기본개념과 기능을 가르쳐야 하고, 교양교육을 접목한 전문교육을 가르쳐야 하며, 일부 소수만을 위한 교육에서 탈피하여, 다수의 대중을 위한 교육이 이루어져야 한다. "어떻게 가르칠 것인가"에 대해서는 실천과학적인 지식을 습득하여 새로운 환경에 대처할 수 있는 문제해결 능력을 길러주는데 중점을 두어야 한다. 존재론 중심의 외재적 문제는 스킬 개발(workforce development)이 효과를 얻기 위해서 단순히 교육내용이나 도구만이 관계되는 것이 아니라 교육의 구조, 즉 교사, 교육시설, 교육 및 사회체제, 교육이념, 교육에 대한 사회의 기대나 통념과 관계된다. 가치론을 중심으로 스킬 개발(workforce development)은 인간 스스로가 자신의 잠재능력을 발견하고 개발할 수 있도록 경험을 제공하며, 여러 가지 기능의 획득과 그의 실제적 적용을 할 수 있도록 기회를 제공한다는 것이다.

둘째, 심리학적 관점이다. 심리학은 스킬 개발(workforce development)에 있어 매우 중요한 학문적인 기초가 될 수 있는데, 사람들이 자신의 직업을 적절하게 선택하고 관련된 지식과 능력을 개발하는데 필요한 개인의 적성, 흥미, 지능, 가치관 등에 대한 기초적인 자료를 제공해줄 수 있기 때문이다. 또한, 사람들이 좀 더 자신의 직업생활에 만족할 수 있도록 직무만족과 관련된 다양한 요인들을 구명하고, 자신이 맡은 직무를 잘 수행하기 위하여 필요한 능력을 구명하며, 이를 어떻게 평가할 것인가는 심리학적인 기초를 갖는다고 할 수 있다. 또한 직업이 빈번하게 바뀌고 직종의 생성과 소멸 속도가 빨라짐에 따라 이런 변화에 대처할 수 있는 직업기초능력이 모든 직업인에게 강조되고 있다. 모든 직업인에게 필요한 기초능력으로는 의사소통능력, 외국어 의사소통능력, 수리능력, 문제해결능력, 정보소양능력, 대인관계능력, 문화이해능력 등이 있고, 직업윤리는 일에 대한 습관, 가치관, 태도를 지칭하는 능력으로서, 직장생활을 유지하거나 인간관계 등에 결정적인 영향을 미치기 때문에 대단히 중요하다. 따라서, 스킬 개발(workforce development)의 방향 및 구체적인 전략을 구상함에 있어 이러한 심리적인 요인들과 이로 인해 나타나는 직무만족, 직업적응, 인에 대한 동기 등에 대한 더 많은 관심과 반영이 필요하다.

셋째, 사회학적 관점이다. 스킬 개발(workforce development)의 사회학적 기초는 일의 형태를 주된 관심으로 연구하는 산업사회학과의 관계에서 찾아볼 수 있다. 과학과 기술이 급속하게 발전됨에 따라 산업구조도 계속 변화되고 있다. 이에 따라 직업의 생성과 소멸이 빠르게 이루어지고 있다. 이에 대응하기 위하여 스킬 개발(workforce development) 체제와 내용, 방법 등도 계속 바뀌고 있다. 인구 증가율이 감소되고 65세 이상의 노령 인구는 증가되면서 연령별에 따른 생산활동 인구 구조가 변화되고 있다. 한편 국민들의 고등교육에 대한 높은 교육열과 직업이 점점 더 수준 높은 지식과 기술을 요구하고 있어 고등교육에서의 스킬 개발(workforce development)은 더 강화되고 있다. 아울러 노령 인구의 증가에 따라 이를 대상으로 한 새로운 직업들이 계속 생성되고 있으며 이와 관련된 인력 개발도 강조되고 있다. 국민들의 생활 수준이 향상되면서 직업 선택 기준도 변화되고 있다. 과거에는 보수가 주된 선택 기준이었으나 지금은 보수, 각종 후생복지제도, 적성과 소질, 작업환경, 승진기회 등이 종합적으로 고려되고 있다. 따라서 앞으로의 스킬 개발(workforce development) 역시 이와 같은 사회적 요인을 더욱 고려할 필요가 있다.

넷째, 교육학적 관점이다. 교육학적 관점에서, 스킬 개발(workforce development)의 가장 기본적인 전제가 '인간'과 '교육'이라고 볼 때, 스킬 개발(workforce development)에 적용되는 교육학의 대표적인 세 분야는 기업교육, 성인교육, 학교교육으로써, 이들이 공통적으로 언급하고 있는 것을 휴머니즘의 회복과 인간성의 재생이라고 할 수 있다. 즉, 단편적인 기술과 지식의 습득과 활용을 강조하는 훈련 패러다임에서 학습자가 중심이 되는 학습 패러다임으로의 전환이 강조됨을 알 수 있다. 결론적으로, 스킬 개발(workforce development)은 학습중심적 패러다임이라는 큰 전제하에 개개인의 개별성과 자주성이 인정되고, 학습자 개개인에게로 학습의 중심이 옮겨지며, 그들의 관심, 배경, 삶과 연결되는 학습을 진행하고, 그 과정에서 다른 학습자들과이 지속적인 대화, 의사소통, 상호작용 등의 네트워킹에 참여하여 서로 지식을 공유하고, 나아가 새로운 지식을 창출·활용할 수 있는 능동적이고 적극적인 학습자, 그들의 학습을 도와줄 수 있는 학습촉진자로서의 관리자, 개방적·참여적·해방적 학습환경을 제공할 수 있는 조직문화를 형성하는 것이라고 할 수 있다.

다섯째, 경제학적 관점이다. 경제학은 사회의 필요를 충족하고 목표를 달성하기 위하여 가용한 인적, 자연, 자본 자원을 가장 효율적으로 사용하는 방법을 밝혀주는 학문이다. 한편 스킬 개발(workforce development)은 인간이 사회의 생산적 구성원으로서 희소한 자연자원과 자본을 현명하게 사용하고 사회활동에 적극적이면서도 효율적으로 활동하며 참여할 수 있는 인적자원을 개발하는 교육 프로그램이다. 위의 두 개념을 비교해보면 스킬 개발(workforce development)과 경제학은 자원의 효율적인 활용과 그 활용에 대한 프로그램이라는 점에서 그 관계가 밀접함을 알 수 있다. 스킬 개발(workforce development)의 경제적 가치를 주장하기 위해서는 스킬 개발(workforce development)을 통해서 양성된 인력의 공급 과잉 여부와 직업교육에 투자된 교육비의 효과에 대해 타당성을 논리적으로 제시할 수 있어야 한다. 또한, 스킬 개발 문제는 과거와는 그 주안점이 매우 달라지고 있다. 즉, 과거에는 평균 숙련도의 향상에 초점을 두었다면 미래는 AI 등 더 높은 지식과 정보 그 자체의 높은 부가가치 창출을 위한 스킬개발 및 디지털 관련 개발에 주력해야 한다는 것이다.

여섯째, 문화인류학적 관점이다. 인류학은 인간을 물질적인 실체로서 그 자체를 연구하고 또한 인간이 가지고 있는 행위적인 특성을 연구하는 분야이다. 이러한 인류학의 분야 중 문화인류학은 인간의 가장 두드러진 특징의 하나인 문화를 통해 오늘날의 인간을 이해하고 미래사회의 새로운 인간성을 정립하고자 하는 분야라고 할 수 있다. 스킬 개발(workforce development)이라는 용어는 인간의 효용성을 염두에 두고 사용되는 것이며, 인간사회에서는 그 사회에 특정한 성격을 가진 사람들이 많은 경우가 좋을 수가 있기 때문에 문화인류학은 스킬 개발(workforce development)에 하나의 시사점을 제공할 수 있을 것이다. 물론 사회에 바람직한 인간의 특성은 시대적인 환경에 따라 상대적인 것이라고 할 수 있다. 고대 봉건사회에서 필요한 사람과 오늘날 디지털 전환 사회에서 필요한 사람은 개인적인 도덕률에 있어서나 사회에서 개인들이 가지는 기능에 있어서 요구되는 바가 다를 수 있는 것이다. 문화인류학은 스킬 개발(workforce development)에 대한 직접적인 연구에 참여하는 것이 아니라, 단지 인류와 문화에 대한 많은 정보와 그 분석적인 연구를 통해 미래

사회에 대한 예견을 가능하게 하고, 그러한 사회환경에 적절한 인간의 행위규범으로서의 문화가 어떠한 모습일 수 있으며, 나타날 수 있는 문제점을 예방하고 해결하기 위해 문화체제가 어떻게 되어야 하는가를 설명할 수 있다. 특히, 인력(workforce)란 사회발전의 원동력이며, 사회안정의 축을 형성하는 인간집단과 그 집단이 가지고 있는 품성적 자질을 말하는 것이고, 개발(development)이라는 것은 품성적인 자질의 새로운 모델을 창조하고, 이러한 자질들이 개인의 행위규범으로서 가능한 많이 수용할 수 있도록 함으로써, 사회에서 보편성을 가지도록 유도하는 것으로 생각할 수 있을 것이다.

3. 스킬 개발(Workforce Development)의 전문가 양성

스킬 개발(workforce development)의 질은 "전문가의 질에 달려 있다"라는 말이 있듯이, 국가 스킬 개발(workforce development) 전문가의 양성은 매우 중요하다. 특히, 디지털전환 시대 도래로 인하여 대내외적으로 인적자원개발 전략 변화, 미래 workforce 자질의 속성 변화에 대한 요구가 높아지고 있고, 직업능력개발을 위한 교육훈련이 강조되고 있는 시점에서 더욱 중요하다고 할 수 있다.

스킬 개발(workforce development) 전문가는 국가의 workforce를 체계적으로 육성하는 전문가로서, 스킬 개발(workforce development) 직무를 담당할 전문성을 갖춘 자를 의미한다. 이를 기반으로 스킬 개발(workforce development) 전문가의 개념적 모형을 살펴보면 [그림 33]과 같다.

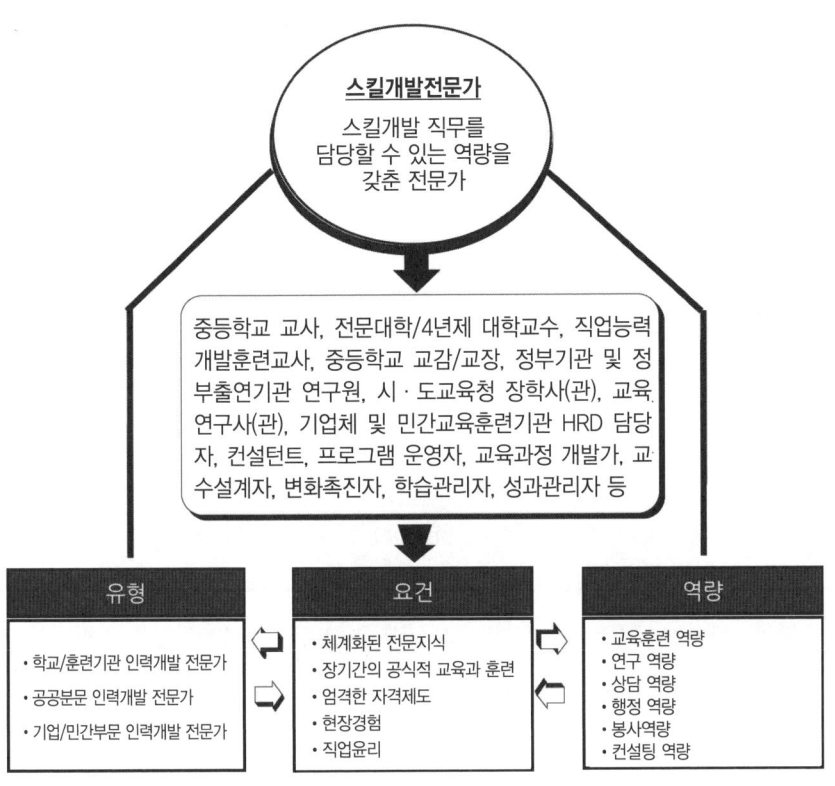

[그림 33] 스킬 개발workforce development) 전문가의 개념적 모형

출처 : 이용환, 정철영, 나승일, 김진모, 이찬(2009). 산업인력개발론. 교육과학사에서 재구성

　스킬 개발(workforce development) 전문가는 스킬 개발(workforce development) 직무를 담당할 수 있는 역량을 갖춘 전문가이다. 전문가가 되기 위해서는 체계화된 전문지식, 장기간의 공식적 교육과 훈련, 광범위한 자율성, 엄격한 자격제도, 직업윤리를 갖춘 자로서, 주어진 업무 상황에서 필요한 능력, 자질, 성향, 가치 기술, 행동양식 등의 전문성을 지니고, 이를 실질적으로 활용할 수 있는 자를 의미한다. 스킬 개발(workforce development) 전문가는 스킬 개발(workforce development) 직무를 담당할 수 있는 교육훈련역량, 연구역량, 행정역량, 컨설팅역량을 갖춘 자로서 체계화된 전문지식, 장기간의 공식적 교육

과 훈련, 엄격한 자격제도, 현장경험, 직업윤리와 같은 전문성을 지니고, 이를 실질적으로 활용할 수 있는 자이다.

스킬 개발(workforce development) 전문가의 역할은 무엇이고, 어떠한 역량이 필요한가?

역할이라는 용어는 본래 연극에서 비롯된 것으로, 배우와 그 배역간의 구분을 강조한다. 역할은 개인이 사회에서 차지하는 특정한 위치를 결정하는 수단으로서 사회에서 인정되는 포괄적인 행동 유형이다.

스킬 개발(workforce development) 전문가의 공통적인 역할은 교육훈련가로서의 역할, 연구자로서의 역할, 상담가로서의 역할, 행정가로서의 역할, 컨설턴트로서의 역할이 필요하다. 이러한 역할을 수행하기 위해서는 교육훈련 역량, 연구역량, 봉사역량, 행정역량 및 컨설팅 역량이 필요하다. 역량이란 역할을 수행할 수 있는 행동특성으로, 역할을 수행하는데 요구되는 지식, 기술, 태도의 총체라고 볼 수 있다.

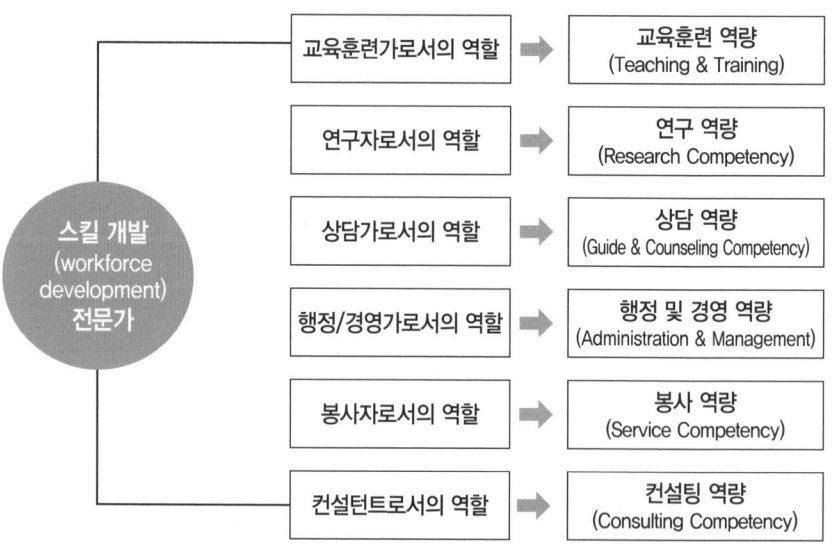

[그림 34] 스킬 개발(workforce development) 전문가의 역할과 역량

4. 스킬 개발(workforce development)의 행정 및 관련법

　스킬 개발(workforce development)이 효과적으로 실천되기 위해서는 이를 지원하는 행정적인 활동이 매우 필요하다. 스킬 개발(workforce development) 행정은 단순히 정부기관에 국한한 것이 아니라, 교육기관, 훈련기관, 기업체 등 매우 다양한 조직에서 행해지는 활동이다. 따라서 스킬 개발(workforce development)과 관련한 업무를 담당하기 위해서는 행정적인 역량을 구비하고 있어야 한다. 왜냐하면 스킬 개발(workforce development) 행정은 반드시 단체 또는 조직을 전제로 하고 있고, 단체 또는 조직이 목표로 하는 인력개발이 원활하게 추진되게 지원하는 제반활동이 바로 스킬 개발(workforce development) 행정이기 때문이다. 이 장은 스킬 개발(workforce development)과 관련한 조직에서 이루어지는 일반적인 행정기능과 조직구조를 이해하고, 이와 관련한 법령을 살펴보고자 한다.

　스킬 개발(workforce development) 행정이란 무엇인가?

　스킬 개발(workforce development) 행정은 스킬 개발(workforce development)이라는 목표를 효과적이고 효율적으로 달성될 수 있도록 지원하는 활동으로서의 '스킬 개발(workforce development)에 관한 행정'과 '스킬 개발(workforce development)을 위한 행정'으로 구분하여 이해할 수 있다. 스킬 개발(workforce development)에 관한 행정이 권력을 통해 위에서 밑으로 통제하는 행정이라면, 스킬 개발(workforce development)을 위한 행정은 자율성을 가지고 밑에서 위로 조성하고 지원하는 행정이라고 할 수 있다. 왜냐하면, 스킬 개발(workforce development) 행정이 정책을 실현하는 과정이라고 할 때 권력적인 요소를 배제할 수 없으며, 또한 스킬 개발(workforce development) 행정조직의 공동목표를 달성하기 위한 합리적인 행위라고 할 때 행정의 분권적이고 자율적인 측면을 간과할 수 없기 때문이다. 이러한 개념 하에 스킬 개발(workforce development)

행정은 행정 그 자체가 목적이 아니라 수단의 의미를 지니며, 스킬 개발(workforce development)에 필요한 인적·물적 조건을 정비 확립시켜 보조적인 제반 서비스 활동의 의미를 지닌다.

한편 스킬 개발(workforce development)의 주체 단위 또는 영역 측면에서 광의와 협의적 개념으로도 정의할 수 있다. 광의의 개념에서 스킬 개발(workforce development) 행정은 인력개발과 관련한 모든 행정조직 단위를 모두 포함한 것이며, 협의의 개념은 국가 및 공공단체에 한정한 것이다. 하지만, 최근에는 과거의 정부 중심의 행정보다는 특정 조직에서 공동의 목표를 달성하기 위한 합리적인 협동행위 자체를 행정으로 보는 경향이 강하다. 따라서 행정조직을 단지 정부조직에 국한하지 않고 노동조합, 기업체, 학교 등에까지 확대하여 해석하는 것이 일반적이다. 행정조직에 대한 이러한 광의적 해석은 스킬 개발(workforce development)의 영역에서 나타난다. 스킬 개발(workforce development)은 인력의 양성뿐만 아니라 배분·활용, 그리고 인프라까지를 포함한 개념으로 해석해야 한다. 따라서 스킬 개발(workforce development) 행정은 정부부처 및 지방행정기관에서의 인력개발 정책을 실행하는 과정뿐만 아니라 교육기관 및 훈련기관, 기업체 등 인력개발의 목표를 지닌 모든 조직에서 행해지는 인력양성·배분·활용·인프라 구축에 관한 제반 활동과 관련한 인적·물적 조건을 정비·확립하고, 지도·감독하는 것이라고 할 수 있다.

스킬 개발(workforce development) 행정조직은 어떠한 것들이 있는가?

스킬 개발(workforce development)의 대상은 전 국민이다. 따라서 스킬 개발(workforce development)과 관련한 기능은 모든 행정부처에 걸쳐 광범위하게 이루어지고 있으나 주된 역할은 교육부와 고용노동부가 담당하고 있다. 교육부는 전문계 고교, 전문대학 등 학교 중심의 인력개발을 관장하면서 인력개발과 관련한 여러 부처의 정책을 총괄·조정하는 역할을 하고 있다. 고용노동부는 취업 희망자, 재직근로자, 실업자의 직업능력개발에 관련된 정책을 수립·집행한다. 행정부처별로 규정되어 있는 스킬 개발(workforce development)은 정부가 학교나 직업교육훈련기관을 설립하여 직접 운영하거나 또는 정부 산하기관이나 민간전문기관에 위탁·시행하거나 민간의 교육훈련기관의 참여를 지원하는 경우로 나눌 수 있다. 정부 부처별 스킬 개발(workforce development)과 관련한 관장 사항을 정리하면 〈표 24〉와 같다.

〈표 24〉 정부 부처별 스킬 개발(workforce development) 관련 관장사항

정부부처	스킬 개발(workforce development) 관련 관장사항
교육부	청소년 및 일반 성인대상 직업교육, 과학기술인력 양성 및 향상교육
고용노동부	재직자훈련, 실업자훈련, 공공훈련
농림축산식품부	농축산 분야 직업인의 직무능력향상과 직업안정을 위한 직업교육훈련
산업부	산업, 무역·투자, 정보통신분야 인력양성과 향상교육, 소비 교육 및 일반 경제교육
국토해양부	건설 및 해양산업 기술자에 대한 재교육
문화관광부	전통문화 및 관광인력 양성 및 향상교육 등
법무부	재소자 및 수용자의 교화 및 사회복귀를 위한 직업훈련
보건복지가족부	여성, 노인, 장애자, 저소득층의 사회참여를 위한 직업교육훈련
통일부	북한 이탈 주민의 보호 및 정착 지원을 위한 직업교육훈련
환경부	학교환경 및 사회환경교육훈련
행정자치부	행정부처 공무원 교육훈련 총괄
국방부	군인대상 직업교육훈련
외교통상부	외교공무원의 직무능력 향상을 위한 교육훈련 및 보수교육
여성부	여성의 사회참여 확대와 능력개발 향상을 위한 교육훈련

스킬 개발(workforce development)의 관련법은 어떠한가? 스킬 개발(workforce development) 관련법은 국가 최고규범인 헌법을 정점으로 하여 교육 및 인적자원개발에 관한 준 헌법적 성격을 가진 교육기본법 아래 각 부처별 관련법령이 있다. 이들 부처별 스킬 개발(workforce development) 관련법의 체계를 도식화 하면 [그림 35]와 같다.

교육부	• 학교교육 관련법: 초·중등교육법, 고등교육법, 지방교육자치에관한법률, 도서·벽지교육진흥법, 영재교육진흥법, 사립학교법, 한국사학진흥재단법, • 과학·기술·직업교육 관련법: 산업교육진흥법, 과학교육진흥법, 직업교육훈련촉진법, 자격기본법 • 평생·유아·특수·체육교육 관련법: 평생교육법, 독학에의한학위취득에관한법률, 학점인정등에관한법률, 학원의설립·운영및과외교습에관한법률, 공익법인의설립·운영에관한법률, 유아교육진흥법, 특수교육진흥법, 국민체육진흥법, 학교보건법, 학교급식법, 체육시설의설치·이용에관한법률, • 교원 관련법: 국가공무원법, 공무원교육훈련법, 교육공무원법, 교원지위향상을위한특별법, 교원의 노동조합설립운영등에관한법률, 지방공무원법, 지방공무원교육훈련 • 기초과학기술 연구지원/진흥사무 관련법: 기초과학연구진흥법, 과학기술기본법, 기술개발촉진법, 국제과학기술협력규정, • 과학기술인력양성 관련법: 특정연구기관육성법, 한국과학기술원법, 한국과학기술원학사규정, 과학영재선발위원회규칙, 정부출연연구기관등의설립운영및육성에관한법률 • 자격 관련법: 자격기본법
고용 노동부	• 직업교육훈련 관련법: 직업교육훈련촉진법, 근로자직업훈련촉진법, 한국산업인력공단법, 기능대학법, 기능장려법, • 자격 관련법: 국가기술자격법, 자격기본법, • 고용 관련법: 고용정책기본법, 직업안정법, 근로자의생활향상과고용안정지원에관한법률, 남녀고용평등법, 장애인고용촉진및직업재활법, 고령자고용촉진법, 고용보험법, 건설근로자의고용개선등에관한법률, 채용절차의 공정화에 관한 법률
산업부	• 정보화촉진기본법, 전기통신기본법, 정보통신공사업법, 정보통신망이용촉진등에관한법률, 지식정보자원관리법, • 기술혁신체계구축/기술인력양성 관련법: 국가표준기본법, 산업표준화법, 계량에관한법률, 기술이전촉진법, 산업기술연구조합육성법, 대체에너지개발및이용·보급촉진법, 전력기술관리법, 항공우주산업개발촉진법, 산업디자인진흥법, • 산업기술기반조성 관련법: 산업기술기반조성에관한법률, 산업기술단지지원에관한특례법, 산업발전법, 공업배치및공장설립에관한법률,
문화체육 관광부	• 문화·도서관 관련법: 문화재보호법, 도서관및독서진흥법, 박물관및미술관진흥법, • 청소년지도 관련법: 청소년기본법, 한국청소년연맹육성에관한법률

여성부	• 여성인력양성활용 관련법: 여성발전기본법, 여성기업지원에관한법률, 여성특별위원회규정, • 남녀차별적인력운영제도정비 관련법: 남녀차별금지및구제에관한법률, 남녀평등교육심의회규정
국토부	• 해양과학교육진흥/연구인력양성활용 관련법: 해양개발기본법, 해양과학조사법, 해양오염방지법, • 기능전문인력육성관리/자격 관련법: 한국해양수산연수원법, 해양수산부와그소속기관직제, 선박직원법, 도선법, 항만운송사업법, 선원법, 한국해양소년단연맹육성에관한법률
농림축산식품부	• 농업기술개발/농업교육 관련법: 농업·농촌기본법, 농촌진흥법, 농업기계화촉진법, 환경농업육성법, 농업정책심의회규정, • 농업계 학교교육지원 관련법: 시범농업고등학교육성에관한규정, 한국농업전문학교·한국임업전문학교및한국수산전문학교설치령, 농업산·학협동심의회규정
통일부	• 통일교육지원법, 북한이탈주민의보호및정착지원에관한법률
법무부	• 행형법, 사회보호법, 소년원법, 수형자등교육규칙, 법무부와그소속기관직제,
보건복지가족부	• 보건의료기술인력육성 관련법: 보건의료기술진흥법, 한국보건산업진흥원법, 보건환경연구원법, 천연물신약연구개발촉진법, 공중보건장학을위한특례법, • 국민사회복지증진차원의 교육훈련/취업알선 관련법: 국민기초생활보장법, 영유아보육법, 모자복지법, 노인복지법
환경부	• 환경관리공단법, 한국자원재생공사법, 환경부와그소속기관직제,

[그림 35] 스킬 개발(workforce development) 관련 법령체계

출처 : 이용환, 정철영, 나승일, 김진모, 이찬(2009). 산업인력개발론. 교육과학사에서 재구성. 단, 법 개정으로 인해 변동사항이 있을 수 있음.

한국의
SKILLS Future

Ⅶ. 스킬 개발 주체는? : ISC
(Workforce Development)

"한국의 SkillsFuture"를 추천합니다.

"오늘날 우리나라는 저출산고령화 문제, 기후변화 대응문제, 기술혁신과 글로벌 경쟁의 가속화문제 등 산업환경의 급속한 변화에 직면하고 있다. 이러한 변화와 글로벌 경쟁에서 우리가 살아남기 위해서는 우수 인력을 충분히 확보하는 것이 무엇보다 중요할 것이다. '한국의 Skills Future'는 이러한 문제의식을 바탕으로 김진실 박사가 인적자원개발 분야에서 오랫동안 쌓아 온 경험과 지식을 바탕으로 체계적이고 실천적 대안을 명확히 제시한 깊이 있는 역작이라 할 수 있을 것이다. 이 책은 정책개발자뿐만 아니라 기업의 HRD전문가 및 교육훈련 현장에서도 중요한 인사이트를 제공할 것으로 기대되는 바이다."

화학·바이오 인적자원개발위원회 신홍순 사무총장

"이 책은 직무 중심 채용, 인사, 조직운영을 나아가 노사관계까지 기업의 실무자 뿐만 아니라, 관련 분야 전문가들에게도 실용적이고 훌륭한 참고서가 될 것으로 기대한다."

前 한국산업인력공단 유재섭 이사장/前 한국노총 수석부위원장

"우리나라 역량체계 구축을 위해 일생을 바친 저자의 모든 경험과 지식이 녹아있는 책. 여러분의 업무에서 미래의 통찰력을 얻고 싶다면 이 책을 읽기 바란다. 인공지능 일상화의 시대, 미래를 준비하는 여러분의 통찰력을 한 층 높일 것이다."

한국고용정보원 김동규 팀장

"저자는 우리나라 스킬 스탠다드인 NCS를 통해 직업교육과 직업훈련, 자격과 채용시장의 체계화, 구조화를 통한 직무능력사회의 기반을 만드는 데 기여했다. '한국의 SkillsFuture'는 역량체계의 영역을 이론에서 실천의 영역으로 끌어올리는데 기여하리라 기대한다."

울산과학대학교 기계공학부 김현득 교수/前 울산시 시의원

"이 책은 그동안 다소 여러 영역에서 개별적으로 논의되었던 "스킬(Skills)"의 개념을 진로와 교육현장, 기업과 공공기관이 유기적으로 작동하는 지속적인 과정으로 파악하는 "통찰"을 보여준다. 아울러 인적자원교육이 지향하고 실천해 나갈 미래지향적 구체적 방법론을 제시한다. ISC 담당자로서 현장에서 종합적이고 체계적인 직무능력 관련 종합 이론서 및 실무지침서가 간절했는데, 이 책을 통해 비전과 실행방안을 정리할 수 있었다. 대학을 비롯한 학교 진로/직업교육 종사자 및 기업 HRD관련 종사자, 행정기관과 시민사회 정책입안자들에게는 보다 체계적이고 명확한 목표와 교육설계의 통찰력을 제공하고, 현장 실무자들에게는 구체적으로 활용할 수 있는 직무역량 향상 전략과 방법 및 아이디어를 얻을 수 있다."

음식서비스·식품가공 인적자원개발위원회 이경미 수석연구원/팀장

VII. 스킬 개발(Workforce Development) 주체는? : ISC

> **학습개요**
>
> 이 장에서는 스킬 개발(Workforce Development)의 주체인 산업별 인적자원개발위원회(ISC)의 개념 및 필요성에 대해서 살펴보고, 현재 산업별 인적자원개발위원회(ISC) 현황, 역할과 향후과제를 제시한다. 또한 해외, 특히 호주와 영국의 산업별인적자원개발위원회(ISC) 동향을 제시한다.

> **학습목표**
>
> 1. 산업별 인적자원개발위원회(ISC)의 개념 및 필요성을 설명할 수 있다.
> 2. 산업별 인적자원개발위원회(ISC)의 현황을 설명할 수 있다.
> 3. 산업별 인적자원개발위원회(ISC) 역할 및 향후과제를 설명할 수 있다.
> 4. 해외의 산업별인적자원개발위원회(ISC) 동향을 설명할 수 있다

1. 산업별 인적자원개발위원회(ISC)의 개념 및 필요성

산업별 인적자원개발위원회((ISC: Industrial Skills Council, 이하 ISC)는 산업별로 협·단체(사업주단체 등), 기업, 근로자단체 등이 모인 산업계 대표로서 해당 산업의 인적자원 관련 의사결정, 현장형 인재 수요 파악을 위한 산업인력현황 조사 등을 실시하고, 산업내 직업·직무변화에 따른 수요조사☞그에 따른 기준(NCS, 훈련 및 자격 기준 등)☞교육훈련 기업활용☞자격효용성 평가, 품질관리 등)을 통한 산업인력양성 선순환시스템을 구축하는데 있다.

◆ 근로자직업능력 개발법 제22조(산업부문별 직업능력개발사업 지원)
  ① 고용노동부장관은 산업부문별 직업능력개발사업을 촉진하기 위하여 산업부문별 인적자원개발협의체, 근로자단체 및 사업주단체 등이 다음 각 호의 어느 하나에 해당하는 사업을 실시하는 경우 필요한 비용을 지원하거나 융자할 수 있다.

◆ 근로자직업능력개발법 제22조의2 및 동법 시행령 제20조의4에 지역인적자원개발위원회의 구성·운영에 필요한 사항을 규정하기 위하여 『인적자원개발위원회 운영규정(고용부 고시)』 운영

  * 운영규정 제4조(산업별 인적자원개발위원회 구성·운영) 제2항 제2호(국가직무능력표준 및 자격제도 등 산업별 인적자원개발의 표준 마련 및 보완)

– 공단은 이에 따라 『산업별 인적자원개발위원회(ISC) 운영규칙』을 제정·운영
– 인적자원개발위원회 운영규정(고용부 고시) 제4조 제2항에 의한 표준 마련 및 보완 조문, 산업별 인적자원개발위원회(ISC) 운영규칙(내규) 감안하면 ISC는 NCS 개발·개선을 지원함

〔그림 36〕 산업별인적자원개발위원회(ISC)의 사업추진 근거

ISC는 수요자 중심의 국가 차원의 산업인력양성체계를 구축하는 주체로서, ① 산업계 중심의 교육·훈련·자격·인사관리(채용 등)간의 선순환 시스템 구축, ② 근로자 및 기업 역량 향상을 통한 산업 경쟁력 강화, ③ 수요자 입장에서 정부와 기업 간 허브 역할을 수행해야 한다. 특히 직무맵(SQF)→NCS·활용패키지·학습모듈개발→교육훈련기준→자격기준(검정형 출제기준·과정평가형 편성기준·일학습병행자격기준→기업직무중심 인사관리 지원→품질관리(실태조사 및 자격의 효용성 평가)→NCS개선의 선순환을 이루는 주체가 바로 ISC다.

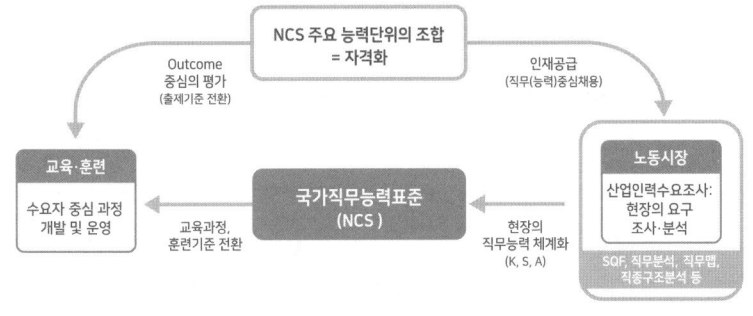

[그림 37] 산업계 중심의 교육·훈련·자격·인사관리(채용 등)간의 선순환 시스템 구축

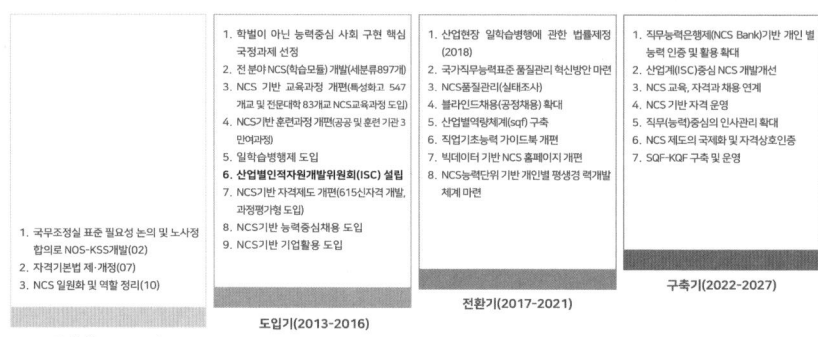

[그림 38] 국가직무능력표준(NCS) 로드맵(준비기-도입기-전환기-구축기)

특히 ICS의 설립시기는 국가직무능력표준(NCS) 로드맵 준비기로서 이는 "학벌이 아닌 능력중심 사회 구현" 국정과제를 기반으로 본격적으로 NCS가 개발되는 시기다. 2015년도에 산업계 주도로 현장 중심의 인력양성 체계를 구축하고자 산업별 인적자원개발위원회(ISC)가 설립되었다. 당시 ISC의 미션은 현장의 수요 발굴·전달을 통한 산업계 주도 인적자원을 개발하고 지원하는 것으로서, 산업계에서는 직업·직무변화에 따른 수요조사, 직무능력 관리, 교육훈련기준제시, 자격체계 혁신, 기업 활용확산, 구직자 정보를 제공하고 매칭을 지원하고, 정책기관에겐 현장 맞춤형 정책발굴을 위한 정보를 전달하며(훈련, 자격 수요 등), 교육훈련기관에겐 산업계 직업(일자리) 및 필요 역량, 수요 변화를 분석하고 전달하는 역할을 해야 한다.

ICS 연혁을 구체적으로 살펴보면, 다음과 같다.

2014.09. **(직업능력혁신 3개년 계획 수립)** 직업능력 혁신 3개년 계획에서 인적자원개발 정책을 수요자인 산업계 중심으로 전환하기로 확정
2014.12. **(능력중심사회 실천방안 B.H보고)** 능력중심사회 정착, 확산, 고용율 70%달성을 위해 산업계 인력 수요- 성과를 연계하는 '산업별 인적자원개발위원회(ISC)' 사업 추진방향 설정
2015 ~2016.09. **(17개 ISC 구성)** NCS 분류체계에 따라 산업별로 인적자

원개발의 시급성 등을 고려, 17개 ISC 구성, 운영

2018.01. **(제 2기 ISC 출범)** 제 1기 ISC 사업 (15 ~ 17 : 3개년) 약정종료 이후, 공모 절차를 통하여 제2기 ISC (18 ~ 20) 출범

2020.04. **(환경 ISC 선정)** 공모 절차를 통하여 환경ISC 선정 및 출범

2021.01 **(제 3기 ISC 출범)** 제2기 ISC 사업(18~20 : 3개년) 약정종료 이후, 공모 절차를 통하여 제3기 ISC (21~23) 출범(18개 ISC)

2021.07. **(자동차 ISC 선정)** 공모 절차를 통하여 자동차 ISC 선정 및 출범

2022.10. **(산업안전 ISC 선정)** 공모 절차를 통하여 산업안전 ISC 선정 및 출범

2022.10. **(금융보험 ISC 선정취소)** 대표기관 참여희망 기관 부재 및 산업 특성상 ISC의 역할 및 영향력을 고려하여 선정 취소

2024.01.**(제4기 ISC 출범 및 정보보호ISC 선정)** 제3기 ISC 사업(21~23 : 3개년) 약정종료 이후, 공모 절차를 통하여 제4기 ISC (24~26) 출범 및 신규ISC인 정보보호ISC 선정(20개 ISC)

2. 산업별 인적자원개발위원회(ISC)의 현황

24년 산업별 인적자원개발위원회(ISC) 현황(제 4기 ISC)은 총 20개로서 ① 정보기술 ISC, ② 경영·회계·사무 ISC, ③ 상담ISC, ④ 디자인·문화컨텐츠 ISC, ⑤ 관광·레저 ISC, ⑥ 음식서비스·식품가공 ISC, ⑦ 건설 ISC, ⑧ 조선·해양 ISC, ⑨ 기계 ISC, ⑩ 뿌리 ISC, ⑪ 재료 ISC, ⑫ 화학·바리오 ISC, ⑬ 섬유제조·패션 ISC, ⑭ 전기·에너지·자원 ISC, ⑮ 전자 ISC, ⑯ 방송통신기술 ISC, ⑰ 환경 ISC, ⑱ 자동차 ISC, ⑲ 산업안저보건 ISC, ⑳ 정보보호 ISC이다. 이는 ISC 홈페이지 "https://www.isckorea.or.kr/"에서 찾아볼 수 있다.

〈표 25〉 우리나라 산업별 인적자원개발위원회(ISC) 현황(2024년 현재)

ISC 명	참여기관, 기업, 노동계	설립일	링크
정보기술·사업관리산업 인적자원개발위원회 (한국소프트웨어산업협회)	(참여기관)한국IT서비스산업협회 등 12개 (참여기업)한전 KDN, C&C, 마이다스아이티 등 1개등 (노동계)한국노동 전국IT사무서비스노련, ktds 노동조합 등 2개	2015년	http://isck-orea.or.kr/minipage/sw.do
경영·회계·사무 인적자원개발위원회 (대한상공회의소)	(참여기관)한국표준협회, 한국능률협회, 한국공인회계사회 등 11개 (참여기업)현대해상, 대한통운 등 16개 (노동계)한국노총 공공연맹, 민주노총 공공운수노조 등 2개	2015년	http://isck-orea.or.kr/minipage/korcham.do
상담 인적자원개발위원회 (전국고용서비스협회)	(참여기관)한국청소년활동진흥원, 재단법인중앙자활센터, 한국청소년단체협의회, 한국직업상담협회 등 37개 (참여기업)㈜남부이에스, ㈜선우고용서비스, 커리어코칭연구소 등 18개 (노동계)한국노총 직업상담원노동조합 등 4개	2016년	http://isck-orea.or.kr/minipage/knesa.do
디자인·문화콘텐츠산업 인적자원개발위원회 (한국디자인진흥원)	(참여기관)한국콘텐츠진흥원, 한국산업디자이너협회, 한국디지털기업협회 등 15개 (참여기업)㈜미디어포스얼라이언스, ㈜아이나무, 메가존㈜ 등 16개 (노동계)한국노총 전국공공산업노련	2015년	http://isck-orea.or.kr/minipage/kidp.do
관광·레저 인적자원개발위원회 (한국호텔전문경영인협회)	(참여기관)(사)한국MICE협회, 한국여행업협회, 한국휴양콘도미니엄경영협회 등 13개 (참여기업)코엑스, ㈜프리미엄패스 인터내셔널, 이비스앰배서더명동호텔 등 9개 (노동계)한국노총 관광서비스노련	2016년	http://isck-orea.or.kr/minipage/hotel.do
음식서비스·식품가공 인적자원개발위원회 (한국외식업중앙회)	(참여기관)한국프랜차이즈산업협회, 한국식공간학회, 한국소믈리에협회, 대한제과협회 등 16개 (참여기업)㈜CJ푸드빌, ㈜진미푸드, 교촌에프엔비(주), ㈜서한사 등 19개 (노동계)한국노총 관광서비스노련	2016년	http://isck-orea.or.kr/minipage/foodser-vice.do

ISC 명	참여기관, 기업, 노동계	설립일	링크
건설 인적자원개발위원회 (대한건설단체총연합회)	(참여기관)대한건설협회, 대한전문건설협회, 한국건설엔지니어링협회 등 15개 (참여기업)GS건설(주), 신한종합건설(주), 삼보기술단 등 8개 (근로자단체)민주노총, 한국노총	2016년	http://isck-orea.or.kr/minipage/cwma.do
조선·해양산업 인적자원개발위원회 (한국조선해양플랜트노협의체)	(참여기관)한국조선공업협동조합, 한국조선해양기자재공업협동조합, 한국해양플랜트전문기업협회 등 16개 (참여기업)현대중공업, 삼성중공업 등 12개 (근로자단체)한국노총 전국금속노련	2015년	http://isck-orea.or.kr/minipage/koshipa.do
기계산업 인적자원개발위원회 (한국기계전기전자시험연구원)	(참여기관)한국건설기계산업협회, 한국계량측정협회, 한국냉동공조산업협회 등 9개 (참여기업)㈜한국공조엔지니어링, ㈜대열보일러, 덕일산업㈜ 등 8개 (근로자단체)전국공공연구노동조합	2015년	http://isck-orea.or.kr/minipage/ktc.do
뿌리산업 인적자원개발위원회 (한국농공업협동조합)	(참여기관)한국주물공업협동조합, 한국단조공업협동조합, 한국표면처리공업협동조합 등 34개 (참여기업)신라엔지니어링㈜, ㈜건우정공, ㈜비엠금속 등 49개 (근로자단체)전국금속노동조합연맹	2015년	http://isck-orea.or.kr/minipage/koreamo-ld.do
재료산업 인적자원개발위원회 (한국철강협회)	(참여기관))한국세라믹연합회, 한국비철금속협회, 한국철강자원협회 등 15개 (참여기업)포스코, 현대제철, 동국제강 등 19개 (근로자단체)전국금속노동조합연맹	2015년	http://isck-orea.or.kr/minipage/kosa.do
화학·바이오산업 인적자원개발위원회 (한국프라스틱공업협동조합연합회)	(참여기관)한국석유화학협회, 한국정밀화학산업진흥회, 한국바이오협회 등 8개 (참여기업)㈜LG화학, 롯데케미칼㈜, 금호석유화학㈜ 등 18개 (근로자단체)전국화학노동조합연맹, 노루페인트㈜노동조합	2015년	http://isck-orea.or.kr/minipage/kscia.do

ISC 명	참여기관, 기업, 노동계	설립일	링크
섬유제조·패션산업 인적자원개발위원회 (한국섬유산업연합회)	(참여기관)한국화학섬유협회, 한국패션산업협회, 한국섬유수출입협회 등 9개 (참여기업)경 방, 덕산엔터프라이즈, 빌트모아 등 12개 (근로자단체)전국섬유유통노동조합연맹	2015년	http://isck-orea.or.kr/minipage/kofoti.do
전기·에너지·자원산업 인적자원개발위원회 (한국전기공사협회)	(참여기관)대한전기협회, 한국전기기술인협회, 한국전기산업진흥회 등 20개 (참여기업)㈜단성, ㈜신보, ㈜진우씨스템 등 12개 (근로자단체)전국전력산업노동조합연맹, 전국공공산업노동조합연맹	2015년	http://isck-orea.or.kr/minipage/keca.do
전자산업 인적자원개발위원회 (한국전자정보통신산업진흥회)	(참여기관)한국광산업진흥회, 한국디스플레이산업협회, 한국로봇산업협회 등 5개 (참여기업)백프로, 에스에프에이, 코아텍 등 12개 (근로자단체)전국금속노동조합연맹	2015년	http://isck-orea.or.kr/minipage/gokea.do
방송·통신기술산업 인적자원개발위원회 (한국정보방송통신대연합)	(참여기관)(특)한국전파진흥협회, (사)한국통신사업자연합회, 한국정보통신공사협회 등 12개 (참여기업)SK텔레콤, LG유플러스, KBS 등 7개 (근로자단체)전국IT사무서비스노동조합연맹	2015년	http://isck-orea.or.kr/minipage/kfict.do
환경 인적자원개발위원회 (한국상하수도협회)	(참여기관)한국환경공단, 한국환경산업기술원, 한국환경보전원 등 12개 (참여기업)㈜한국종합기술, 환경시설관리㈜, ㈜에코비트워터 등 15개 (근로자단체)한국종합기술노동조합, 환경시설관리노동조합 등 4개	2015년	http://isck-orea.or.kr/minipage/kwwa.do
자동차산업 인적자원개발위원회 (한국자동차연구원)	(참여기관)한국자동차모빌리티산업협회, 자동차부품산업진흥재단, 한국자동차산업협동조합 등 13개 (참여기업)현대자동차, KG 모빌리티, 현대모비스등 12개 (근로자단체)한국노총 금속노련	2021년	http://isck-orea.or.kr/minipage/katech.do

ISC 명	참여기관, 기업, 노동계	설립일	링크
산업안전보건 인적자원개발위원회 ((사)대한산업안전협회)	**(참여기관)**(사)대한산업보건협회, (사)한국비파괴검사학회, (사)한국안전기술협회 등 9개 **(참여기업)**SK마이크로웍스®, SK모바일에너지®, 가온전선® 등 29개 **(근로자단체)**한국노동조합총연맹	2022년	http://isck-orea.or.kr/minipage/indussafe.do
정보보호 인적자원개발위원회 (한국정보보호산업협회)	**(참여기관)**개인정보보호협회(OPA), 오픈블록체인·DID협회, 한국방송통신전파진흥원(KCA) 등 6개 **(참여기업)**NSHC, SGA솔루션즈, SK쉴더스 등 21개 **(근로자단체)**전국우정노동조합, 한국노동조합총연맹	2024년	-

산업별 인적자원개발위원회(ISC)의 구성은 크게 대표기관, 참여기관, 참여기업, 위원장, 위원 및 사무국으로 되어 있다.

먼저, ISC의 대표기관의 역할은 해당 ISC의 운영 및 사업 수행 등을 총괄 지원하기 위해 사무국(실무전담기구)을 설치 및 운영하는 기관이고, 참여기관은 대표기관 외에 ISC에 참여하는 협·단체, 근로자단체 등을 의미한다. 참여기업은 ISC를 구성하는 기업으로, ISC의 사업 및 활동에 참여 ISC의 산업대표성 및 네트워크 강화를 위해 해당 산업에서 타 기업에 대한 영향력이나 파급력이 높은 선도기업(핵심기업) 참여를 적극 유도해야 한다. 각 ISC의 위원장은 ISC를 대표하는 인사로서 운영위원회 개최를 통해 대표기관, 참여기관 및 참여기업 소속 인사 중에서 위촉(의결)하고, ISC 위원은 참여기관, 기업 및 근로자단체 (노동단체) 소속 인사로 구성위원은 위원장, 운영위원 등을 포함하여 30명 내외로 구성한다. ISC에서 가장 중요한 역할을 해야 하는 사무국은 ISC의 실무전담기구로서 대표기관에 설치, 운영사무총장은 사무국 운영의 전문성 등 확보를 위해 대표기관 및 참여기관 인사 등을 위촉, 사무국 직원은 NCS, NCS기반 자격, 일학습병행제, 연구 조사, 분석 등에 역량을 갖춘 인력으로 구성하는 것을 원칙으로 한다.

3. 산업별 인적자원개발위원회(ISC)의 역할 및 비전

공식적으로 ISC에게 주어진 미션 이외에 저자는 ISC가 갖추어야 할 역할 및 역량으로 다음과 같이 여섯 가지를 제시할 수 있다.

첫째, 우리나라 ISC는 해외 스킬 기준 및 프레임워크(NCS 및 SQF-KQF)제도가 왜 도입되었는지에 대한 당위성을 공감해야 한다.

- ◆ **(경제위기 극복)** '80년대 초 제2차 오일쇼크 등 경제위기를 극복하기 위하여 국가적 인적자본 축적 수단으로 NCS 및 NQF 도입
- ◆ **(산업계 참여)** 국가 주도 및 예산지원 방식으로 운영되나, 활용율 제고를 위해 노, 사 등 산업계에서 적극적으로 참여
- ◆ **(NCS 활용)** NCS에 기반한 교육훈련 및 국가역량체계 운영에 주로 활용
- ◆ **(도입 효과)** 훈련과 연계된 자격취득을 통하여 개인의 경력개발, 직무수행능력향상, 경제적 보상 및 승진, 고용가능성 제고
- ◆ **(직무중심, 능력중심사회 마련)** 현장성 높은 인력공급, 근로자의 숙련향상, 노동시장의 원활한 재진입 등 직무중심 인사, 임금제도 운영

[그림 39] ISC 역할 및 역량 1 : 해외 NCS · NQF 제도 도입 배경 이해

하지만, 해외에서도 NCS 개발 및 운영 거버넌스 문제, 노조유인책 및 예산분배분제, NCS 개선주기 및 인증 문제, 청년실업과 중소기업 구인난 문제해결방식, 교육과 자격의 연계, 직업교육훈련 및 도제를 통한 임금 상승 및 승진 여부, ISC의 주도권 문제, NQF에서의 노사의 역할 문제, 직업교육훈련과저 개발시 노사가 참여하는지, 의사결정기구 등 다양한 쟁점사항 역시 존재한다. 이 부분도 우리나라에서 ISC를 운영하는데 함께 고민해 볼 사안이다.

둘째 우리나라 ISC는 담당하는 산업계의 대표성과 전문성을 확보해야 한다.

- ◆ **(대표성 확보)** 장기적으로 산업분류체계, 업종별 분류체계 및 NCS와 SQF 등의 분류 기준에 따라 대표 ISC를 지속적으로 육성해야 한다.

- ◆ **(공동운영위)** 산업부, 고용부, 교육부 등 관련 정부부처의 협업을 통해 인적자원개발 역량, 업종 대표성(노동계 또는 근로자 대표, 전문가 등) 지속적 참여

- ◆ **(지속적 산업구조변화 분석)** 신 산업, 융합인력양성을 위한 연계 등 방안 도출

- ◆ **(경쟁체제 운영)** ISC(협단체, 민간기업 포함)가 개발 및 활용에 적극 참여할 수 있도록 성과평가 등의 경쟁체제 구축 및 민간시장 활성화 필요

- ◆ **(전문성 강화)** 사무국 전담인력의 업무역량 강화를 위해 산업기술진흥원 등 역량강화 프로그램 개설

[그림 40] ISC 역할 및 역량 2 : 산업계 대표성 및 전문성 확보

셋째, 우리나라 ISC는 산업구조변화에 선제적으로 대응해야 한다.

- ◆ **(선도적 대응)** ISC 역량강화, ISC 구조개편 등을 통해 산업환경 변화에 따른 신규 인력양성수요를 신속히 파악 대응하여 산업구조 혁신에 기여

- ◆ **(산업수요 정책채널 확보)** ISC는 산업별 인력수급 조사, 분석 결과를 제시하고, 이에 기반한 산업별 인력사업 정책 및 신구 인력사업 등을 제안

예) 대학(원) 교과과정 개편, 산업별 신산업 분야 인력양성, 산업별 특화된 일학습병행 사업 등

- ◆ **(데이터 관리)** 내실 있는 인력수급 조사, 분석 기능 수행을 위해 각 부처는 기공표 중인 인력통계 원데이터를 ISC에 제공하여 활용

산업부	고용부	교육부
산업기술인력 수급동향 실태조사	고용보험통계. 고용형태별 근로실태조사, 기업체노동비용조사, 사업체노동력조사, 사업체노동실태현황, 직종별 노동력조사	졸업자의 진로 및 취업상황 조사(교육통계)

[그림 41] ISC 역할 및 역량 3 : 산업구조변화에 선제적 대응

넷째, 우리나라 ISC는 인력 미스매치 완화에 기여해야 한다.

◆ **(인력수요의 신호기능 강화)** ISC 역량 강화를 통해 ISC가 산업계 인력 수요의 신호기능을 충실히 이행토록하여 지역별, 산업별, 인력수준별 인력 미스매치 환화

◆ **(인력수급분석)** 인력사업 기획 등 ISC 본연의 기능 확대

◆ **(NCS 개발개선)** NCS의 개발 개선의 주체로서 상시적인 모니터링

[그림 42] ISC 역할 및 역량 4 : 인력 미스매치 완화

다섯째, 우리나라 ISC는 지역 인적자원개발에 기여해야 한다.

◆ **(ISC와 RSC와의 연계)** 지역 단위 사업에 있어서 ISC는 정책(인력지원방안수립 등) RSC는 사업(지역사업 총괄 인력수급분석, 교육훈련, 취업연계 등) 중심으로 역할 분담

ISC의 역할	RSC의 역할
훈련 프로그램 개발 및 보급, 컨설팅 및 자문, 인력 Pool 지원, 사업 기회 지원	해당 지역사업 총괄, 지역사업 수요발굴, 세부 사업내용 기획, 사업 집행

◆ **(산업 단지 중심의 RSC 운영)** 지자체 RISE 사업 등과 연계하여 입주기업, 산단별 특화 산업 관련 ISC가 공동지원

[그림 43] ISC 역할 및 역량 5 : 지역인적자원개발에 기여

여섯째, 우리나라 ISC는 인력양성 풀패키지 사업을 기획 운영해야 한다.

◆ **(인력양성 풀패키지 사업)** SQF 및 NCS 개발개선에 이하 교육훈련과정 및 기준, 자격의 출제기준, 일학습병행기준, 기업 활용 등 풀 패키지로 사업 운영

기획	핵심기능	·산업인력현황보고서 中 -Skill 보고서	ISC	·산업인력현황보고서(SKILL보고서→) - NCS 환경분석 기반「산업별 직무능력 미스매칭 분석 보고서(가칭)」(강화)	ISC
	SQF 구축	·SQF 개발 ·SQF 활용	ISC(2억)	·SQF 직무개발 ·직무역량체계 직무기술서 경력이동체계 개발 ·SQF 역량인정 ·인증기준기반 직무역량측정앱 개발	ISC
	NCS 개발 개선	·세분류 중심 NCS개발·개선 ·활용예시 형태 활용패키지 ·개발·개선 효율성을 위한 분류	NCS 개발부 (34억)	·직무(능력단위) 중심 NCS개발·개선 ·활용 고려한 제안서 형태 활용패키지 ·활용 중심의 NCS분류 개편(장기과제)	ISC/NCS 개발부
	학습모듈	·능력단위별 학습교재 성격 ·NCS-학습모듈 연계 미흡	직능원 (43억)	·활용고려 학습모듈 개발 범위 확대 -실무협의회 통한 ncs개발과 학습모듈 연계강화 ·ISC별 NCS개발연계 '훈련가이드북(가칭)' 개발	ISC/ 직능원
	훈련기준	·훈련수요조사 ·훈련과정 설계·운영 ·훈련기준 개선의견 수요조사	훈련기관 NCS개발부	·훈련수요·필요직무 및 필요역량 체계적조사 ·훈련수요 등 조사 기반 훈련과정 설계·운영 ·훈련기준 개선의견 수요조사	ISC/NCS 개발부
	자격기준	·국가기술자격 출제기준 개발 ·과정평가형자격 편성기준 개발 ·일학습병행자격 외부평가 개발	자격분석 설계부 과정평가 출제 3부 과정평가 출제 2부	·ISC(기관차원)의 국가기술자격 출제기준, 과정평가형자격 편성기준, 일학습병행자격 외부평가 개발 등 참여(제도화)	ISC/ 공단
운영	훈련운영	·컨소시엄, 일학습병행, 청년 맞춤형 훈련, 일자리 창출 훈련 ·훈련품질 관리 및 제고	훈련기관 공단훈련품질 향상센터	·컨소시엄, 일학습병행, 청년 맞춤형 훈련, 일자리 창출 훈련 (ISC 참여 강화) ·훈련품질 관리 및 제고 지원 (순 ISC 참여)	ISC/ 훈련기관/ 공단
	자격운영	·직무능력은행제(NCS Bank) 도입 -산업별 공통능력단위 도출연구 -능력단위 인정(RPL) 시범사업 등	NCS기획부 (0.9억)	·직무능력은행제(NCS BANK) 도입 - ISC 별 교육·훈련·자격·경력 능력인정 사업 - ISC 별 인정 능력단위 자격화(자격증) 사업	ISC/NCS 기획부
	NCS 컨설팅	·ISC NCS 기업컨설팅 참여 (21년 8개 ISC참여/지원예산 33.4억)	ISC (69억)	·全ISC NCS 컨설팅 참여(18개 ISC 의무 참여) ·NCS 컨설팅 기반 SQF 구축 완성도 제고 ·ISC별「NCS 컨설팅 우수기업협의체」운영	ISC/NCS 활용지원부
질관리	NCS 품질 관리	·NCS활용 실태조사, NCS 홈닥터, NCS 위키 등	NCS품질 관리부(5억)	·ISC(기관 차원)의 NCS 실태조사, 홈닥터 운영 및 위키 답변 등 참여(제도화)	ISC/NCS 품질관리부
	자격 효용성 평가	·국가기술자격 효용성 평가 ·과정평가형자격 성과분석 ·일학습병행자격 효용성평가(논의 중)	자격분석 설계부(0.4억) 과정평가 운영부(1.5억) 과정평가 출제 2부	·ISC(기관 차원)의 국가기술자격 효용성 평가, 과정평가형자격 성과분석, 일학습병행자격 효용성 평가 등 참여(제도화)	ISC/ 공단

출처 : 한국산업인력공단 국가직무능력표준원(2021). ISC NCS풀패키지 사업 모형(안).

[그림 44] ISC 역할 및 역량 6 : 인력양성 풀패키지 사업 기획 및 운영

ISC는 위와 같은 역할과 역량을 갖추기 위해 많은 노력을 해야 하지만 그와 동시에 선도 ISC에겐 권한과 비전을 제시해야 한다.

먼저, 선도 ISC에겐 SQF 중심의 역할을 확대해야 한다. SQF의 직무 수요를 반영한 NCS 개발·개선을 통해 직무변화를 적시에 대응할 수 있도록 해야 하고, SQF 직무 기준으로 기업에 활용할 수 있도록 다양한 컨설팅을 확대해야 하며, 산업 통용의 직무 기준으로 시장 수요(인력, 훈련 수요 등) 파악·분석 할 수 있도록 직업(일자리) 변화 및 新직무 분석 연구 기능을 수행하는 동시에 직무 기준으로 기존 조사(RSC 등) 분류체계와의 매핑 결과를 제공할 수 있어야 한다.

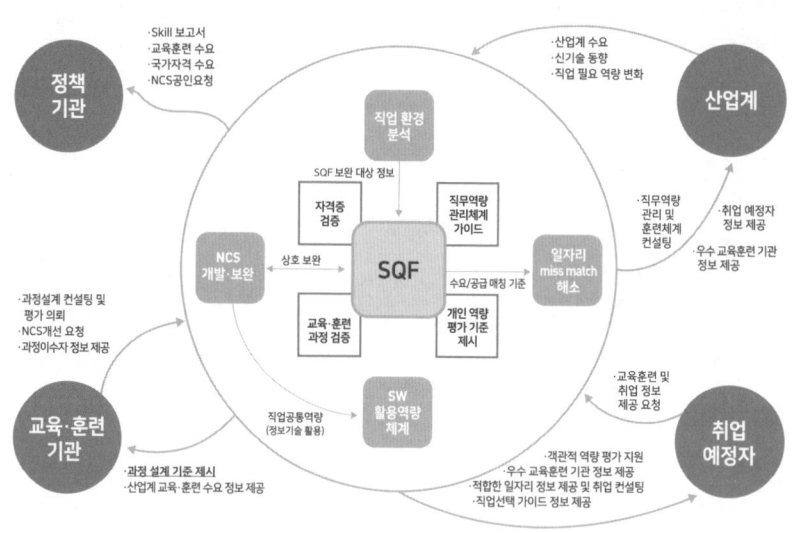

[그림 45] ISC의 중장기 비전 및 향후과제

출처 : 박환수(2021), ISC의 중장기 비전, 정보기술 ISC

또한, ISC 성과평가를 통한 우수한 ISC들에게는 권한을 부여하여 표준 직무체계 운영·유지 및 산업 통용성을 확보할 수 있도록 해야 한다.

예를 들어 SQF 역량인정방안 중에 현장경력에 대한 인증권한을 ISC에게 부여, 교육훈련 과정 평가·인증 권한 및 질 관리 역할, 직무능력별 적합자격 검증 및 신설, 관리 기능 부여, 향후 RPL(선학습인정) 개념을 NCS 기반으로 재해석한 "(가칭) 능력단위 인정"이 활성화되기 위해 선학습(교육훈련, 자격, 현장경력) 경험을 서류심사, 평가 등을 통해 인정하는 권한 역시 추후에 검토할 필요가 있다.

4. 해외의 산업별 인적자원개발위원회(ISC) 동향[1]

가. 호주의 산업별 인적자원개발위원회(ISC) 동향

호주에서의 NCS의 개념은 현장에서 업무를 효과적으로 수행하기 위해 필요한 지식과 기술의 집합으로, 훈련패키지 내 능력단위(Unit of Competency)의 형태로 정의하고 있다.

NCS 체계 도입 배경은 80년대 노동당 집권시 기업 생산성 향상 및 노동자의 숙련형성을 통한 경쟁력 강화, 수요자 중심으로 직업훈련 시장을 개편하려는 정부의 의지가 합의를 이루어 노사협력·직무능력 중심의 직업훈련체계 도입되었고, '95년도 능력중심 직업훈련체계가 구축되며 훈련패키지(Training Package)를 호주역량체계(AQF), 호주훈련품질체계(AQTF)와 함께 도입되었다.

훈련패키지 개발 주체가 바로 우리나라의 산업별 인적자원개발위원회(ISC)와 같은 기관인데, 이 역시 많은 변화가 있어 23년 1월 1일부터 JSC(Jobs and Skills Council)가 설립되어 산업현장 수요 조사 및 훈련패키지 개발·개선 수행하며, 정부에서 훈련패키지 승인 후 일반이 활용할

---

[1] 이 장의 내용은 한국산업인력공단 국가직무능력표준원(2023), NCS 품질관리-해외 NCS 동향조사의 결과를 재구성한 내용임

수 있도록 하고 있다.

먼저, 2000년대 NCS 운영체계를 살펴보면, 기존의 12개의 ISC가 중간에 6개 SSO로 변경되었다가 최근에 10개의 JSC로 운영되고 있다. 이는 대표기관 통합을 통한 ① 산업계 대표성·영향력 확보, ② 외부 자문 기능 강화, ③ 산업간 융합 활성화를 위한 통합을 목적으로 2차례 운영체계를 개편한 것이다.

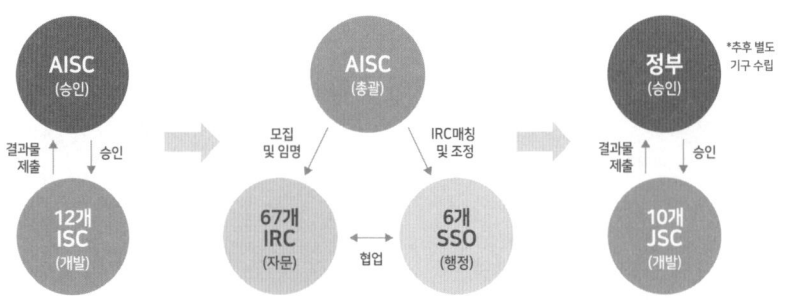

[그림 46] 호주의 산업별 인적자원개발위원회(ISC)운영체계 변화

출처 : 한국산업인력공단 국가직무능력표준원(2023), NCS 품질관리-해외동향조사(호주).

〈표 26〉 호주의 산업별 인적자원개발위원회(ISC)운영체계 변화(ISC→SSO→JSC)

구분	ISC (2002~2015년)	SSO (2016~2022년)	JSC(2023년~)
개수	12개	6개	10개
소관분야	여러 산업분야를 포괄	담당 산업분야 확대	여러 산업분야를 포괄
자문방식	하위 조직으로 산업별 자문단·위원회 운영	AISC가 구성한 IRC와 MoU 체결	JSC 내부에 전략적 TF 및 기술 소위원회 운영
자금지원	연초 일시 지급	개시 자금(1회), 지속 자금(1년), 활동 기반 자금(상시)으로 지급	※ 현재 미공개
특징	ISC가 기술 수요 예측과 훈련패키지 개발을 모두 수행	기술 수요 예측(IRC)과 훈련패키지 개발(SSO) 분리	JSC간 주기적인 회의 개최 및 소통
변화사유	다양한 산업분야를 통합하고 산업계의 역할 강화	외부 전문가 자문 기능 및 정부의 통제 강화	산업체 참여 및 산업간 네트워킹 기능 강화

먼저, 2002~2015년의 ISC 체계를 살펴보면, 12개의 ISC가 정부 재정을 지원받아 훈련패키지를 개발하였다. 12개의 ISC도 산업계 단체의 협상력 강화와 체계적인 역할 부여를 위하여 기존 29개의 산업별훈련자문이사회(ITAB)를 12개로 재편한 것이다. 이 때는 12개의 ISC와 승인을 담당하는 AISC로 구성되었다.

ISC의 연간사업계획서를 바탕으로 계약을 거쳐 연초에 재정을 지급받아 훈련패키지를 개발하는데, 개발절차는 ① 환경 분석, ② 수정 계획 수립, ③ 수정범위 설정 및 협의, ④ 전국 단위 협의 및 개발, ⑤ 산업계 검증, ⑥ 이해관계자 검토 및 확정을 하고 최종적으로 ⑦ AISC 승인을 받는다.

〈표 27〉 호주 ISC와 AISC 운영체계(2002~2015)

구분	역할	비고
Australian Industry and Skills Committee (AISC)	- 호주 직업교육·훈련 정책 관리 및 결정 - 훈련패키지 질 관리 및 승인	- 정부에 의해 설립
Industry Skills Council (ISC)	- 산업인력개발과 기술 수요에 대한 자문 - 훈련패키지 개발개선, 산업체 훈련수요 충족을 위한 기술과 훈련 지원	이사회 및 세부 산업분야별 소위원회로 구성

다음으로 2016년부터 2022년의 호주의 산업별 인적자원개발위원회(ISC) 운영체계를 살펴보면, 6개의 SSO와 67개의 IRC가 AISC의 감독 하에 훈련패키지를 개발하였다. 이와 같은 변화 배경은 정부 개입이 최소화된 ISC 중심 체계에서 정부의 감독 부실과 산업계 요구 반영이 지체되는 문제가 발생함에 따라, ① 훈련패키지 질 개선, ② 정부 통제 강화, ③ 훈련패키지 개발 절차 투명화를 위하여 SSO 중심 체계로 개편을 실시하였다. 구성을 살펴보면, 훈련패키지 개발·개선 필요성 파악(IRC), 개발개선 필요성 승인 및 결과물 승인(AISC), 개발·개선 실행(SSO)을 담당할 기관을 구분하여 투명성 강화 및 기관별 전문화로 훈련패키지 질 향상을 도모하였다.

〈표 28〉 호주 ISSO와 IRC 운영체계(2016~2022)

구분	역할	비고
Industry Reference Committees (IRCs)	- 훈련패키지 개발에 관한 산업계 의견 및 정보 수집 - SSO의 훈련패키지 개발 감독 및 자문 역할 - SSO에 훈련패키지 제안서 작성 등 업무지시 및 관리 - AISC에 업무 진행 보고 - 산업분야의 직업훈련 활용 촉진 등	AISC가 모집한 각 산업 분야 전문가로 구성
Skills Service Organisation (SSO)	- IRC의 훈련패키지 개발에 대한 기술적, 행정적 지원 - 훈련패키지 개발 및 검토 - 산업분야별 기술 검토 등	호주 정부와 계약하여 자금지원을 받음
Australian Industry and Skills Committee (AISC)	- 호주 직업교육·훈련 정책 관리 및 결정 - 훈련패키지 질 관리 및 승인 - 공인 훈련과정 개발 및 승인 감독 - IRC 멤버 임명 등	-정부에 의해 설립 -정부가 산업계 인사들을 멤버로 지명

마지막으로, 최근 호주 정부의 Skills Reform(2020)의 일환으로 '산업계 참여 개편(Industry Engagement Reform)'을 실시하여, 그 일환으로 훈련패키지 관련 이해관계자 대상 정책 자문을 실시하였으며, 해당 결과를 반영하여 훈련패키지 개발·개선 운영을 맡을 직업숙련위원회(Jobs and Skills Council, 구 Industry Cluster)를 신규 설립하였다. JSC는 IRC(Industry Reference Committee)와 SSO(Skills Service Organisation)를 대체하여 2023년 1월 1일부터 운영하였다.

※ 이해관계자 자문 주요 결과

(1) 산업계 참여 확대 : 훈련패키지 개발 외 산업별 수요예측 등 산업계 역할 확대 필요
(2) 산업부문간 협업 강화 : 산업간, 분야간 협업을 강화하여 역량의 전이성 등에 주목
(3) 대표성 강화 : 훈련패키지 개발·승인 과정에 소규모 사업자, 틈새산업, 중소도시 기반 사업주 등 산업계의 더 다양하고 폭넓은 참여 필요
(4) 훈련패키지 개발 과정 개선: 산업계의 수요를 더 빠르고 정확하게 반영할 필요
(5) 훈련패키지 승인 과정 개선: 목적에 맞는 개발을 위해 승인 과정 개선 및 간소화 필요

이해관계자 피드백 및 산업별 연관성에 따라 10개의 JSC가 구성되었으며, 내부적으로는 'JSCs Governance Arrangement'에 따라 이사회와 사무국, 소위원회를 구성하였다. 주요 산업 활동을 기반으로 한 ANZSIC(Australian and New Zealand Standard Industrial Classification) 코드와 연계하여 분류하였으며, 산업분야 간 적극적인 협업을 위해 전보다 적은 수의 협의체를 구성한 것이다(ISC (12개) -> SSO-IRC (각 6개, 67개) -> JSCs (10개)).

〈표 29〉 호주의 10개 JSC 구성(2023~ 현재)

JSC	주관 기관명	담당 훈련패키지
금융, 기술 및 비즈니스	*기관명 미정 (디지털기술기구)	• BSB Business Services • FNS Financial Services • ICT Information and Communication Tech
광업 및 자동차	*기관명 미정 (호주광물에너지 숙련연합)	• RII Resources and Infrastrucure Industry • AUR Automotive Retail, Service and Repair • AUM Automotive Manufacturing
기업식 영농	Skills Insight (구 SSO, Skills Impact)	• ACM Animal Care and Management • AHC Agriculture, Horticulture and Conservation and Land Management • AMP Australian Meat Processing • MST/LMT07 Textiles, Clothing and Footwear • MSF Furnishing • FWP Forest and Wood Products • RGR Racing and Breeding • SFI Seafood Industry • PPM Pulp and Paper Manufacturing Industry
수송 및 물류	Industry Skills Australia (구 SSO, Australian Industry Standards)	• AVI Aviation • MAR Maritime • TLI Transport and Logistics
제조업	Manufacturing Industry Skills Alliance (구 SSO, Innovation and Business Skills Australia)	• FBP Food, Beverage and Pharmaceutical • ICP Printing and Graphic Arts • MEA Aeroskills • MEM/MEM05 Manufacturing/Metals and Engineering • MSL Laboratory Operations • MSM/MSA07 Manufacturing • MSS Sustainability • PMA Chemical, Hydrocarbons and Refining • PMB Plastics, Rubber and Cablemaking

JSC	주관 기관명	담당 훈련패키지
예술, 개인서비스, 소매, 관광 및 호텔	WorkforceEquipped (호주소매협회)	• SIR Retail Service • SFL Floristry • SHB Hairdressing and Beauty Services • SIF Funeral Services • SIT Tourism, Travel and Hospitality • CUA Creative Arts and Culture
에너지, 가스, 신재생 에너지	*컨소시엄 (호주전기숙련자협회, 전기노동조합, 전국전기통신협회)	• UEE Electrotechnology • UEG Gas Industry • UEP Electricity Supply Industry-Generation Sector • UET Transmission, Distributiom and Rail Sector
공공안전 및 행정	*기관명 미정 (공공안전산업위원회)	• CSC Correctional Services • DEF Defence • LGA Local Government • POL Police • PSP Public Sector • PUA Public Safety
유아교육, 건강 및 인적 서비스	HumanAbility (호주건강관리 및 병원협회)	• CHC Community Services • HLT Health • SIS Sport, Fitness and Recreation
건축, 건설 및 부동산	*컨소시엄 (건물, 건설 및 부동산 관련 협회)	• CPC/CPC08 Construction, Plumbing and Services • CPP/CPP07 Property Services • NWP National Water • RII Resources and Infrastructure Industry

출처 : 임용주(2023). 호주의 NCS 동향 조사. 해외 NCS 동향 공유포럼. 한국산업인력공단

JSC(Jobs and Skills Council)는 내부에 소위원회 및 사무국을 설치하여 기존 IRC와 SSO의 업무를 처리하고, 산업계 참여 개선을 위하여 산업현장 의견 수렴 및 관리 업무를 확대하여, 훈련패키지 개발 등의 수행과 동시에 JSC간 포럼을 주기적으로 개최하여 융합산업의 등장에 대비하고 있다.

⟨표 30⟩ 호주 JSC의 역할(2023~현재)

주요 사업	사업 내용
노동인력 계획	JSA의 자료 등을 바탕으로 주기적인 노동인력 계획 수립(교육 및 경력 경로 정보, 직업 정보, 훈련 상품 수요 등 포함)
훈련패키지 개발	훈련패키지 개발(품질 향상 및 시장 반응성 향상), 노동·기술·산업 수요 충족을 위한 새로운 접근 방법 시도, 훈련 실시 이슈 사전 고려 등
실행, 홍보 및 모니터링	훈련기관과 함께 사업주 수요에 맞는 훈련 실시 여부, 훈련의 영향, 진로 경로 매핑 및 홍보 여부 모니터링
산업계 관리	해당 산업 관련 이슈에 대한 지적 정보 원천으로서, 국가 훈련 정책에 대한 자문 제공

출처 : 임용주(2023). 호주의 NCS 동향 조사. 해외 NCS 동향 공유포럼. 한국산업인력공단

훈련패키지 승인 기관은 기존 AISC에서 담당하던 훈련패키지 승인 기능을 정부 내 독립기구에서 한시적으로 수행 예정이고, 추후 JSC 또는 JSA(Jobs and Skills Australia) 중 1곳에 업무 위탁 예정이라고 한다(Jobs and Skills Australia ⟨https://www.jobsandskills.gov.au⟩).

나. 영국의 산업별 인적자원개발위원회(ISC) 동향

영국은 2010년 집권당 변화(1997~2010년 노동당 집권, 2010년 보수당·자민당 연합내각으로 정권교체)와 함께 영국 내 직업훈련 및 자격 시스템 개선과 질 제고를 위한 정책 자문 및 검토를 진행하였다. 특히 도제훈련 전반에 대한 개편을 주장한 Richard Review of Apprenticeships(2012) 등은 이후 영국 직업교육 정책변화에 큰 영향을 미쳤다.

> ※ **Richard Review of Apprenticeships(2012) 주요내용**
>
> ❖ Richard Review에서 도제훈련에서 NOS 역할에 대해 다룸
> ❖ NOS가 특정 직무에 필요한 기술을 정의하는데 유용하나,
> - 지나치게 규범적이거나 산업 환경 변화 대응에 유연하지 못하다고 비판
> ❖ 가볍고 유연한 활용이 가능하도록 NOS 시스템 개선이 필요하며,
> - 비즈니스 니즈에 맞는 사업주 주도의 도제기준 필요

또한, 영국의 NOS 총괄기구도 변경하였는데, 16년 NOS 개발·개선에 대한 권한을 위임정부(스코틀랜드, 웨일즈 및 북아일랜드)로 이관하여, 기존 UKCES에서 수행하던 NOS 승인 등 NOS 관련 기능을 SDS(Skills Development Scotland)로 이관하였다. 잉글랜드에서는 새로운 교육·훈련과정, 자격 개발·개선 시 NOS 의무 적용을 중단하고 자율적으로 적용할 수 있도록 독려하였고, 사업주 단체(Trailblazer)를 중심으로 도제훈련을 위한 도제기준(Apprenticeship Standards)을 개발하였다.

2016년 권한 위임 이후 16년 10월, NOS는 잉글랜드에서 의무 적용이 아니라 기업 및 기존 교육·훈련, 자격에서 자율 적용을 독려한 반면, 스코틀랜드, 웨일즈 및 북아일랜드에서는 계속해서 NOS를 개발, 직업교육·훈련, 자격제도, 도제훈련 등에 NOS를 활용하고 있다. NOS 개발은 정부의 예산 지원 유무에 따라 정부지원과 자체자금으로 구분되며, 19년부터 기존 SSC에서 SSO(Standrards Setting Organisation)로 변경하여 NOS 개발·유지보수를 담당한다. 예산은 경쟁 입찰 형태로, 다수 공급자 간 기본협정(Framework Agreement: 수요기관과 공급자간 서비스조건에 대한 포괄적 약정으로 우리나라 다수공급자계약과 유사한 제도)을 맺은 후 소규모 경쟁을 통해 낙찰자와 연간 계약을 체결한다. 또한, NOS 개발 희망 기관에서 NOS 개발 제안서를 제출하여 자격 및 요건 등에 대한 승인을 받은 후 추진한다.

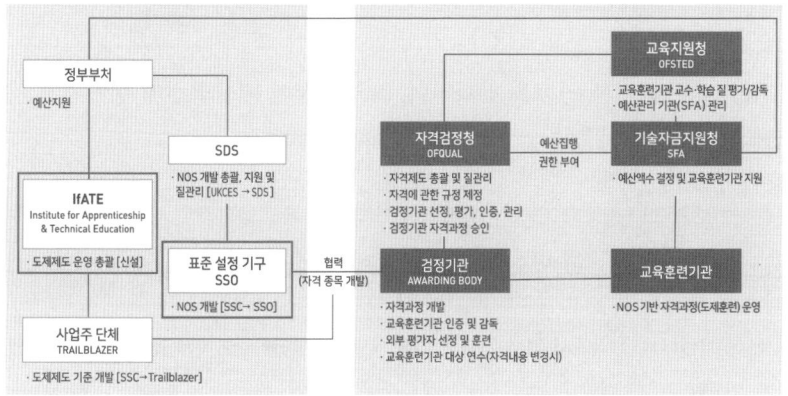

[그림 47] 영국의 산업별 인적자원개발위원회(ISC)운영체계 변화

출처 : 최영애(2023). 영국의 NCS 동향 조사. 해외 NCS 동향 공유포럼. 한국산업인력공단

영국은 '22년 이후 NOS 발전 전략을 담은 「NOS Strategy 2022 and Beyond」 발표하였다.

※ NOS Strategy 2022 and Beyond 주요내용

- ❖ NOS 내 다수의 산업군에 적용되는 내용(Pan섹터, 융복합(multi)섹터)을 도출을 통한 노동 이동성 강화
- ❖ 신기술에 빠르게 대응할 수 있도록 개발·개선 프로세스를 개편하고, 국내외 숙련기술 체계와의 연계 강화
- ❖ NOS 활용 성과 모니터링 체계화
- ❖ NOS 브랜드 인지도 제고를 위한 홍보·노력 지속

이를 발표하게 된 배경은 NOS 이해관계자 인식 조사 결과에 따른 새로운 NOS 전략 수립이 필요했다. 이는 첫째, 잉글랜드 NOS 정책변화, 08년 금융위기, 코로나 등으로 인한 경기 침체, 노동인구 고령화 및 4차 산업혁명 등 영국이 직면한 여러 위기에 대응하기 위해 NOS의 역할 강화 필요, 둘째, 브렉시트로 인해 초래된 노동력 부족 문제, 노동인구 고령화로 인한

직장 내 세대 차이 증가 등의 문제해결이 필요하며, 셋째, NOS와 신규 기술을 빠르게 연동하고, UK 내 각 위임정부 간 숙련기술 체계 및 기타 국제기술 기준에 대한 연동을 강화하여, 노동시장이 기술발전에 뒤처지지 않도록 노동자의 평생교육을 지원하고자 하는 것이었다.

※ 영국 NOS 개발 원칙(2022년 이후)

❖ (현장성) UK 전역에서 활용 가능한 역량 및 노동이동을 가능하게 하는 Pan*, 융복합(multi) NOS에 포커스
    * Pan : 산업 전반 모든 분야와 관련이 있는 섹터, 예를 들면 행정, 관리 등
❖ (인지성) UK 역량체계의 역할과 목표 달성을 위한 강력한 커뮤니케이션을 통해 NOS 브랜드 인지도 제고 및 NOS의 접근성 강화
❖ (적시성) NOS 개발에 신규 기술 수요를 반영하고, 국내외 숙련기술 기준과 연동
❖ (신뢰성) NOS 활용에 따른 영향과 NOS 활용, 체계, 절차 등에 관한 믿을 수 있고 접근 가능하며 신속한 모니터링 실시

❖ (우선순위) 위 원칙들에 기반하여, 아래의 사항들을 우선순위에 두고 실행
  – NOS를 현장에 맞도록 개발하고, 이해관계자 참여 강화
  – 기술 통용성 강화를 위한 Pan/융복합 NOS 명확화
  – NOS 데이터베이스와 홈페이지 사용 편의성 지속 강화
  – 마이크로러닝이 가능하도록 NOS의 내용 확충
  – NOS의 높은 수준을 유지하면서도 현장 변화에 민첩하게 대응
  – NOS 브랜드 인지도 제고
  – NOS의 경제적, 사회적 가치를 나타낼 수 있는 결과 데이터를 개발
  – UK 및 유럽 등지와 숙련기술 정책을 연동하여 불필요한 중복 제거

향후 영국은 노동시장의 이동성 강화를 위한 NOS 내 섹터 간 공유되는 역량에 대하여 명확히 하고, NOS 브랜드 인지도 강화를 통해 NOS가 숙련기술 체계 내 보편적인 기반으로 활용될 수 있도록 하며, NOS 관련 의견 공유 가능한 온라인 공간 마련할 계획이다. 또한 NOS가 환경변화에 즉각 대응하고 유연하게 적용될 수 있도록 패스트트랙 훈련 지원 및 개발 시스

템 일원화 등을 추진하고, NOS를 표준직업분류(SOC)와 연동, 전문직 표준 등 타 표준체계와 중복되는 부분 최소화 및 개발·개선체계 신속성 향상을 위한 NOS를 개편할 계획이다.

〈표 31〉 영국의 SSC에서 SSO로의 변화

번호	SSC(Sector Skills Council) - 16개 기관, 2002~2019	SSO(Standards Setting Organisation) - 27개 기관, 2019~현재	참여 분야(섹터) 산업범위 간 경계 불명확
1	Cogent Skills	Cogent Skills	과학제조, 연구실험
2	ConstructionSkills	ConstructionSkills	건설, 유지보수
3	Creative and Cultural Skills	Creative and Cultural Skills	공예, 디자인, 음악, 공연, 예술
4	Energy & Utility skills	Energy & Utility skills	가스, 전력, 폐기물, 물산업
5	Engineering Construction Industry Board	Engineering Construction Industry Board	건설공학
6	Enginuty	Enginuty	전기, 전자
7	Lantra	Lantra	토지관리, 동물복지, 환경
8	NSA Food and Drink	NSA Food and Drink	식음료
9	ScreenSkills	ScreenSkills	미디어, 게임, 출판, 광고, 애니메이션 등
10	Skills for Care and Development	Skills for Care and Development	사회복지
11	SkillsActive	SkillsActive	스포츠, 아웃도어, 헤어, 뷰티
12	The Institute of the motor Industry	The Institute of the motor Industry	자동차
13	UKFT	UKFT	패션, 섬유
14	UK Health		건강
15	techUK company		IT

번호	SSC(Sector Skills Council) - 16개 기관, 2002~2019	SSO(Standards Setting Organisation) - 27개 기관, 2019~현재	참여 분야(섹터) 산업범위 간 경계 불명확
16	The National Skills Academy for Railway		철도
14		BSE Skills	건설(배관, 난방)
15		CLD Standards Council Scotland	평생교육, 자원봉사
16		GQA	유리, 창호, 건설, 코팅, 인쇄
17		HABIA	헤어, 뷰티
18		Instructus	Pan(공통/통용)
19		Maritime Skills Alliance	해양, 해운
20		Mineral Products Qualifications Council	채석, 광물, 광업 건설
21		ODAG	디지털, IT, 통신
22		Opito	에너지
23		People 1st	장례서비스, 소매 등
24		Ports Skills and Safety	항만
25		Security Industry Authority	개인 보안 산업
26		Skills for health and Justice	건강, 의료, 공공서비스
27		Skills for Security	보안

출처 : 최영애(2023). 영국의 NCS 동향 조사. 해외 NCS 동향 공유포럼. 한국산업인력공단

한국의 SKILLS *Future*

Ⅷ. 스킬 스탠다드(한국에선 NCS)가 없다면?

"한국의 SkillsFuture"를 추천합니다.

"직무능력사회가 중심으로 자리잡혀가고 있는 우리사회에서 '한국의 Skills Future'는 대한민국 인적자원개발의 전문지침서가 될것으로 기대된다. 앞으로 인적자원개발전문가로서 무한한 발전과 성공을 기원한다."

한국산업인력공단 이성경 상임감사

"'한국의 SkillsFuture'는 NCS(국가직무능력표준) 기반의 Skill(직무역량)을 잘 정의하여 직무능력 중심사회로 가는 큰 기틀을 마련한 것으로 보인다. 큰 반향이 있을 것으로 기대한다."

울산대학교 산업공학과 박주철 명예교수/ 前 울산대학교 산업대학원장

"대한민국 직업교육훈련분야의 최고전문가이자 슈퍼원더우먼인 김진실박사가 또 한번 큰 성과를 내보였다. 이 책은 우리나라에 'NCS'가 왜 필요한지에 대한 당위성을 '스킬(Skills)'이라는 매력적인 용어 속에 담아 흥미롭게 풀어나가면서, "제1장 스킬(Skills)이란"부터 "제13장 대상별 스킬문화 확산 방안"까지의 방대한 풀패키지 속에 '진로교육(고용서비스)-직업교육-직업훈련-일반교육-기업교육-평생교육'간 연관성을 국내외의 다양하고 방대한 자료들을 수집-비교-분석하여 논리정연하게 정리한 것으로, 이런 작품을 만들어 낼 사람은 그밖에 없음을 제대로 증명해 보여주는 역작이다. "한국의 Skills Future"가 우리나라 직업교육훈련 분야에 제대로 한 획을 긋고 이후의 지속적인 발전을 견인해 줄 것을 기대해 마지 않는다."

국립국제교육원 국제교류협력부장 송달용 장학관/前 교육부 중등직업교육정책과장

"이 책은 우리나라 능력위주의 사회를 건설하려는 저자의 청춘이 녹여든 역작이다. 새로운 빅데이터, AI 시대를 맞이하여 미래를 설계하는 분들은 필독하기 바란다."

前 한국IT전문가협회 김연홍 회장

"급격한 산업전환 시대에 산업계가 직면한 채용, 인사, 조직의 새로운 체계를 제시하고, 융합 연계를 통해 미래 산업사회의 방향을 집대성한 개론서를 만나게 되었다. 한국스킬문화연구원 김진실 원장이 지난 16년간 국가직무능력표준원 재직동안 노동시장과 훈련시장의 연계방향을 제시하며 지식과 경험을 바탕으로 저술한 직무중심의 본 지침서는 인적자원개발 전문가 및 연구자는 물론 산업계 실무자들에게 특별한 만남이 될 것으로 기대된다."

뿌리산업 인적자원개발위원회 정명환 사무총장

VIII 스킬 스탠다드(한국에선 NCS)가 없다면?

학습개요

이 장에서는 스킬 스탠다드(한국에선 NCS)가 없다면 사회적으로 어느 정도의 비용이 소요될지 알아보고, 정상적으로 작동된다면 얻을 수 있는 경제적 효과를 제시한다. 또한 스킬 스탠다드(한국에선 NCS)의 성과와 한계를 진단하고, 중장기 전략 및 과제를 제시한다.

학습목표

1. 스킬 스탠다드(한국에선 NCS) 부재로 인한 사회적 비용을 설명할 수 있다.
2. 스킬 스탠다드(한국에선 NCS)의 정상 작동에 따른 경제적 효과를 설명할 수 있다.
3. 스킬 스탠다드(한국에선 NCS)의 성과와 한계에 대해서 설명할 수 있다.
4. 스킬 스탠다드(한국에선 NCS)의 중장기 전략 및 과제를 설명할 수 있다.

1. 스킬 스탠다드(한국에선 NCS) 부재로 인한 사회적 비용[2)]

연구개발성과의 경제성평가를 위한 가상현실 평가모형(CEM, Counterfactural EstimationMethod)은 연구개발결과가 없을 경우 기업이 지불해야하는 비용을 관련기업의 조사를 통해 수집하는 방식으로 표준이나 각종 규제 제정 시에 주로 사용된다(Tassey, G., 2003). 국가직무능력표준(NCS) 개발·활용의 경제적 효과를 추정하기 위해 최경규 외(2008)는 국가직무능력표준 부재로 인하여 우리 사회가 어떤 추가적 비용 즉, 국가직무능력표준개발·활용 시 부담하지 않아도 되는 비용을 추정하였다. 효과성 분석을 위한 가설적 논리모형에서 국가직무능력표준개발·활용의 1차적 효과로서 성과(Outcome)차원의 평가항목 및 성과지표와 관련하여 국가직무능력표준개발·활용 시 절감 가능한 경제적 손실을 도출할 수 있었다. 이들 비용항목은 개발된 국가직무능력표준 개발·활용 전후의 변화시나리오에

---

2) 최경규, 허두영, 이 선, 이하나, 박혜준, 임경범(2008). 국가직무능력표준 효과성 연구. 한국직업능력개발원.

근거하여 양성 인력의 최종 수요자로서 기업에 도달하기까지의 인력양성·배분 프로세스에 대한 분석과 각 단계별 중복·낭비 비용을 도출한 후 이를 영역별로 재구성한 것이다.

국가직무능력표준 부재로 인한 사회적 비용항목 도출 과정에서 집중적으로 분석된 이슈들은 첫째, 국가직무능력표준 부재로 인한 어떤 요인들이 경제적 손실을 유발하는가, 둘째, 이들 요인들이 유발하는 경제적 손실은 어떤 것들인가, 셋째, 인력의 공급자와 수요자들이 이러한 장애요인을 제거하지 못하는 이유는 무엇인가, 넷째, 이들 요인들의 1차적 파급효과는 무엇인가, 다섯째, 바람직한 국가 인적자원 양성·배분·활용체계는 어떠해야 하는가, 여섯째, 바람직한 상태에 도달하기까지 국가직무능력표준은 어떤 영향을 미치는가이다.

NCS 부재로 인하여 우리 사회가 어떤 추가적 비용 즉, NCS 개발 활용 시 부담하지 않아도 되는 비용을 〈표 32〉와 같이 추정하였다.

즉, 학교급간 연계미비로 인한 중복 교육비용, 졸업 후 실업·비경활로 교육비용 낭비와 생산성 손실, 부적절한 취업·과잉학력으로 인한 교육비용 낭비와 생산성 손실, 불필요한 자격취득을 위한 직업훈련비용·생산성 손실, 자격종목간 훈련비용 중복으로 인한 비용, 부적합한 교육훈련에 기인한 기업 재교육 비용, 동종 산업 내 기업간 연계미비로 인한 중복·낭비 비용, 불필요한 학위취득을 위한 비용, 기업 내 교육훈련비용의 중복 낭비 비용, 경제적 효과가 불확실한 자격 취득비용·생산성 손실, 중복·과잉 자격취득 비용과 생산성 손실, 직무분석 미비 기업의 직무분석·직무관리를 위한 정보수집비용, 교육훈련기관의 훈련·자격기준과 니즈 파악 비율, 동종관련분야 취업으로 연계되지 못하는 실업자 (재)취업 지원비용, 수요대비 과다/과소 양성인력 비용, 부처 간 중복 양성인력 비용 등을 추정하였다.

〈표 32〉 스킬 스탠다드(한국에선 NCS) 부재로 인한 사회적 비용

대분류	중분류	소분류	비용부담자
교육훈련비용	학교교육비용	학교급간 연계미비로 인한 중복교육비용	개인/가족,교육기관,공공
		학교 간 연계미비로 인한 중복교육비용	개인/가족,교육기관,공공
		학교 내 유사/관련학과 간 중복교육비용	개인/가족,교육기관,공공
		졸업 후 실업/경제활동 불참으로 인한 교육비용 낭비와 생산성 손실	개인/가족,교육기관,공공
		부적절한 취업/과잉학력으로 인한 교육비용 낭비와 생산성 손실	개인/가족,교육기관,공공, 산업체
		산업현장니즈 중심의 교과과정 개발과 학습자평가/모니터링을 위한 비용	교육기관
	직업훈련비용	실질적 취업/임금 프리미엄 획득에 활용되지 못하는 자격취득을 위한 직업훈련 비용	개인/가족,공공
		직업훈련기관 간 연계미비로 중복·낭비비용	개인/가족,직업훈련기관,공공
		학교교육과 직업훈련기관간 연계미비로 인한 중복·낭비 비용	개인/가족,직업훈련기관,공공
		산업현장니즈 중심의 직업훈련프로그램개발과 평가/모니터링 비용	훈련기관
		자격종목간 훈련내용의 중복으로 인한 비용	개인/가족,훈련기관,공공
	재직자향상훈련비용	부적절한 교육·훈련으로 인한 기업재교육비용 - 신입사원교육, OJT비용, 적응기간지체에 따른 비용 등	산업체
		동종 산업 내 기업 간 연계미비로 인한 중복·낭비비용 - 교육훈련프로그램 개발 비용 등	산업체
		산업간 연계 미비로 인한 중복·낭비 산업 - 유사 직종/직무 간 공유미비 등	산업체
		불필요한 학위취득을 위한 비용 - 승진,임금 프리미엄,숙련형성 등에 크게 기여하지 못하는 교육 비용	개인/가족, 산업체
		기업 내 교육훈련 내용의 중복·낭비 비용 - 수준별 요구능력 미비로 인한 중복교육 비용	산업체

대분류	중분류	소분류	비용부담자
교육훈련비용	재직자 향상 훈련 비용	능력수준별 자격/교육 훈련과정 미비로 인한 기회비용과 노동이동에 따른 숙련손실 비용	개인/가족, 산업체
	기타	공식·비공식 무형식 교육간	개인/가족
자격관리비용		경제적 효과가 불확실한 자격취득비용/생산성손실 - 경제적 편익을 제공하지 못하는 자격취득을 위한 비용과 시간적 손실(교육훈련비용 제외)	개인/가족
		중복/과잉자격 취득비용/생산성손실 - 자격의 모듈화/능력 단위화와 자격 간 연계 미비로 인한 비용과 시간적 손실	개인/가족
		자격출제기준개발과 검정비용 - 자격의 통용성 확보를 위해 투입되어야 할 자격 출제기준과 검정 방법개발 비용	자격검정기관
		국가 자격관리 비용 - 자격의 신뢰성 확보/유지를 위한 국가의 자격관리비용	공공
정보거래비용		산업/직종/직무수준별 노동시장 정보수집비용 - 효과적 고용정보 제공 서비스 등 인적자원 거래 기반구축을 위한 정보획득 비용	개인/가족,산업체, 공공
		직무분석 미비기업의 직무분석/직무관리를 위한 정보 수집비용	산업체
		부적절한 인력선발로 인한 기회비용 - 능력평가기준의 미비 등	
		교육훈련기관의 교육훈련/자격 출제 기준과 프로그램 개발을 위한 산업/직종/직무수준별 니즈파악 비용	교육 훈련 기관
		개별기업 내부인사관리를 위한 능력/업적 평가 기준 개발 비용	산업체
		산업/직업 연구와 직무분석 등 관련 분야 연구 개발을 기초자료 수집 비용	개인,산업체,공공
국가인적자원개발비용		동종 관련 분야 취업으로 연계되지 못하는 실업자 (재)취업 지원 비용	공공
		수요대비 과다/과소 양성 인력비용	
		부처 간 중복양성 인력 비용	

2. 스킬 스탠다드(한국에선 NCS) 정상작동에 따른 경제적 효과[3]

국가직무능력표준 개발·활용의 경제적 효과분석은 국가직무능력표준 개발·활용의 성과를 지속적으로 평가하기 위한 기준선(Baseline)을 제공하고, 사업추진과정에서 어떤 요인에 집중해야만 사회적 비용을 절감할 수 있는가를 파악하는데 우선적 목적을 두고 있다. 이러한 목적 달성을 위하여 국가직무능력표준 개발·활용의 경제적 효과 분석은 첫째, 경제적 효과 분석대상 사회적 비용항목을 〈표 33〉과 같이 선정하였고, 둘째, 국가직무능력표준 개발·활용의 경제적 효과를 화폐가치로 추정하기 위해서는 표준채택률(Taking-upRate)과 국가직무능력표준 개발·활용 기여비율을 전제로 하여, 셋째, 비용항목별 경제적 효과를 추정하였다. 국가직무능력표준은 그 독특한 성격으로 인하여 Micro, Meso, Macro차원의 다양한 요인들에 영향을 미치게 되므로 수요자 관점에서 국가직무능력표준이 개발·활용될 때 어떤 편익을 얻을 수 있는가를 분석하였다.

〈표 33〉 스킬 스탠다드(한국에선 NCS) 경제적 효과분석대상 사회적 비용항목

비용항목	분석을 위한 필요자료와 주요이슈
1. 학교급간 연계미비로 인한 중복 교육비용	• 동일계 실업고 →전문대 →대학 간의 교과과정의 중복으로 인한 중복·낭비 교육 비용 추정 • 수직적 연계 미비 실태 조사가 포함된 관련 연구 (%) • 국가직무능력표준 능력수준별 요구능력을 반영하여 교과과정 설계 시 이를 해결하는 데 어느 정도 기여하는가? • 중복 낭비되고 있는 총교육비용 관련 자료 확보가능성 검토
2. 졸업 후 실업/비경활로 교육비용 낭비와 생산성 손실	• 청년실업실태와 원인, 실업/비경활 인구비율 - 공학 (전문)고육의 부실 등으로 취업에 실패하는 비율 • 국가직무능력표준 기반 교과과정 개편 시 어느 정도 산업기여도를 증대시킬 수 있는가 • 산업기여도증대시 어느 정도 고용가능성(employability)이 증대될 수 있는가 • 교과과정이 보다 현장수요 지향적으로 변화할 경우 취업률은 어느 정도 제고가능한가-마찰적/구조적 실업비율과 개선가능성 검토

---

[3] 최경규, 허두영, 이 선, 이하나, 박혜준, 임경범(2008). 국가직무능력표준 효과성 연구. 한국직업능력개발원.

비용항목	분석을 위한 필요자료와 주요이슈

3. 부적절한 취업/과잉학력으로 인한 교육비용	• 과잉학력(하향취업)실태와 교육투자효과성 관련 선행연구결과
	• 국가직무능력표준 기반 교육과정 개편 시 어느 정도 하향 취업 문제가 해결 가능한가?
	• 하향취업으로 인한 입사 후 2년 내 이직률
	  – 2년간 급여대비 몇%의 가치를 창출하는가
	  – 1년~2년 내 이직하는 경우 기업의 생산성 손실, 선발비용, 교육훈련 비용, 급여 등
	• 개인 차원의 눈높이 조정의 필요성 관련조사결과 수집

4. 불필요한 자격취득을 위한 업훈련비용/생산성 손실	• 자격의 활용 정도
	  – 취업 시 자격 인정비율(자격유형별 구분)
	  – 승진/임금 결정시 인정비율(자격유형별 구분)
	  – 국가직무능력표준기반 자격 출제/검정 시 자격의 활용도를 어느 정도 높일 수 있는가
	• 자격취득을 위한 비용
	  – 자격유형별 필요교육훈련기관/비용
	  – 자격취득자 수
	• 생산성 손실을 추정할 수 있는 경제활동 연령대별의 취업자 평균소득 수준차로 파악

5. 자격종목 간 훈련비용 중복으로 인한 비용	• 자격취득을 위한 교육훈련 내용의 중복정도 • 국가직무능력표준 활용으로 교육훈련/자격의 모듈화 실시시 절감할 수 있는 중복 비용 • 자격 유형별 자격취득을 위한 비용

6. 부적합한 교육훈련에 기인한 기업 재교육 비용	• 학교교육 및 직업훈련의 현장수요 미반영으로 인해 기업이 투자해야할 재교육비용
	  – 국가직무능력표준 기반 교육과정 이수자와 그렇지 않은 신입직원간의 적응기간 차이
	  – 신입직원이 담당업무에서 100% 생산성을 발휘하기까지 소요기간, OJT 비용, 교육훈련비용 급여 관련 선행연구 및 통계자료 분석
	• 국가직무능력표준 기반 학교교육 및 직업훈련–산업 특수적 교육훈련–이 제공될 경우 신입직원 교육훈련비용을 어느 정도 절감할 수 있는가

7. 동종 산업 내 기업 간연계미비로 인한 중복·낭비 비용	• 동종 산업 내 기업들이, 국가직무능력표준기반으로 산업 특수적 교육훈련 과정 개발/공유 시 절감 가능한 비용관련 자료수집 • 산업별 교육훈련비용 파악 후 이들 중 유사 직급/직무에 대한 교육의 비율 추정필요

비용항목	분석을 위한 필요자료와 주요이슈
8. 산업간 연계미비로 인한중목·낭비 비용	• 모듈(Module)화/능력단위화의 효과 – 산업간 유사직무/직종은 어느 정도인가 – 이들 직종/직무 교육에서 국가직무능력표준기준 교육훈련과정개발 실시 시 어느 정도 교육훈련기시간과 비용을 줄일 수 있는가 – 직무분류체계개발 교육훈련실태 관련 선행연구분석 가능성
9. 불필요한 학위취득을 위한 비용	• 현장경력을 자격화 할 경우 방통대,야간대학 등에 등록하는 사람을 어느 정도 줄일 수 있는가 – 재직 중 방통대,야간대,산업대,독학사,학점인정제 등 상위학위를 취득하려는 사람 수와 필요 교육경비 파악 – 현장경력 자격 인정 시 상위학위취득을 포기하고자 하는 사람의 비율조사:유사 연구결과에서 추론 – 학위취득으로,승진과 임금 등에서 실질적 혜택이 있는 회사(사람)과 그렇지 않은 회사(사람)의 비율가능성:관련 자료수집
10. 기업 내 교육훈련비용의 중복 낭비 비용	• 수준별 요구능력 미비로 인한 중복교육비용 • 직급/근속년수별 교육훈련내용 중 중복되는 교육내용의 비율 – 교육을 해야 하는 니즈 파악이 어렵거나 교육훈련프로그램 부족으로 중복교육 발생빈도 파악 – 이들 교육이 전체 교육시간/비용 중 차지하는 비율 • 국가직무능력표준의 직무수준별 요구능력제시는 어느 정도 교육훈련 프로그램개발,실험비용을 감소시킬 수 있는가 – 교육훈련프로그램개발/실행을 위한 프로세스와 단계별 비용에 대한 자료수집 가능성
11. 경제적 효과가 불확실한 자격 취득비용/생산성 손실	• 자격취득을 위한 응시료와 교육훈련비용 –자격취득자 및 응시자수와 시험 응시 횟수 • 교육훈련기관에서 비용을 지불하지 않고 독학으로 자격을 취득한 사람의 비율,준비기간 관련자료 수집가능성,자료의 질적 수준 검토
12. 중복·과잉자격 취득 비용과 생산성 손실	• 자격 종목 간 출제기준에서 유사한 내용을 가진 자격의 종목,중복비율 추정 • 자격의 모듈화/능력단위화시 절감 가능한 비용추정을 위한 자격유형별 검정과목의 유사성,호환가능성 관련 자료 확보 가능성
13. 직무분석 미비 기업의 직무분석/직무관리를 위한 정보수집 비용	• 국내기업의 규모별 직무분석 보유 및 미보유기업 현황 관련자료 • 국가직무능력표준활용 직무분석 시 처음부터 직무분석 때 보다 어느 정도 인력과 시간을 줄일 수 있는가 – 직무분석단계별 투입인력과 시간비율 파악 • 국가직무능력표준을 그대로 활용 시 자사 고유의 직무분석대비 어느 정도 가치를 갖는가를 파악 후 전체 직무분석 소요기간/비용대비 추정 절감비용 산출

비용항목	분석을 위한 필요자료와 주요이슈
14. 교육훈련기관의 훈련/ 자격기준과 니즈 파악 비용	• 직급별 자격종목별 훈련기준/출제기준 개발을 위한 소요시간/인력 – 교육훈련과정 개발 단계별 투입되는 시간/인력 비율 고려하여 전체 교육훈련비에서 추정하거나 교육훈련기관 설문조사 방법활용/Expert평가 활용 • 우선은 관련분야 선행연구 조사
15. 동종관련분야 취업으로 연계되지 못하는 실업자 (재)취업 지원비용	• 정부 연간 직업훈련학교, 고용보험지원 직업훈련비용(실직자, 청년실업자 등)파악 – 고용보험(기금)및 재정사업예산 • 관련 훈련생의 이수자 비율, 이수 후 취업률, 동종/관련분야 취업률 확인 • 국가직무능력표준 기반 훈련과정 설계/평가 시 고용가능성 증대확률 추정
16. 수요대비 과다/과소양성인력 비용	• 정부 인력양성비용(재정, 기금, 재취업제외), 대학 및 훈련기관 – 프로그램 파악 :2007년 또는 관련 Data – 국가인적자원개발계획 수립평가 결과 활용 등 • 프로그램별 중도 탈락률 취업률 동종업계 취업률 등 파악 • 실효성이 없거나 사업목적에 비추어 부적절한 성과 창출 프로그램 예산 • 국가직무능력표준기반 인력수요전망과 사업계획 수립의 어느 정도 이를 줄일 수 있을 것으로 보는가(ExpertJudgement활용)
17. 부처 간 중복 양성인력 비용	• 능력수준별로 차이가 없는 유사산업/직종인력양성비용 • 가직무능력표준활용의 실효성 수요전망대비 다소 과다 인력양성 비용 절감 가능성

최경규 외(2008)의 연구에 따르면 2008년 당시 화폐가치로 표준채택률(Taking-upRate)과 국가직무능력표준개발·활용 기여비율을 전제로 하여, ㅊ비용항목별 경제적 효과를 추정하였다.

먼저, 신입사원 재교육 기간 단축효과는 연간 578,802,483천원이다(2008년 연구 당시 화폐가치 기준).

NCS의 개발로 산업현장의 숙련수요정보가 직무 및 직무수준별로 고등교육기간에 전달되고, 고등교육기관들은 이에 근거하여 수요자중심의 교육훈련프로그램을 개발·실행할 경우 현재의 대졸신입사원 재교육기간을 어느 정도 단축할 수 있으며 그 경제적 효과는 어느 정도인가를 측정하기 위한 것이다.

한국산업기술진흥협회(2006)에 따르면 이공계 대졸 신입직원 1인당 평균 재교육 기간은 6.6개월이며, 이 기간 중 직간접비용(기회비용으로 인건비 포함, 교육훈련비용)은 1인당 1,568만원이고, 채창균·옥준필(2006)에 따르면 2005년 취업 대졸신입사원 업무습득기간(현 일자리 업무수행에 충분한 능력습득기간)은 평균 8.36개월이며, 1인당 교육훈련비는 248.61만원임(50인 이상 532개 기업 인사담당자 조사 결과)이다. 여기서 NCS개발활용 기여비율은 NCS 부재로 인하여 우리 사회가 부담하고 있는 사회적 비용항목들이 향후 NCS 개발·활용될 경우 어느 정도 개선 가능한가를 추정한 비율을 전문가 델파이조사를 통하여 추정하였다. NCS 채택률은 개발된 NCS를 자신들의 교육훈련 및 자격검정에 적용하는 교육훈련 및 자격검정기관의 비율을 말한다. 따라서 신입사원 재교육 기간 단축효과는: 연간 578,802,483천원이다.

❖ 재교육 기간(8.36개월)* NCS 개발·활용 기여비율(27.50%) x NCS 채택률(44.34%) x [('05 대졸취업자수 x '05 대졸 초임 평균)+('05전문대졸 취업자 수 x '05전문대졸 초임 평균)]
☞ 8.36(개월)* 25.50(%)* 44.34(%)* [(154,542명 * 182.4만원) + (177,919명 *160.7천원)] = 57,880,248.3만원

다음으로 청년층 구직기간 단축효과는 연간 359,394,895,760원이다(2008년 연구 당시 화폐가치 기준).

NCS가 개발되어 산업별, 직무수준별 필요지식과 스킬, 인력 및 숙련수요 전망과 임금정보 등 다양한 노동시장 정보가 제공되고, 학교교육과 직업훈련의 현장성이 보다 강화됨으로써 기대할 수 있는 경제적 효과를 추정하였다.

청년층 첫 일자리 이행 기간에 대한 연구들로는 고용보험가입사업장 취업자를 대상으로 한 김형만(2007) 연구에 따라 분석하였다. NCS 개발×활용으로 구직기간 단축교화는 첫 일자리 이행기간 분포에서 각 급 학교별 6개월 이내 취업확률을 구한 후, 이러한 평균실업탈출확률이 매 기간 적용된다고 가정하여 평균기대실업기간을 도출하였다. 여기서, 평균기대실업기간은 평균실업탈출확률의 역수가 된다. NCS 개발·활용 후 구직기간은 각 학교급별 평균기대실업기간이 국가직무능력표준 개발·활용 기여비율(18.75%)만큼 감소다고 가정하여 산출하였다.

평균기대실업기간 단축의 경제적 가치는 NCS 개발 전후의 평균기대실업기간 차이에 첫 일자리 실질임금을 곱하고 여기에 전문대 및 대학졸업자 중 취업자 수를 곱하여 산출하였다. 따라서 청년층 구직기간 단축효과는 359,394,895,760원이다.

❖ 구직기간 단축효과= NCS 개발 전·후 평균기대 실업기간 차이 × 실질임금 × 취업자 수 × NCS채택률(44.34%)
☞ O 전문대졸업자 구직기간 단축효과 : (2.14-1.74)*6개월 *996,093원 *170,986명*44.34(%) = 181,245,557,863원
O 4년제 대졸 구직기간 단축효과 : (2.31-1.88)*6개월 *1,306,022원 *119,239명*44.34(%) = 178,149,337,897원

셋째, 실업자 직업훈련성과 개선효과는 연간 14,404,499천원이다(2008년 연구 당시 화폐가치 기준).

❖ 실업자직업훈련 성과개선의 경제적 효과 = NCS 개발·활용 전·후 평균기대실업기간차이24) *훈련 후 취업자
☞ 실업자직업훈련 성과개선의 경제적 효과 : (2.38-1.77)25)*6개월 *100,44천원26)*88,372명27)*44.34% =14,404,499천원

넷째, 하향취업 개선효과는 연간 14,404,499천원이다(2008년 연구 당시 화폐가치 기준).

❖ 전문대 졸업자 하향취업개선의 경제적 효과
= (전문대 졸업 시까지의 공교육비 +전문대 진학에 따른 임금손실)*전문대졸 취업자 수
  *전문대졸의 하향 취업비율
*NCS 개발·활용 기여비율(15%)*국가직무능력표준 채택률(44.34%
☞ {(3,424천원29)*2년)+(1,029천원30)*24개월) }*176,044명31) *21.6%
*15% *44.34% = 79,777,182천원

다섯째, 4년제 대졸의 하향취업개선효과는 연간 122,130,498천원이다 (2008년 연구 당시 화폐가치).

❖ 4년제 대졸의 하향취업개선의 경제적 효과
=[{(전문대 졸업 외 추가지출 공교육비 +4년제 대학 진학에 따른 2년간 임금손실)*4년제 대졸 중 전문대졸 일자리 취업자 비중}+ {(대학 4년간 공교육비 +대학4년간 임금손실)*4년제 대졸자 중 고졸일자리 취업자 비중}*4년제 대졸 취업자 수 *4년제 대졸 하향취업 비율 * NCS 개발·활용 기여비율(15%) * NCS 채택률(44.34%)
☞ {(3,580천원 *2)32)+(7,004천원 *2)33)+(1,018천원 *24)34)}* (0.232
  * (1−0.216) }35) + {(7,004 * 4)36) + (1,029천원 * 48)37) } * (0.232 *
  0.216)38)*(133,122+17,726)39)*0.15*0.4434=122,130,498천원

3. 스킬 스탠다드(한국에선 NCS) 성과와 한계[4]

한국의 스킬 스탠다드인 NCS에 대한 성과와 한계를 2017년 수립된 지속 가능한 NCS 활용확산체계(김기용, 2017)에서 수립된 과제별로 정리하였다 (전승환 외, 2023).

---

[4] 전승환 외(2023) 국가직무능력표준(NCS) 중장기 전략 과제에 관한 연구. 한국산업인력공단의 내용을 중심으로 재구성함.

미션	NCS를 통한 국가인적자원개발 인프라 구축
비전	사람과 일의 가치를 높여주는 NCS개발·활용·확산
목표	교육훈련·자격·기업체·노동시장·국제교류 분야 NCS활용·확산

	분야		추진전략	추진과제
5대 전략 및 14대 추진과제	고용환경	채용·인사	① 일자리 창출을 위한 고용환경 구축	· 일자리 창출 채용·인사 확대 · 직무 중심 임금체계 개편 · 노사 참여 직업능력개발 강화
		임금체계		
		노사관계		
	교육훈련	교육체계	② 직무능력 중심의 교육훈련 운영 및 관리	· 평생직업능력개발 중심의 교육훈련 운영 · 효율적/효과적 교육훈련 지원 · 교육훈련의 품질 수준 관리
		교육지원		
		품질관리		
	자격	자격제도	③ 직무능력 중심의 자격제도 개편	· 자격제도 다양화·유연화 · 자격운영 질 관리 강화 · 전 산업분야 자격종목의 국제적 활용 지원
		자격 품질관리		
		자격 국제화		
	연계 인프라	NCS개발·개편	④ 일자리 창출을 위한 정보 관리 및 지원서비스 강화	· 4차산업 대응 NCS개발·개정 및 보급 · 일자리 창출을 위한 고용정보시스템 연계 · NQF 기반 정보서비스 제공
		정보인프라		
		NQF		
	국제 교류	국제인프라	⑤ 국제적 인력교류체계	· NCS의 국제화 · 국제적 상호교류 시스템 구축
		상호교류		

[그림 48] NCS 활용확산 중장기 추진모델

자료: 김기용 외(2017). 지속가능한 NCS 활용확산 체계 구축 연구. 한국산업인력공단.

5대 전략 14개 분야의 추진과제를 과제순서별로 진단하면, 먼저, "고용환경" 분야의 채용·인사 과제와 관련해서는 능력중심의 채용·인사제도 확산 및 정착을 위해 다양한 사업을 추진하였다. ① NCS 기업활용 컨설팅, ② 능력중심 채용모델 개발·보급, ③ 기업채용 현장지원, ④ 공정채용 컨설팅, ⑤ 청년취업자 취업 코칭솔루션 등인데, NCS의 가장 주요한 활용처인 기업 채용 및 인사관리 분야에서의 NCS 활용 및 적용 가능성을 탐색하고, 향후 확대 가능성을 확인하였다는 점에서 의의가 있다. 다만, 실제 참여기업의 능력중심 채용·인사제도 도입을 통한 정량적·정성적 성과 및 인식개선 등에 관한 사항은 향후 지속적인 모니터링 및 성과관리가 요구된다.

둘째, "고용환경" 분야의 임금체계 과제 관련해서는 24년부터 기존

NCS 기업활용 컨설팅에 '임금체계 개편형' 유형을 신설하는 등 기업의 직무·성과 중심의 임금체계 개편 지원체계를 마련하였다. 그간 직무분석 및 직무재설계에 초점을 둔 기업활용 컨설팅의 영역을 임금, 보상 등 기업 HR 영역 전반으로 확장하였다는 점에서 의의가 크고, 향후 컨설팅의 효율성 및 품질 제고를 위한 NCS·SQF 기반 직무 및 성과평가, 임금체계와의 연계를 위한 우수사례, 가이드라인 등의 개발·보급 등의 검토가 필요하다.

셋째, "고용환경" 분야의 노사관계 과제 관련해서는 ISC를 통한 산업현장 중심 제도 정착 노력이다. ISC를 중심으로 NCS 개발·개선 및 SQF 구축 등 각종 고용·노동 관련 사업을 지원하였다. 각종 위원회 구성시 노동단체 관계자를 참여하도록 하여 노동계 의견 청취를 시도하였고(국가직무능력표준 개발·개선 및 폐지 등에 관한 규정), ISC를 중심으로 산업현장 중심으로 NCS 개발·개선, SQF 구축 및 확산 노력 등은 지속되는 성과지만, ISC의 역량 및 전문성, 대표성 등에 관한 문제는 여전히 존재한다. NCS 품질관리위원회 등 각종 위원회 구성 시 노동단체에서 추천한 전문가를 반드시 참여하도록 하는 등 노동단체와의 협업 노력도 지속해야 한다.

넷째, "교육훈련" 분야의 교육체계 과제 관련해서 중등직업교육 파트는 '2015개정 교육과정'을 통해 직업계고 교육과정의 실무과목을 중심으로 NCS 기반으로 전면 개편을 완료하였고, 최근 개정 발표된 '2022개정 교육과정'에서도 이러한 방향은 그대로 유지하고 있으며, 직업계고의 교과용인정도서(교재)로서 NCS 학습모듈을 활용하고 있다. 다만, 개정 이후 5년 이상 유지·적용(예: 2015개정 교육과정 → 2022개정 교육과정)되는 교육과정의 특성상 직업계고 실무과목에 편성된 NCS 능력단위의 변경, 분할, 통합, 삭제 시 즉각적으로 반영하는데 어려움이 있었고, NCS와 NCS 학습모듈 간 개발·개선 시차로 인한 버전 차이가 발생하였다 (예: 2020년 기준 NCS와 NCS 학습모듈 간 버전 차이 발생 세분류 541개)

다섯째, "교육훈련" 분야의 교육체계 과제 관련해서 고등직업교육 파트는 '14~'18년 특성화 전문대학 육성사업(SCK/교육부)을 통해 NCS기반 교육과정 편성 유도, SCK사업 종료 이후 '19년부터는 NCS 자율 적용 추세이다. 다만 '22년부터는 「NCS기반 교과 인정사업」을 통해 직무능력은행에 대학의 교과가 저축될 수 있도록 하였다. 대부분의 전문대학은 기존 NCS 교육운영체제를 유지하면서 역량기반 교육운영체제로 확장하는 형태의 운영 방식을 진행하고 있어, 향후 「NCS기반 교과 인정사업」 참여 가능 전문대학 수요 발굴 및 확대를 통해 직무능력은행제 정착 및 확산 지원이 필요하다.

여섯째, "교육훈련" 분야의 교육체계 과제 관련해서 직업훈련 파트는 '16년부터 NCS 의무 적용 이후 NCS 적용 비율의 유연화가 필요하다는 현장 의견에 따라 기준 비율을 하향 조정하는 등 전반적으로 NCS 적용의 유연화를 지향하고 최근에는 신기술·신산업 분야를 중심으로 NCS 비활용 훈련(예: K-디지털트레이닝)을 제공하는 등 새로운 방식의 훈련도 운영하고 있으며, '22년 고시를 통해 '23년부터 NCS 소분류 기준 단가체계를 'NCS 대분류 단가체계'로 개편하였다. 훈련심사평가의 기준으로 활용되는 훈련기준은 NCS개발·개선시 부속의 활용패키지로 개발·고시되고 있으나, 이를 그대로 훈련심사평가에 활용하고 있어, 별도의 심가평가기준이 필요한 실정이다. 훈련비 단가체계를 NCS 대분류 기준으로 개편한 것은 NCS 분류의 한계점을 보완하는 차원에서 의의가 있으나, 기준단가가 상한액으로 작용하여 직업훈련의 저품질을 고착화할 개연성도 존재한다.

일곱째, "교육훈련" 분야의 품질관리 과제 관련해서, NCS 품질 제고를 위해 ① NCS 활용 실태조사(정량적, 정성적), ② NCS 활용 모니터링(홈닥터, 위키) 등의 방법을 활용하여 환류시스템을 마련하였다. 향후 품질관리 시스템을 지속적으로 체계화하고, 기개발된 NCS 능력단위에 대한 품질관리(예: 능력단위 중복 문제 개선 등)를 공고화할 수 있는 제도적 보완도 검토도 필요하다.

여덟째, "자격" 분야의 자격제도 과제 관련해서는 자격제도 다양화·유연화다. NCS 기반으로 ① 검정형 국가기술자격 개편, ② 과정평가형 국가기술자격 확산, ③ 일학습병행 자격 운영 등을 추진하였다. 검정형 국가기술자격은 '21년말 기준 기술사·기능장을 제외한 432종목 중 198개 종목(45.8%)이 NCS 기반으로 신설 혹은 개편이 완료되었다. 과정평가형 자격 운영종목은 '23년 기준 179종목이고, '24년에는 186종목 운영 예정이며, 일학습병행 자격은 '21년말 기준 434개 종목(13,577개 과정) 운영 중이다. 자격제도 분야는 과거부터 NCS 활용이 가장 활성화되어 있는 분야로 향후 추가적으로 ① 과정평가형 자격의 지속적인 확산, ② 과정평가형 국가기술자격과 일학습병행 자격의 연계, ③ 과정평가형 국가기술자격과 국기직종훈련의 연계 등의 이슈에 대해서는 추가적인 검토도 요구된다.

아홉째, "자격" 분야의 자격의 국제화 과제 관련해서는. 국가 간 자격상호인정(한국 IT자격-일본, 중국, 베트남 IT자격)을 통해 자격의 호환성과 국제적 통용성 제고 노력을 하는 동시에 국내 자격의 외국자격 취득을 인정하였다. 예를 들어, K-Move 해외취업연수 과정을 통해 국내자격 취득 후 RPL로 호주 자격 동시 취득 기회를 부여받고, 한국 아우스빌둥 자격 취득한 경우 독일(뮌헨) 아우스빌둥 자격을 인정받았다. 하지만, 자격의 국제적 통용성 제고를 위한 다양한 노력을 통해 일부 실적을 거두었으나, 국가 간 자격 상호인정 및 국가기술자격의 통용성 확대 차원의 성과는 그간 다소 미흡한 것이 현실로서, 조선, 건설 분야 등을 중심으로 국내 산업현장에서 외국인력의 수요가 높아지고 있으며, 향후에도 이러한 현상은 지속될 것으로 전망되어, 국내에 근로하는 외국인력에게 다양한 방식으로 국가기술자격의 취득 기회를 부여하고, 체류자격의 전환(E9→E7)을 지원하는 등 다양한 정책 방안 수립 및 지원이 필요한 시점이다.

열 번 째, "연계 인프라" 분야의 NCS 개발·개선 과제 관련해서 NCS는 매년 신기술·신산업분야를 중심으로 신규 개발이 이루어지고 있으며, 개발된 NCS의 개선도 현장수요를 반영하여 추진 중이다. '23년 기준 스마트 건설 설계 등 10개 직무를 개발하였고, 인공지능플랫폼구축 등 110개 직무를 개선하였는데, 산업현장 수요에의 적시 대응 차원에서 민간개발 NCS에 대한 인정체제를 마련할 필요가 있겠다.

열한 번째, "연계 인프라" 분야의 정보인프라 과제 관련해서, 개인이 다양한 방식으로 습득한 직무능력을 인정·관리하는 시스템으로서 '직무능력은행제'가 '23년 9월부터 서비스를 개시하여, '24년 이후 고용24 등 통합행정서비스 시스템과의 정보연계, 선행학습인정(RPL) 체계를 마련할 계획이다. 직무능력은행제는 개인이 보유한 직무능력을 NCS기반으로 누적·관리하고, 활용을 지원하는 정보인프라로서 의의가 있다. 향후 직무능력은행제의 성공적 안착을 위해서는 '직무능력은행에 누적·관리되는 꺼리의 확대(예: 교육부 NEIS시스템과의 연계 등)', '직무능력은행를 통해 누적된 직무능력의 활용처 확대 검토(예: 과정평가형 자격의 과목 면제 등)'에 대한 검토가 필수적이다.

열두 번째, "연계 인프라" 분야의 NQF 과제 관련해서, 한국형 국가역량체계(KQF)은 자격정책심의회 심의를 거쳐 한국형 국가역량체계의 구성요소·수준·설명지표 고시('19.2.15.) → 이후 적용범위 등을 추가하여 개정 고시('22.6.30)하였다. 또한, 학점은행제, 자격, 현장경력 연계 KQF 시범사업 실시(SW, 금형(뿌리) 분야 등)하였고, 수요자 주도의 KQF 구축을 위한 KQF 협의체를 구성·운영('20.8월~)하였다. KQF는 NCS 등을 바탕으로 학력, 자격, 현장경력 및 교육훈련 이수 결과 등을 상호 연계하는 메타프레임으로서 의의가 있으나, KQF의 가로축(X축)을 이루는 역량인정의 범위가 다소 모호하고, 개념상의 어려움 및 현장 적용에의 제한 등으로 본격적인 성과 창출에는 여전히 한계가 있다. 이에 반하여 산업별 역량체계

(SQF)는 '14년 이후부터 연차별로 개발 및 활용을 위한 사업을 수행하기 시작하여, 23년 직무역량체계(11개 분야) 및 역량인정방안(5분야) 개발, '23년 SQF 기반의 대학교육과정 인정(2분야), 훈련편성 가이드 개발(4분야), 교육·훈련 과정개발(2분야)로 SQF는 지속적으로 개발 및 활용이 확산되는 추세여서 긍정적인 성과를 내고 있다. 향후 직무중심 노동시장 구현을 위한 핵심인프라로서 역할 확대 검토가 중요하고, SQF 구축의 최종 목적인 3단계(역량인정방안)를 구체화하기 위한 우수사례 발굴 및 확산 검토가 필요한 시점이다.

열세 번째, "국제교류" 분야의 국제인프라 과제 관련해서, NCS 및 활용패키지와 NCS 개요 및 설명자료를 영문 번역하여 보급·홍보 추진할 필요가 있다. BEAR 사업을 통해 아프리카의 국가들에게 NCS 및 NCS학습모듈, 마이스터고, 도제학교 등의 정보 교류 등을 추진하고 있고, 향후에도 NCS의 국제화 및 해외 홍보 강화를 위해 영문 홈페이지, 영문 설명자료 및 안내자료 등의 최신화 등을 통한 성과 확산 노력이 필요하다.

열네 번째, "국제교류" 분야의 상호교류 과제 관련해서, ODA 사업을 통해 베트남에는 국가기술자격시스템 전수, 우즈베키스탄에는 국가자격검정제도 구축을 지원하고 있고, 고용허가제「준숙련 외국인력(자격) 육성·도입」기반 구축 사업, 귀환 외국인근로자 노동시장 재정착 지원사업 등 ODA 사업을 통해 해외 인력 국내 유치를 추진 중('25년 신규사업 준비 중)에 있으며, 국내 산업수요가 높은 분야를 중심으로 현지에서 NCS기반 과정평가형 자격 과정을 개설 운영하는 등의 과제를 추진할 필요가 있다. 해외인력 수요가 많은 분야를 중심으로 NCS 활용사례(예: 일학습병행, 과정평가형 자격 운영 사례 등)의 국제적 홍보를 확산할 필요가 있고, NCS기반 구인·구직 영문사이트를 개설·운영하여 해외 취업 활성화 및 해외 우수 기술인력 활용 확대할 필요가 있겠다.

4. 스킬 스탠다드(한국에선 NCS) 중장기 전략 및 과제[5]

한국의 스킬 스탠다드인 국가직무능력표준(NCS)의 확산 및 활용 성과에도 불구하고, 저출산·고령화에 따른 평생직업능력개발을 지원하고, 디지털전환 등을 비롯한 신기술 변화에 효과적으로 대응하기 위해서는 국가직무능력표준(NCS) 중장기 전략과제를 마련할 시점으로, 디지털 혁신, 직무중심 HR문화 확산 등 대내외 환경 변화에 적극 대응하기 위한 국가직무능력표준(NCS)의 중장기 전략 및 과제를 크게 네 가지로 제시하였다.

첫 번째 영역은 "1. 직무중심 노동시장 구현을 위한 NCS 활용 확산"으로 ① 기업 HR체계 확산, ② 신기술 수요에 대응하는 직업교육훈련체계 구축 지원, ③ 노동시장 변화에 대응하는 자격제도 전략을 수립하였다.

두 번째 영역은 "2. 산업현장 중심 NCS 개발·개선 및 품질관리 고도화"로 ① 현장수요기반 NCS 개발·개선 강화, ② NCS 품질관리 체계 고도화 전략을 수립하였다.

세 번째 영역은 "3. 직무중심 산업별 역량체계(SQF) 및 정보인프라 고도화"로 ① 직무중심 SQF 개발 및 활용 확산, ② 교육-훈련-자격-경력을 잇는 직무능력은행제 운영 전략을 수립하였다.

네 번째 영역은 "4. 글로벌 스킬 프레임에서의 NCS 활용 확대"로 ① NCS 성과 국제적 확산, ② 국제적 상호교류 확대전략을 수립하였다.

---

[5] 전승환 외(2023) 국가직무능력표준(NCS) 중장기 전략 과제에 관한 연구. 한국산업인력공단의 내용을 중심으로 재구성함.

〈표 34〉 스킬 스탠다드(한국에선 NCS) 중장기 전략 및 과제

영역	전략	추진과제(안)	주요내용
① 직무중심 노동시장 구현을 위한 NCS 활용 확산	①-1 기업 HR체계 확산	①-1-1 HRD-HRM 체계를 포괄하는 기업 맞춤형 활용 지원 강화	• 직무설계-채용-인사배치-승진-보상-교육훈련 등 HR 체계 전반을 포괄하는 활용 지원 강화 • NCS · SQF 활용 직무 및 성과 중심의 임금체계 개편 지원 강화 • 생성형 AI와 연계한 NCS 기업 활용 지원 강화 • 청년과 기업이 공감하는 채용제도 정착 지원 • 맞춤형 지원 강화를 위한 컨설팅 운영기관 및 컨설턴트 품질 강화 • 능력개발전담주치의 제도와 연계한 NCS 활용성 강화
		①-1-2 NCS 기업 활용 성과관리 및 우수사례 보급	• 기업 HR에서의 NCS 활용 실태 및 성과 등 심층 조사 • 중소·중견기업의 NCS 활용 숙련 restructuring model 발굴 • 직무중심 임금체계 개편 우수사례 발굴 및 NCS 활용 가이드라인 개발·보급
	①-2 신기술 수요에 대응하는 직업교육훈련체계 구축 지원	①-2-1 NCS기반 직업계고 첨단분야 교육과정 개편 및 재구조화 지원	• 첨단분야 교육과정 개발과 산업계 컨설팅을 강화하여 학과 재구조화 유도 • NCS기반 고교단계 일학습병행(도제학교) 활성화 지원
		①-2-2 직무역량 중심 고등직업교육과정 내실화 지원	• NCS 교과인정사업 단계적 확산 및 일반대학으로의 확대 추진 • 전문대학 역량기반교육과 연계한 NCS 활용 모델 발굴
		①-2-3 산업현장 중심 효율적 직업훈련 과정 운영 지원	• 훈련심사평가 NCS 활용 가이드라인 마련 • 직업훈련과정(신기술/디지털 분야 등 포함)에서의 NCS 효율적 적용방안 탐색
	①-3 노동시장 변화에 대응하는 자격제도	①-3-1 현장수요에 부응하는 자격제도 구축 지원	• 산업현장 직무를 반영한 국가기술자격 개편 지속 • 신기술·신산업 수요에 부응하는 자격체계 마련 (예: 플러스자격, 산업내자격 등) • 과정평가형 자격제도 활성화 및 내실화 • 과정평가형 자격과 일학습병행 자격 연계에 관한 사항 • 과정평가형 자격과 직업훈련(예: 국가직종훈련 등)의 연계에 관한 사항
		①-3-2 RPL 체제 활성화를 통한 자격 취득 방식 유연화	• NCS기반 다양한 직무역량 습득결과를 자격 취득 시 선학습 인정하여 자격 취득 효율성 제고(예: 직무능력은행제와의 연계, 모듈형자격 활성화 등)

영역	전략	추진과제(안)	주요내용
② 산업현장 중심 NCS 개발·개선 및 품질 관리 고도화	②-1 현장수요 기반 NCS 개발·개선 강화	②-1-1 신기술·신산업 수요에 대응하는 NCS 개발·개선 고도화	• 미래유망분야 NCS 신규개발 및 개선 지속 추진 • 민간 개발 NCS 인정 및 질 관리 체계 구축 • NCS 활용패키지 구성 및 내용 개선을 통한 활용성 제고
		②-1-2 직업기초능력 최신화 및 활용성 제고	• 직업기초능력 영역 및 하위영역을 산업계 수요 등을 반영하여 최신화 • 범직업인에게 공통적으로 요구되는 직업기초능력으로서 제시 방식 및 활용성 제고 방안 마련
		②-1-3 NCS 개발·개선 체계화 및 ISC 협업형 개발 방식 도입 운영	• NCS 분류체계 점검 및 재구조화 • 직무맵과 연계한 NCS 개발·개선 체계 고도화 • ISC간 협업을 통한 NCS 개발의 효율성 제고 • NCS 개발을 주로 담당하는 ISC의 전문성 및 역량 제고
	②-2 NCS 품질관리 체계 고도화	②-2-1 품질관리를 통한 환류시스템 공고화	• NCS 실태조사(정량적, 정성적) 고도화 및 기업 HR 측면에서의 활용 실태 조사 강화 • 산업현장 의견 수렴 절차 확대를 통한 품질관리 시스템 내실화 • 기개발 고시된 NCS 능력단위의 중복성, 내용 적정성 등에 대한 품질관리 체계 마련
③ 직무중심 산업별 역량 체계 및 정보 인프라 고도화	③-1 직무중심 SQF 개발 및 활용 확산	③-1-1 인력수요 및 활용성이 높은 섹터를 중심으로 SQF 단계적 개발	• SQF 개발·확산 로드맵 기반 SQF 단계적 개발 추진 • ISC 소관 外 분야까지 확대하여 SQF 개발 완비
		③-1-2 직무역량 중심 노동시장을 위한 SQF 현장 활용 확산	• SQF와 기업 인사관리, 대학교육과정, 훈련과정, 자격 등 다각적 SQF 연계 및 확산 방안 마련
	③-2 교육-훈련-자격-경력을 잇는 직무능력 은행제 운영	③-2-1 직무능력은행제의 '저축꺼리'확대	• 고용노동부 소관 사업 外 학교교육과정, 평생학습 결과 등으로 단계적 저축꺼리 확대 • 타부처 협업 및 단계적 확대 방안 마련
		③-2-2 직무능력은행제의 '인출방안'마련	• 직무능력인정서의 활용 확대 방안 마련 • 과정평가형 자격의 부분인정, 학점은행제의 학점으로의 인정 등 직무능력은행제 '인출방안'명확화

영역	전략	추진과제(안)	주요내용
④ 글로벌 스킬 프레임 에서의 NCS 활용 확대	④-1 NCS 성과 국제적 확산	④-1-1 NCS 성과 국제적 홍보 강화 및 국제 협력사업과의 연계	• NCS의 국제화 및 해외홍보 강화를 위해 영문 홈페이지, 설명자료 및 안내자료 등의 최신화 • 해외인력 수요가 많은 분야를 중심으로 NCS 활용 사례(예: 일학습병행, 과정평가형 자격 운영 사례 등)의 국제적 홍보 확산 • BEAR사업, ODA사업 등과 NCS의 연계
	④-2 국제적 상호교류 확대	④-2-1 자격 상호인정 및 인력교류 지원 확대	• 외국인력에게 다양한 방식으로 국가기술자격의 취득 기회를 부여하고, 체류자격의 전환 (E9→E7) 지원 • 외국현지에 NCS기반 과정평가형 자격과정 개설 운영

출처 : 전승환 외(2023). 국가직무능력표준(NCS) 중장기 전략 과제에 관한 연구. 한국산업인력공단

한국의
SKILLS *Future*

IX. 스킬 프레임워크 작동 메카니즘은?
: RPL

"한국의 SkillsFuture"를 추천합니다.

"능력중심사회를 구현케하는 DNA로서 국가직무능력표준의 개발.활용 및 확산을 20여년간 주도해 온 전 국가직무능력표준원장으로서 그간 축적해오신 지식과 영감을 토대로 이론, 현장 그리고 행정이 융합된 본격적 직무능력중심 사회를 지향케하는 이론 및 실천서가 바로 여기에 있다."

한국산업인력공단 국가직무능력표준원 윤지원 NCS기획부장

"이론과 현장을 모두 경험한 김진실 박사가 제시하는 우리나라 직업교육의 미래 방향."

한국농촌경제연구원 마상진 선임연구위원

"이 책은 국가직무능력표준원장을 역임하면서 축적한 저자의 현장 경험과 지식을 기반으로 사회와 산업의 변화에 대응하며 능력중심사회를 구현하는데 필요한 내용을 잘 제시하고 있다. HRD 분야와 직업교육·훈련의 전문가 및 종사자들에게 Skill을 중심으로 우리 사회를 어떻게 발전시켜야 하는지에 대한 많은 도움을 제공할 것이다."

前 한국대학교육협의회 백정하 고등교육연구소장

"2000년대 초반 NCS 초기 시작에 이어, 2010년대 중반 정책 드라이브를 통해 NCS 개발이 본격적 착수되고 정착되어 가는 과정이 10여 년이 걸렸다. 김진실 원장은 NCS 정책과 현장의 가장 중심에서 기틀을 세운 장본인으로서, 이제는 NCS가 국가직무능력표준이라는 공공성에 갇히기보다는 SkillsFuture로 한 단계 도약하여 개인이 보유한 역량이 어디서나 소통(통용)될 수 있는 Skills Framework을 제시한 것으로, 우리나라의 선진화된 스킬문화 조성을 리드해 갈 것으로 기대한다."

직업능력심사평가원 정선정 팀장

"스킬에 대한 개념 정립을 시작으로 스킬 프레임워크, 한국의 스킬 스탠다드, 해외 사례까지 다양하게 살펴볼 수 있는 전문 서적으로, 지금까지 없었던 새로운 스킬의 개념을 소개하고 있으며 교육 및 산업계에 스킬 스탠다드를 널리 알리는 기본이 될 것으로 기대한다. 저자의 다양한 분야에 대한 통찰과 통합적 사고를 따라 가면, 인력양성·인사관리·노사관계·교육 각 분야의 독자분들께서도 큰 인사이트를 얻으실 것으로 기대한다."

한국표준협회 경영혁신본부 NCS추진단 박난주 위원

IX 스킬 프레임워크 작동 메카니즘은? : RPL

학습개요

이 장에서는 RPL(Recognition of Prior Learning: 선행학습인정)의 개념과 우리나라 및 외국의 RPL(선행학습인정) 사례에 대하여 제시하고, 향후 직무능력은행제에서의 RPL 운영 방안에 대해서 제시한다.

학습목표

1. RPL(선행학습인정)의 개념에 대해 설명할 수 있다.
2. 우리나라 RPL(선행학습인정) 사례에 대하여 설명할 수 있다.
3. 외국의 RPL(선행학습인정) 사례에 대하여 설명할 수 있다.
4. 직무능력은행제에서의 RPL 운영 방안에 대해서 설명할 수 있다

1. RPL(선행학습인정)의 개념

스킬 프레임워크, 즉 한국에서는 역량체계(QF=KQF, SQF)가 작동되기 위해서는 정규 학교교육인 학위뿐만 아니라 학교 밖에서 이루어지는 훈련 이수, 자격취득 및 기타 현장 경력 등을 인정받을 수 있도록 해야 한다. 이와 같은 스킬 프레임워크가 작동되기 위한 메카니즘에 가장 중요한 제도가 바로 RPL(ecognition of Prior Learning)이다.

국내에서는 RPL을 선행학습인정, 사전학습인정, 선행경험학습인정, 근로학습인정, 경험학습인정 등 다양하게 쓰이고 있고, 해외에서도 호주는 Recognition of prior learning(RPL), 미국은 Prior Learning Assessment(PLA), 캐나다는 Prior Learning Assessment & Recognition/ Recognition of Prior Learning(PLAR/RPL), 프랑스는 Validation des Acquis de I'Expérience(VAE), 영국은 Accreditation of Prior Learning(APL), 스코틀랜드는 Recognition of prior learning(RPL)로 쓰이고 있다.

RPL 개념 정의에 대한 국내 연구를 구체적으로 살펴보면, 정지선 외(2002)는 선행학습에 대한 평가인정(RPL)은 개인이 학교교육 이외의 영역에서 습득한 지식이나 기술 등의 성취 정도를 객관적으로 평가하고 판단하며, 그 결과를 기초로 국가나 기타 공신력 있는 기관과 단체가 공식적이고 형식적인 확인 절차를 거쳐 일정한 자격을 갖추었음을 승인하거나 비준하는 것으로 정의하였고, 이해영 외(2011)는 선행학습이란 특성화고교를 졸업한 성인근로자가 취업 이후에 근로경험 및 사회생활을 통하여 획득한 형식, 무형식, 비형식교육에서의 학습경험을 의미하는 것으로, 선행학습인정(RPL)이란 개인이 인정받지 못한 다양한 선행학습 및 경험을 객관적이고 공식적인 절차를 통해 평가 인정하는 것으로 정의하였다. 정혜령 외(2012)는 RPL을 형식 교육뿐만 아니라 경험학습, 자기주도적 학습, 무형식 학습 등을 통해서, 성인이 획득한 지식과 기술을 평가해 공식적으로 인정해 주는 방안으로 정의하였고, 이시우 외(2013)는 RPL은 개인이 독학으로 학습을 하든, 공식/비공식 기관에서 연수나 훈련을 받든, 지역사회 봉사든, 현장실습이든, 생활경험이든 간에 학습결과의 평가 및 인정 시점에 알고 있거나 할 수 있는 모든 학습에 가치를 부여하는 과정이라고 정의하였다.

이를 종합해보면 RPL(선행학습인정)이란 개인이 쌓은 교육훈련과 자격 및 현장경력(일경험 포함)을 공식적으로 인정받을 수 제도라고 할 수 있겠다. 관련 법적 근거는 고등교육법 제23조(학점의 인정 등), 평생교육법 제23조(학습계좌), 제41조(학점, 학력 등의 인정), 자격기본법 제9조(교육훈련과 자격과의 연계), 학점인정 등에 관한 법률 제7조(학점인정), 산업교육진흥 및 산학연협력촉진에 관한 법률 시행령 제37조(현장실습학점 등의 인정), 산업교육진흥 및 산학협력촉진에 관한 법률 시행규칙 제2조 (학력인정의 방법)가 있는데, 이에 대한 내용은 다음 〈표 35〉와 같다.

〈표 35〉 스킬 프레임워크 작동 메카니즘인 "RPL" 법적 근거

구분	정의
고등 교육법	제23조(학점의 인정 등) ① 학교는 학생이 다음 각 호의 어느 하나에 해당하는 경우(해당 학교에 입학하기 전의 경우를 포함한다)에 대통령령으로 정하는 범위에서 학칙으로 정하는 바에 따라 이를 해당 학교에서 학점을 취득한 것으로 인정할 수 있다. 다만, 제6호의 경우 산업대학과 전문대학에 한정한다. 1. 국내외의 다른 학교에서 학점을 취득한 경우 2. 「평생교육법」제31조제4항, 제32조 또는 제33조제3항에 따른 전문대학 또는 대학졸업자와 동등한 학력·학위가 인정되는 평생교육시설에서 학점을 취득한 경우 3. 국내외의 고등학교와 국내의 제2조 각 호의 학교(다른 법률에 따라 설립된 고등교육기관을 포함한다)에서 대학교육과정에 상당하는 교과목을 이수한 경우 4. 「병역법」제73조제2항에 따라 입영 또는 복무로 인하여 휴학 중인 사람이 원격수업을 수강하여 학점을 취득한 경우 5. 「학점인정 등에 관한 법률」제7조제1항 또는 제2항에 따라 교육부장관으로부터 학점을 인정받은 경우 6. 다른 학교·연구기관 또는 산업체 등에서 학습·연구·실습한 사실이 인정되거나 산업체에서 근무한 사실이 인정되는 경우 ② 학점인정의 기준과 절차 등 제1항제6호에 따라 학점을 인정하는 데 필요한 사항은 대통령령으로 정하는 바에 따라 학칙으로 정한다. 〈개정 2013.8.13.〉
평생 교육법	제23조(학습계좌) ① 교육부장관은 국민의 평생교육을 촉진하고 인적자원의 개발·관리를 위하여 학습계좌(국민의 개인적 학습경험을 종합적으로 집중 관리하는 제도를 말한다)를 도입·운영할 수 있도록 노력하여야 한다. ② 교육부장관은 제1항의 학습계좌에서 관리할 학습과정을 대통령령으로 정하는 바에 따라 평가인정할 수 있다. 〈신설 2009.5.8., 2013.3.23.〉 ③ 교육부장관은 제2항에 따라 평가인정을 받은 학습과정을 설치·운영하는 평생교육기관이 다음 각 호의 어느 하나에 해당하면 그 평가인정을 취소할 수 있다. 다만, 제1호에 해당하는 경우에는 평가인정을 취소하여야 한다. 1. 거짓이나 그 밖의 부정한 방법으로 평가인정을 받은 경우 2. 제2항에 따라 평가인정 받은 내용을 위반하여 학습과정을 운영한 경우 3. 제2항에 따른 평가인정의 기준에 이르지 못하게 된 경우 ④ 교육부장관은 제3항제2호 및 제3호에 따라 평가인정을 취소하고자 할 경우에는 대통령령으로 정하는 기간과 절차에 따라 평생교육기관의 장에게 시정을 명하여야 한다. 〈신설 2009.5.8., 2013.3.23.〉 ⑤ 교육부장관은 제4항에 따라 시정명령을 하는 경우에는 평생교육기관의 장에게 시정명령을 받은 사실을 공표할 것을 명할 수 있다. 〈신설 2013.12.30.〉

구분	정의
평생 교육법	제41조(학점, 학력 등의 인정) ① 이 법에 따라 학력이 인정되는 평생교육과정 외에 이 법 또는 다른 법령의 규정에 따른 평생교육과정을 이수한 자는 「학점인정 등에 관한 법률」로 정하는 바에 따라 학점 또는 학력을 인정받을 수 있다. ② 다음 각 호의 어느 하나에 해당하는 자는 「학점인정 등에 관한 법률」로 정하는 바에 따라 그에 상응하는 학점 또는 학력을 인정받을 수 있다. 1. 각급학교 또는 평생교육시설에서 각종 교양과정 또는 자격취득에 필요한 과정을 이수한 자 2. 산업체 등에서 일정한 교육을 받은 후 사내인정자격을 취득한 자 3. 국가·지방자치단체·각급학교·산업체 또는 민간단체 등이 실시하는 능력측정검사를 통하여 자격을 인정받은 자 4. 「무형문화재 보전 및 진흥에 관한 법률」에 따라 인정된 국가무형문화재의 보유자와 그 전수교육을 받은 사람 5. 대통령령으로 정하는 시험에 합격한 자 ③ 각급학교 및 평생교육시설의 장은 학습자가 제31조에 따라 국내외의 각급학교·평생교육시설 및 평생교육기관으로부터 취득한 학점·학력 및 학위를 상호 인정할 수 있다.
자격 기본법	제9조(교육훈련과 자격과의 연계) ① 국가자격관리자는 「산업교육진흥 및 산학연협력촉진에 관한 법률」 제2조제2호에 따른 산업교육기관의 교육과정 또는 「근로자직업능력 개발법」 제2조제1호에 따른 직업능력개발훈련의 과정으로서 국가직무능력표준에 따라 운영되는 교육훈련과정을 이수한 자 중 해당 국가자격을 규정하고 있는 법령(이하 "국가자격관련법령"이라 한다)이 정하는 일정한 요건을 갖춘 자에게 국가자격을 수여할 수 있다. 〈개정 2011.7.25.〉 ② 「산업교육진흥 및 산학연협력촉진에 관한 법률」 제2조제2호에 따른 산업교육기관의 장은 입학지원자가 취득한 자격을 그 종목 및 수준에 따라 선발자료로 활용하거나 학점으로 인정할 수 있다. 〈개정 2011.7.25.〉
학점인정 등에 관한 법률	제7조(학점인정) ① 교육부장관은 제3조제1항에 따라 평가인정을 받은 학습과정을 마친 자에게 그에 상당하는 학점을 인정한다. 〈개정 2007.12.21., 2008.2.29., 2013.3.23.〉 ② 교육부장관은 다음 각 호의 어느 하나에 해당하는 자에게 그에 상당하는 학점을 인정할 수 있다. 〈개정 2007.12.21., 2008.2.29., 2010.2.4., 2013.3.23., 2015.3.27.〉 1. 대통령령으로 정하는 학교 또는 평생교육시설에서 「고등교육법」, 「평생교육법」 또는 학칙으로 정하는 바에 따라 교육과정을 마친 자

구분	정의
학점인정 등에 관한 법률	2. 외국이나 군사분계선 이북지역에서 대학교육에 상응하는 교육과정을 마친 자 3. 「고등교육법」 제36조제1항, 「평생교육법」 제32조 또는 제33조에 따라 시간제로 등록하여 수업을 받은 자 4. 대통령령으로 정하는 자격을 취득하거나 그 자격 취득에 필요한 교육과정을 마친 자 5. 대통령령으로 정하는 시험에 합격하거나 그 시험이 면제되는 교육과정을 마친 자 6. 「무형문화재 보전 및 진흥에 관한 법률」 제17조에 따라 국가무형문화재의 보유자로 인정된 사람과 그 전수교육을 받은 사람으로서 대통령령으로 정하는 사람 ③ 삭제 〈2001.3.28.〉 ④ 거짓이나 그 밖의 부정한 방법으로 제1항 또는 제2항에 따른 학점인정을 받은 경우 교육부장관은 이를 취소할 수 있다. 〈신설 2008.3.21., 2013.3.23.〉 ⑤ 제1항과 제2항에 따른 학점인정의 기준, 절차, 그 밖에 필요한 사항은 대통령령으로 정한다. 〈개정 2007.12.21., 2008.3.21.〉
산업교육 진흥 및 산학연협력 촉진에 관한 법률 시행령	제37조(현장실습학점 등의 인정) ① 산업교육기관의 장은 해당 산업교육기관의 졸업에 필요한 학점·이수단위 또는 교육과정의 4분의 1 범위에서 학칙으로 정하는 바에 따라 제36조에 따른 학교기업에서의 현장실습 결과를 산업교육기관의 학점·이수단위 또는 교육과정을 마친 것으로 인정할 수 있다. ② 산업교육기관의 장은 제1항에 따라 학교기업에서의 현장실습 결과를 학점·이수단위 또는 교육과정을 마친 것으로 인정하려는 경우에는 학칙에 현장실습 학기 또는 실습기간 및 실습시간에 따른 학점·이수단위 또는 교육과정의 이수 정도를 정하여야 한다.
산업교육 진흥 및 산학협력 촉진에 관한 법률 시행규칙	제2조 (학력인정의 방법) 단기 산업교육시설의 장은 「산업교육진흥 및 산학협력 촉진에 관한 법률 시행령」 제5조제5항에 따른 전문대학에 상응하는 교육과정을 이수한 자에 대하여는 별지 제1호서식의 학력인정서를 교부하고, 별지 제2호서식의 학력인정대장에 이를 등재하여야 한다.

RPL(선행학습인정) 제도가 제대로 작동되기 위해서는 위와 같은 다양한 법적 근거를 기반으로 법령 간 RPL 적용 범위를 일원화하고, 이에 대한 RPL 운영 고시와 가이드라인 개발 보급이 필요하다. 또한 RPL 컨트롤타워 및 전담조직 신설을 통한 체계적 지원체제 구축하고, 교육부와 고용부와의 협업을

통해 국민평생직업능력개발법 혹은 평생교육법 등을 병행하여 개정할 수 있도록 노력해야 한다. 또한 타제도와 RPL 제도를 연계할 수 있도록 법적 기반을 확충하고 대학 및 교육훈련기관들의 RPL 적용을 독려하여 소요 비용을 지원할 수 있도록 해야 하며 RPL이 운영될 수 있는 플랫폼(평생학습계좌제, 직무능력은행제)의 연계 운영할 필요가 있겠다(김경애 외, 2023).

2. 우리나라 RPL(선행학습인정) 사례[6]

우리나라 RPL(선행학습인정) 사례는 크게 자격부문의 RPL과 학점 부문의 RPL로 구분해서 살펴볼 수 있겠다.

가. 자격부문에서의 RPL 사례

자격부문의 RPL은 다시 검정형자격과 과정평가형 자격인 국가기술자격에서의 RPL과 개별법에 의해 운영되는 국가전문자격으로 구분해서 살펴볼 수 있겠다.

먼저, 검정형 자격은 국가기술자격법에 의하여 필기시험 상호면제, 기능대회 및 기타 대회 입상자 면제 등 시험 면제 제도를 통해 검정과목의 전부 또는 일부를 2년간 면제할 수 있도록 규정하고 있다.

---

[6] 김기용 외(2019). 국가기술자격 출제기준 개편 프로세스 및 NCS 능력단위 인정방안 개발 연구. 한국산업인력공단에서 재구성함.

❖ 국가기술자격법 제12조
국가기술자격의 종목과 동일한 직무분야 및 등급 취득자, 상호 인정되는 관련 외국자격 취득자, 국가기술자격과 관련되는 다른 법령에 따른 자격 취득자, 공인을 받은 민간자격 취득자, 관련 자격을 군사분계선 이북지역에서 취득한 자, 그밖에 국가기술자격과 동등한 수준 이상을 갖추었다고 인정되는 자에 대한 검정과목의 전부 또는 일부 면제를 규정하고 있음.

대상	면제범위	면제연한	비고
동일한 직무분야 및 등급의 국가기술자격종목 취득자	과목전부	취득일로부터 2년간 면제	
국가간 상호인정되는 관련 외국 자격 취득자	전부 또는 일부	취득일로부터 2년간 면제	
고용노동부령 기능경기대회 입상자	전부 또는 일부	입상일로부터 2년간 면제	
마이스터고 및 특성화고 과정 70% 이상 이수자	전산회계운영사3급 필기시험 및 기능사 1개종목 필기시험(동일 및 유사직무)	이수일로부터 2년간 면제	2년간 2회 미만 검정 시행시 다음 1회 면제
고용노동부령으로 정하는 기술훈련과정 이수자	기능사 1개 종목 필기시험(동일 및 유사직무)	이수일로부터 2년간 면제	
국가기술자격 검정 필기시험 합격자	필기시험	합격일로부터 2년간 면제	
서비스분야 종목 중 일부 종목 합격자(컴퓨터활용능력1급, 비서, 전산회계운용사, 학글속시1·2급)	하위등급 필기시험	합격일로부터 2년간 면제	

　다음으로, 과정평가형 국가기술자격과의 상호호환 사례로 일학습병행제와 과정평가형자격을 연계한 시범 도입(2017) 사례가 존재하며, 일학습병행제 기준 및 과정평가형자격 기준을 동시에 충족하도록 훈련과정 변경/개발하여 호환성을 인정한다.

이는 일학습병행제 기준 및 과정평가형자격 기준을 동시에 충족하도록 훈련과정 변경 및 개발하여 운영하도록 하였으며, 주로 과정평가형자격을 기준으로 ① 시설장비 기준, ② 최소 교육시간, ③ 능력단위(필수 및 선택), ④ 외부평가를 중점적으로 일학습병행제와 연계하여 호환성을 인정하려 노력하였다. 이에 따라 과정평가형 자격을 부여한 당시 일학습병행제 프로그램은 과정평가형 자격 규정을 따랐으며, 이수자는 과정평가형 과정의 외부평가를 응시하였다. 시범사업을 통해 과정평가형 자격을 부여한 당시 일학습병행제 프로그램은 과정평가형 자격 시설장비 기준, 필수 및 선택능력단위와 최소교육훈련시간 등에 대한 규정을 따랐으며, 이수자로 하여금 과정평가형 과정의 외부평가에 응시하게 하였으며, 내부평가는 P/F 결과로 반영하였다.

다음으로, 국가전문자격 중 경영지도사 및 경영기술지도사, 관광종사원 자격시험 등에서 선학습을 인정하고 있는 것으로 나타났다. 이들 사례는 주로 국가 인정 기관의 양성과정이나 실무교육과정 이수자 혹은 고등학교, 전문대학 등에서 관련 전공을 이수한 자를 대상으로 필기시험의 전부 혹은 일부를 면제하는 것으로 나타났다.

〈표 36〉 국가전문자격 선학습인정(RPL) 사례

구분	면제기준	상세 면제 조건
경영 지도사 및 경영 기술 지도사	중소기업진흥에 관한 법률 제48조 ②제46조제3항에 따라 1차 시험에 합격한 자에게는 다음 회의 시험에서 1차 시험을 면제하고 제49조에 따라 양성과정을 마친 자에게는 해당 연도와 다음 회의 시험에서 1차 시험을 면제한다.	[양성과정 이수 기준] (중소기업진흥에 관한 법률 시행규칙 제16조) • 지정된 주관기관 : 지도사 양성과정을 운영할 전문인력 및 시설을 갖춘 법인 • 교육시간 이수 : 60시간 이상 • 수료시험 합격 : 양성과정 이수 후 수료시험 실시 및 수료증 수여

구분	면제기준	상세 면제 조건
관광통역안내사	관광진흥법 시행규칙 제51조 별표 16의 제1호 관광통역안내사다.「고등교육법」에 따른 전문대학 이상의 학교에서 관광분야를 전공하고 졸업한 자(졸업예정자 및 관광분야 과목을 이수하여 다른 법령에서 이와 동등한 학력을 취득한 자를 포함한다)에 대하여 필기시험 중 관광법규 및 관광학개론 과목을 면제	• 전문대학 이상의 학교 관광분야 전공 및 졸업자(졸업예정자 및 동등 학력 취득자 포함) 졸업(예정) 증명서 제출
	관광진흥법 시행규칙 제51조 별표 16의 제1호 관광통역안내사 마. 문화체육관광부장관이 정하여 고시하는 교육기관에서 실시하는 60시간 이상의 실무교육과정을 이수한 사람에 대하여 필기시험 중 관광법규 및 관광학개론 과목을 면제. 이 경우 실무교육과정의 교육과목 및 그 비중은 다음과 같음 1) 관광법규 및 관광학개론: 30% 2) 관광안내실무: 20% 3) 관광자원안내실습: 50%	[실무교육과정 이수 기준] (관광통역안내사 교육기관의 지정 및 교육실시 등에 관한 규정_문화체육관광부고시 제2011-47호) • 지정된 교육기관 : 교육시설 기준 및 강사자격이 충족된 교육기관 • 교육시간 이수 : 60시간 이상 • 출석관리: 출석률 80% 이상 • 수료시험 합격 : 이수 후 수료시험 실시 및 수료증 수여
국내여행안내사	관광진흥법 시행규칙 제51조 별표 16의 제2호 국내여행안내사 가.「고등교육법」에 따른 전문대학 이상의 학교에서 관광분야를 전공하고 졸업한 자(졸업예정자 및 관광분야 과목을 이수하여 다른 법령에서 이와 동등한 학력을 취득한 자를 포함한다)에 대하여 필기시험을 면제 다.「초·중등교육법」에 따른 고등학교나 고등기술학교를 졸업한 자 또는 다른 법령에서 이와 동등한 학력이 있다고 인정되는 교육기관에서 관광분야의 학과를 이수하고 졸업한 자(졸업예정자를 포함한다)에 대하여 필기시험을 면제	• 전문대학 이상 학교(또는 동등한 학력) 관광분야 전공 졸업(예정) 증명서 제출 • 고등학교나 고등기술학교(또는 동등한 학력) 졸업(예정) 증명서 제출

구분	면제기준	상세 면제 조건
호텔 관리사	관광진흥법 시행규칙 제51조 별표 16의 제4호 호텔관리사 「고등교육법」에 따른 대학 이상의 학교 또는 다른 법령에서 이와 동등 이상의 학력이 인정되는 교육기관에서 호텔경영 분야를 전공하고 졸업한 자(졸업예정자를 포함한다)에 대하여 필기시험을 면제	• 대학 이상의 학교(또는 동등한 학력) 호텔경영 분야 전공 졸업(예정) 증명서 제출
호텔 서비스사	관광진흥법 시행규칙 제51조 별표 16의 제5호 호텔서비스사 가. 「초·중등교육법」에 따른 고등학교 또는 고등기술학교 이상의 학교를 졸업한 자 또는 다른 법령에서 이와 동등한 학력이 있다고 인정되는 교육기관에서 관광분야의 학과를 이수하고 졸업한 자(졸업예정자를 포함한다)에 대하여 필기시험을 면제	• 고등학교 또는 고등기술학교 이상 학교(또는 동등한 학력) 관광분야 학과 졸업(예정) 증명서 제출

자료 : q-net(2019), http://www.q-net.or.kr
국가법령정보센터(2019), http://www.law.go.kr
문화체육관광부(2011), 〈관광통역안내사 교육기관의 지정 및 교육실시 등에 관한 규정〉 고시
김기용 외(2019)에서 재인용.

나. 학점부문에서의 RPL 사례

학점부문의 RPL은 다시 고등교육기관(대학 등)과 학점은행제에 의한 RPL 사례로 구분할 수 있다.

먼저, 고등교육기관에서의 학점인정에 관한 규정은 고등교육법 및 시행령, 학점인정 등에 관한 법률 등에서 정규 고등교육기관 교육, 평생교육훈련기관 시설교육, 시험합격 및 자격취득, 근로경험 등을 인정사례로 규정하고 있다. 전문대학에서의 학점 인정은 학기제 현장실습, 타 대학 취득학점, 군복무 중 취득학점, 전적대학, 사회봉사활동, 청년취업아카데미, ICT

학점연계 프로젝트, K-MOOC, 산업체 학습경험 등 다양한 유형으로 인정하고 있으며, 교무위원회 심의를 거쳐 프로그램 특성에 따라 학기당 3학점~ 최대 18학점 까지 인정 가능하도록 규정하고 있다.

〈표 37〉 고등직업교육기관에서의 학점인정 관련 규정

구분	인정사례	관련 근거
정규 고등교육 기관 교육 이수자	• 대학, 산업대학, 교육대학, 전문대학, 방송대학·통신대학·방송통신대학 및 사이버대학(이하 "원격대학"이라 한다), 기술대학, 각종학교 졸업자 및 이와 동등 이상의 학력인정 기관에서 이수한 교과목 • 외국이나 군사분계선 이북지역에서 대학교육에 상응하는 교육과정을 마친 자	고등교육법 제23조 1,3항 고등교육법 제7조의 2항
	• 대학(산업대학, 전문대학 및 원격대학)에서 시간제 등록을 통해 이수한 교과목	고등교육법 제36조 1항
	※ 아래의 교육기관 및 시설에서 이수한 교과목 - 사관학교설치법에 의한 사관학교 - 경찰대학설치법에 의한 경찰대학 - 육군3사관학교 설치법에 의한 육군3사관학교 - 국군간호사관학교 설치법에 의한 국군간호사관학교 - 한국과학기술원법에 의한 한국과학기술원 - 산업교육진흥 및 산학협력촉진에 관한 법률에 의한 단기 산업교육시설 - 근로자직업능력개발법에 의한 기능대학 - 평생교육법에 의한 사내대학 형태의 평생교육시설 및 원격대학 형태의 평생교육 시설	학점인정 등에 관한 법률 시행령 제9조(학점인정 대상학교 등)
평생교육 훈련기관 및 시설교육 이수자	• 아래의 교육기관 및 시설 중 「학점인정 등에 관한 법률」에 의거 평가인정을 받은 교과목 - 전공과를 둔 고등기술학교·특수학교 또는 대학 및 전문대학에 준하는 각종학교 중 학력인정이 되지 아니하는 학교 - 공개강좌 또는 전공심화과정을 둔 전문대학 - 평생교육시설, 학원, 직업능력개발훈련시설, 한국산업기술평가 관리원, 한국세라믹기술원 및 전문생산기술연구소	학점인정 등에 관한 법률 시행령 제3조(평가인정 대상 교육훈련 기관) 평생교육법 제2조(계속)

구분	인정사례	관련 근거
평생교육 훈련기관 및 시설교육 이수자	- 국가 또는 지자체가 소속 직원 또는 일반인 등을 대상으로 교육 훈련을 실시하기 위하여 설치한 시설로서 교육훈련기관으로서의 별도 승인이나 신고 없이 운영되고 있는 시설 - 평생교육법 제29조 제2항에 따라 평생교육을 직접 실시 대학 및 동법 제30조 제2항에 따라 평생교육과정을 운영하는 대학	학점인정 등에 관한 법률 시행령 제3조(평가인정 대상 교육훈련기관) 평생교육법 제2조(계속)
	• 입영 또는 복무로 인하여 휴학 중인 사람이 원격수업을 수강하여 학점을 취득한 경우	병역법 제73조 제2항
시험합격 및 자격 취득자	• 자격기본법에 의한 국가자격과 국가의 공인을 받은 민간 자격 • 국가기술자격법에 의한 기사 또는 산업기사 이상의 국가기술자격취득자의 해당 시험과목 중 전공관련 시험과목 • 산업체 등에 서 일정한 교육을 받은 후 사내인정자격을 취득한 자	자격기본법 학점인정등에 관한 법률 시행령 제1항 10호 2 전문대학 산업체 위탁교육 시행지침
	• 국가, 지자체, 각급학교, 산업체 또는 민간단체 등이 실시하는 능력측정검사를 통하여 자격을 인정받은 자	평생교육법 제41조 2항 3호
근로 경험자	• 국가 무형문화재의 보유자로 인정된 사람과 전수 교육을 받은 사람으로서 대통령령으로 정하는 사람	학점인정 등에 관한 법률 제7조 2항 6호
	• 다른 학교 연구기관 또는 산업체 등에서 학습/연구/실습한 사실이 인정되거나 산업체에서 근무한 사실이 인정되는 경우	고등교육법 제23조 6항

자료: 교육부, 한국전문대학교육협의회 부설 고등직업교육연구소(2017). 전문대학에서 선행경험학습의 학점인정 방안에 대한 연구. 김기용 외(2019)에서 재인용

다음으로 학점은행제를 통한 RPL이 있다. 학점인정 등에 관한 법률에 의한 학점인정은 평가인정을 받은 학습과정 및 제7조 2항의 각 호에 규정하는 사항에 해당하는 자에 한해 인정하며, 학점인정 기준, 절차 등은 대통령령에 의해 규정한다. 학점인정 등에 관한 법률 시행령에 의해 평가인정

을 받은 학습과정에 따른 인정, 시간제 등록을 통한 인정, 자격 취득을 통한 인정, 독학학위제를 통한 인정 등 학력인정을 위한 학점인정 기준이 제시된다. 학력인정을 위한 학점인정 기준은 학점인정 등에 관한 법률 시행령의 [별표3]에 규정하고 있다. 규정에 따르면 평가인정을 받은 학습과정에 따른 인정, 시간제 등록을 통한 인정, 학교 또는 평생교육시설에서 교육과정을 마친 자에 대한 인정, 자격 취득을 통한 인정, 독학학위제를 통한 인정 등이 학점인정 기준으로 제시된다.

〈표 38〉 학력인정을 위한 학점인정 기준

구분	관련 법령	학점인정의 기준
1. 평가인정을 받은 학습과정을 마친 사람	법률 제7조 제1항	이수한 교육과정 또는 학습과정에서 정한 학점을 인정한다.
2. 시간제로 등록하여 수업을 받은자	법률 제7조 제2항제3호	
3. 대통령령으로 정하는 학교 또는 평생교육시설에서 「고등교육법」, 「평생교육법」 또는 학칙으로 정하는 바에 따라 교육과정을 마친 자	법률 제7조 제2항 제1호	강의시간 50분(실험·실습·실기의 경우에는 100분)을 1단위로 하여 15단위 이상을 이수한 경우를 1학점으로 하는 기준에 따라 환산하여 인정한다.
4. 외국이나 군사분계선 이북지역에서 대학교육에 상응하는 교육과정을 마친 자	법률 제7조 제2항 제2호	해당 교육과정 이수, 자격 취득 및 자격 취득에 필요한 교육과정 이수에 대하여 대학 및 전문대학에서 부여하는 학점에 상당하는 학점을 인정하되, 학점인정심의위원회의 심의를 거쳐 원장이 정하는 바에 따른다.
5. 대통령령으로 정하는 자격을 취득하거나 그 자격 취득에 필요한 교육과정을 마친 자	법률 제7조 제2항 제4호	
6. 대통령령으로 정하는 시험에 합격하거나 그 시험이 면제되는 교육과정을 마친 자	법률 제7조제2항 제5호	다음 각 목의 기준에 따른다. 가. 교양과정 인정시험 합격자 및 시험면제 교육과정 이수자: 과목당 4학점, 최대 20학점

구분	관련 법령	학점인정의 기준
6. 대통령령으로 정하는 시험에 합격하거나 그 시험이 면제되는 교육과정을 마친 자	법률 제7조제2항 제5호	나. 전공기초과정 인정시험 합격자 및 시험면제 교육과정 이수자: 과목당 5학점, 최대 30학점 다. 전공심화과정 인정시험 합격자 및 시험면제 교육과정 이수자: 과목당 5학점, 최대 30학점 라. 학위취득 종합시험 합격자: 과목당 5학점, 최대 30학점 마. 가목부터 라목까지의 과목별 학점인정은 1개의 학위과정 취득에만 적용한다. 바. 학위취득 종합시험 합격자의 단계별 시험 합격 또는 면제 교육과정 이수결과는 학점으로 인정하지 않는다.
7. 「무형문화재 보전 및 진흥에 관한 법률」 제17조에 따라 국가무형문화재의 보유자로 인정된 사람과 그 전수교육을 받은 사람으로서 대통령령으로 정하는 사람	법률 제7조제2항 제6호	다음 각 목의 기준에 따른다. 가. 「무형문화재 보전 및 진흥에 관한 법률」제17조제1항에 따른 국가무형문화재 보유자: 140학점 나. 「무형문화재 보전 및 진흥에 관한 법률」 제25조제2항 본문에 따른 전수교육을 받은 사람 1) 전수교육을 3년 이상 받은 사람: 21학점 2) 전수교육을 2년 이상 3년 미만 받은 사람: 14학점 3) 전수교육을 1년 이상 2년 미만 받은 사람: 7학점 4) 전수교육을 6개월 이상 1년 미만 받은 사람: 4학점
7. 「무형문화재 보전 및 진흥에 관한 법률」 제17조에 따라 국가무형문화재의 보유자로 인정된 사람과 그 전수교육을 받은 사람으로서 대통령령으로 정하는 사람	법률 제7조제2항 제6호	다. 「무형문화재 보전 및 진흥에 관한 법률」 제26조제1항에 따른 전수교육 이수증을 발급받은 사람: 30학점 라. 「무형문화재 보전 및 진흥에 관한 법률」 제19조제1항에 따른 전수교육조교: 60학점 이내에서 교육부장관이 정한다.

자료: 학점인정 등에 관한 법률 시행령, 대통령령 제29281호(2019). [별표 3] 학력인정 등을 위한 학점인정의 기준(제11조 관련). 김기용 외(2019)에서 재인용

또한 자격기본법에서는 자격취득자에 대해 종목 및 수준에 따라 학점으로 인정할 수 있도록 규정하고 있으며, 그 밖에 전문대학 산업체 위탁교육 시행지침에서는 위탁교육생의 현장실습을 학점으로 인정할 수 있도록 법적 근거를 제시하고 있다. 자격기본법 제9조에 따르면, 산업교육기관에서 입학지원자가 취득한 자격을 그 종목 및 수준에 따라 학점으로 인정할 수 있다고 규정하고 있다. 전문대학 산업체 위탁교육 시행지침에 따르면 동일분야 전공 관련 교과목, 산업체 등에서 이수한 연수 및 현장실습 관련 교과목, 기능대학 등에서 이수한 전공관련 교과목, 국가기술자격취득자의 전공 관련 시험 과목, 동일 직무 전공 관련 근무 경력 등에 대해 관련 교과목을 이수한 것으로 인정할 수 있는 것으로 법적 근거를 제시하고 있다.

3. 외국의 RPL(선행학습인정) 사례

외국의 RPL(선행학습인정) 사례를 살펴보기에 앞서, 개별 국가의 사례를 일일이 보기보다는 이해영 외(2011)의 "선행학습인정(RPL) 적용 기반 구축을 위한 운영 매뉴얼 개발 연구"에서 제시된 해외 RPL제도 비교표를 살펴본 후에, 스킬 프레임워크 즉 역량체계(QF)가 작동되면서 직무능력단위를 중심으로 RPL을 운영하는 호주 중심으로 좀 더 구체적으로 살펴보고자 한다.

〈표 39〉 외국의 RPL(선행학습인정) 사례 비교

구분	호주	EU	미국	캐나다
국가역량체제(NQF) 적용	호주역량체제(AQF)에 의한 적용 규제	유럽원칙 권장함. 각 나라의 국가역량체제(NQF)에 의한 적용 권장	국가역량체제 없이 자율적 적용	국가역량체제 없이 자율적 적용
인정범위	형식, 비형식, 무형식 학습	형식, 비형식, 무형식 학습	형식, 비형식, 무형식 학습	형식, 비형식, 무형식 학습

구분	호주	EU	미국	캐나다
운영원칙	신뢰성, 충분성, 타당성, 통용성	자발성, 사생활보호, 접근성, 공평성, 공정성, 질적 추구, 투명성, 신뢰성, 타당성	타당성, 신뢰성, 적절성, 포괄성, 질 관리	접근성, 책무성, 기준, 효율성, 공정성, 공평성, 적법성, 질적 추구, 항소권리, 투명성, 정당성, 신뢰성
평가 준거	직무능력단위	• generic접근 : 국가 표준역량 • summative접근 : 국가자격체제 표준 • formative접근 : 지식, 기술, 역량	단위학과의 전공내용	노동 현장의 기준, 전문적인 협회에서 제시한 기술이나 역량, 대학에서 제시한 교육과정
절차	• 후보자 신청, • 신청서 평가 • 평가영역 선정, • 평가 • 과제수행 관찰, • 작업장 관찰 • 조회, • 최종결정	• 포트폴리오 평가 • 평가 • 기준-지향 인터뷰 • 일터관찰 • 다른 형태의 시험	〈대학별로 운영〉 • 평가목적 설정 • 필요한 증거자료 수집 • 적절한 증거자료 수집방법 사용 • 증거자료 해석, 판정 • 평가결과 기록 • 주요이해당사자 보고	• PLAR 상담 • PLAR 지원 • PLAR 적격여부 승인 • 지원자 평가준비 • 전문가의 평가 수행 • 결정 • 평가결과 기록
평가 인정주체	평가인정 받은 등록 훈련기관(산업체 포함) : 국가적 수준의 질 관리	• 국가 : 국가적 수준의 질 관리 • 조직 : 교육기관, 회사, 성인교육제공자, 자원봉사기관 등	대학별로 평가 : 대학차원의 자구적 질 관리	대학, 중등교육기관 혹은 기타 교육기관, 직업적인 면허증이나 자격증 발급 기관별로 평가 : 협회 및 단위대학 차원의 질 관리
신청자의 평가인정 증빙서류	• 1차 증거자료: 증명서, 이수 과목 개요, 에세이, 과제, 프로젝트, 자신이 보유한 기술, 지식, 경험을 입증할 수 있는 사물이나 문서 • 2차 증거자료: 다른 사람이 간접적으로 입증할 수 있는 자료 • 포트폴리오 : 자신의 역량을 입증하기에 적합한 설명자료	• 준비 : 자기평가, SWOT분석, 학습목표 만들기 • 인정 : 개인프로파일작성, 포트폴리오 형식 선택 및 작성 • 평가 및 타당화 : 포트폴리오평가 • 개발 : PDP(개인개발계획)로 전환 • 실행	학위프로그램, 이론적인 에세이, 입증자료, 학생의 결과물, 구조화된 인터뷰, 구두 또는 필기시험 등을 포함한 포트폴리오	• 학점전환 : 학점/성적 전환 요청서, 성적증명서, 교육과정 개요 • 포트폴리오 : 교육이나 경력 목적을 구체화시킨 문서, 학습결과와 역량 설명서, 학습 증명 기록 등) • 시험 : 과제물 등 • 외부 교육과정 : 학점/성적 전환 요청서, PLAR 포트폴리오

구분		호주	EU	미국	캐나다
평가 방법		포트폴리오에 의존	• 토론, • declarative 방법 • 인터뷰, • 관찰 • 포트폴리오, • 발표 • 일로부터 추출된 모의실험과 증거자료, • 시험과 조사	• 대학수준시험프로그램(CLEP) : 칼리지보드 주관 • 비정규교육훈련프로그램 이수 • 대학별 시험 • 포트폴리오, 자격증 등에 대한 평가(주로 시험에 의존	• 학점으로 전환될 수 있는 교육활동 • 포트폴리오 • 설명이 요구되는 시험 • 외부교육과정 및 프로그램
평가인정 결과의활용		국가자격취득		대학에서 선행학습경험을 평가 후 학점을 부여	학점취득

출처 : 이해영 외(2011),선행학습인정(RPL) 적용 기반구축을 위한 운영 매뉴얼 개발 연구. 국가평생교육진흥원.

    호주 선행학습인정(RPL)은 개인의 형식, 비형식 및 무형식 학습을 평가하여 직업교육훈련 자격에 대한 필수학습 결과, 역량 결과, 부분 또는 전체 완료 달성 정도를 결정하는 평가 프로세스로, 호주역량체계(AQF)확립에 따라 중등교육, 직업교육훈련, 고등교육 부문간 상호 연계성 확보 수단으로써 RPL 및 학점전환 제도를 실시하고 있다. 호주의 RPL은 자격 취득을 위한 공식적 인정 학습 외에 다양한 장소와 방법을 통해 습득한 지식, 기술을 포함하여 직무능력단위별로 인정되며, 이러한 RPL을 통해 중복 학습 방지, 경력 가속화, 경험에 대한 공식 인정 등이 가능하고, 비용적인 측면에서도 공식 자격 취득까지 일부 지원이 가능하다. 정리하면, 호주의 RPL을 통해 형식, 비형식, 무형식학습을 AQF(직업교육훈련-고등교육) 내에 들어갈 수 있도록 하는 것이고, 이 중 직업교육훈련과 고등교육간은 학점전환(Credit Tranfer/Articulation)으로 연계될 수 있는 것이다.

〈표 40〉 호주의 RPL(선행학습인정) 제도

구분	학점전환		선행학습인정(RPL)
	Credit Transfer	Articulation	
개념	• 상호 연관된 자격 간 학습성과와 내용의 등가성을 기반으로 이미 자격을 갖춘 학생에게 학점을 제공 • 단, Articulation의 경우 이후 자격과정에 대한 입학 허가가 부여		• 자격내용과 유관하며 형식, 비형식, 무형식 학습을 포함하는 일련의 학습을 평가하는 과정
활용주체	• 주로 대학, TAFE, 전문대 등에서 이루어진 형식학습 • RTO 또한 학점전환은 가능		• 주로 RTO에서 활용 • TAFE, 전문대학 등 교육기관에서도 RPL 시행 가능
인정대상	• 사전에 취득한 완전한 AQF 자격 • 부분 자격인증(Statement of Attainment)		• 형식, 비형식, 무형식 학습
인정단위	• 학점(Credit)		• 직무능력단위(unit of competency)

자료 : 이해영 외(2011). 선행학습인정(RPL)적용 기반구축을 위한 운영매뉴얼 연구. 평생교육진흥원.김기용 외(2019)에서 재인용

　　호주에서 개인은 습득한 전문역량을 입증할 수 있는 증거자료를 준비하여 평가기관을 통해 선행학습을 인증할 수 있으며, 선행학습의 경력이 부족하다고 판단될 경우, Gap Training(기술갭훈련)을 통해 부족한 능력단위(unit of competency)의 교육을 실시하여 자격을 완성할 수 있다. 호주에서 개인은 이전의 형식교육, 근로경험, 비형식학습, 산업 혹은 현장 기반 학습, 삶의 경험 등을 통해 습득한 전문역량을 입증할 수 있는 증거자료를 준비하여 평가기관을 통해 선행학습을 인증한다. 증거자료로는 자신이 만든 혹은 직접적인 증거인 1차 증거자료와, 타인을 통해 입증할 수 있거나 간접적 자료인 2차 증거자료로 구분된다.

　　호주 RPL은 능력단위를 준거로, 인정받고자 하는 코스 및 역량에 필요한 포트폴리오를 구성하여 포트폴리오를 기반으로 평가가 이루어지며, 필요할

경우 추가 절차가 요청된다. RTO의 평가자에 따라 증거자료 및 인정 방법이 달라 질 수 있기 때문에 평가자의 역량이 중요하다. 호주 RPL 결과는 부분자격이수증명서(Statement of attainment)를 획득하여 성취내역서(Record of Results)나, 정식자격(Testamur)을 획득하여 학점으로 인정할 수 있다.

〈표 41〉 호주 AQF Qualifications Issuance Policy

구분		내용
2.1.AQF 자격증 발급	2.1.1.	AQF 자격 획득으로 이어지는 학습 프로그램을 이수한 모든 이수자를 대상으로 자격 인증을 위한 다음 증명서 발급 - 자격증(Testamur) - 성취내역서(Record of Results)
	2.1.2.	AQF 자격 요건의 일부를 수료한 학생들은 성취내역서 발급 가능
2.5.부분자격이수증명서 발급		- 공인된 자격 또는 공인된 단기 과정의 능력단위를 수료 후 증명서 발급 - 부분자격이수증명서(Statement of Attainment)를 통해 개인의 평생학습 목표달성 기여 판단
	2.5.1.	공인된 능력단위를 이수한 이수자를 대상으로 자격 인증을 위한 다음 증명서 발급 - 부분자격이수증명서(Statement of Attainment) -성취내역서(Record of Result)
2.5.부분자격이수증명서 발급	2.5.2.	부분자격 이수증명서 인정된 기관에 한하여 발급 가능
	2.5.3.	부분자격 이수증명서를 발급하는 기관은 정부규제 및 품질보증 제도 준수 필요해야 하며, 준수여부는 인증기관에 의하여 모니터링 됨

출처 : AQF(2013), AQF Second Edition, 김기용 외(2019)에서 재인용

호주의 훈련은 기본적으로 자격단위로 이루어졌으나, 능력단위 또는 능력단위의 조합(Skill set)으로 이루어졌기 때문에 개별 능력단위 이수를 통해 공인 자격 취득이 가능하며 이는 다른 공인교육훈련기관에서도 상호 인정이 가능하다. 능력단위 이수로 자격의 일부 요소만 인정받을 경우 다른

RTO에서도 상호 인정이 가능하며, 모든 능력단위를 이수했을 경우, 추가적인 평가나 과정이수 절차 없이 공인 자격 취득이 가능하다.

4. 직무능력은행제에서의 RPL 운영 방안 : 능력단위 인정

해외의 사례를 살펴보면 호주 RPL은 개인의 형식, 비형식 및 무형식 학습을 평가하여 직업교육훈련 자격에 대한 필수학습 결과, 역량 결과, 부분 또는 전체 완료 달성정도를 결정하고, 영국 RPL은 QCF(Qualification Credit Framework))를 기반으로 학습자의 선행경험 및 경력 등을 자격이나 학위로 인정하며, 학점의 축적 및 교환 시스템으로 선행학습과 자격을 연계하고 있다. 우리나라의 직무능력은행제는 교육훈련과 자격 등 다양한 경로로 취득한 직무 능력을 '저축'의 방식으로 통합 관리하는 제도이다. 개인은 직무능력계좌에 저축된 직무능력에 대해 인정서를 발급받아 본인이 습득한 다양한 직무능력을 취업 및 경력개발 등에 손쉽게 활용할 수 있다. 현재의 직무능력은행에서 발급되는 직무능력인정서는 다양한 직무능력을 갖추었다는 정보로서의 의미는 매우 크지만, 직무능력의 품질관리는 미흡한 실정이다. 직무능력은행에 저축되는 NCS 기반 교육과 훈련, 자격 및 경력 등에서 연계되는 핵심 기제는 '능력단위'이므로, 저축한 능력단위의 품질관리는 지속적으로 고민할 필요가 있겠다. 따라서 직무능력은행제에서의 RPL은 능력단위 인정방안을 본격적으로 고민할 필요가 있겠다.

능력단위 인정방향은 크게 단순이수, 기관검증, 국가공인인 세 단계로 구분하여 이수결과(단순이수), 서류심사(기관검증), 능력단위평가(국가 공인)를 반영한다. 먼저, 단순이수형은 NCS기반으로 설계된 교육과정 수료를 확인하는 것으로서 개인 이력서 및 평생경력개발 계획 시 참고하는 용도로 활용한다. 둘째, 기관 검증형은 NCS 교육훈련을 한 기관에서 일정 기준 이상을 충족할 경우 발급하는 것으로서 이는 과정평가형 자격의 내부평가를 충족한 것으로 인정하여 단순이수보다 채용시 더 나은 신호 기능을 제공할 수 있도록 한다. 셋째, 국가공인형은 외부평가 면접, 포트폴리오 심사 등을 통해 공신력 있는 단체로부터 인정받을 때 발급하는 것으로서 추후, 국가기술자격 및 학점인정, 학위 또는 응시자격에 반영한다. 이에 대한 논의를 정부 중심으로 보다 심층적으로 논의 될 필요가 있겠다.

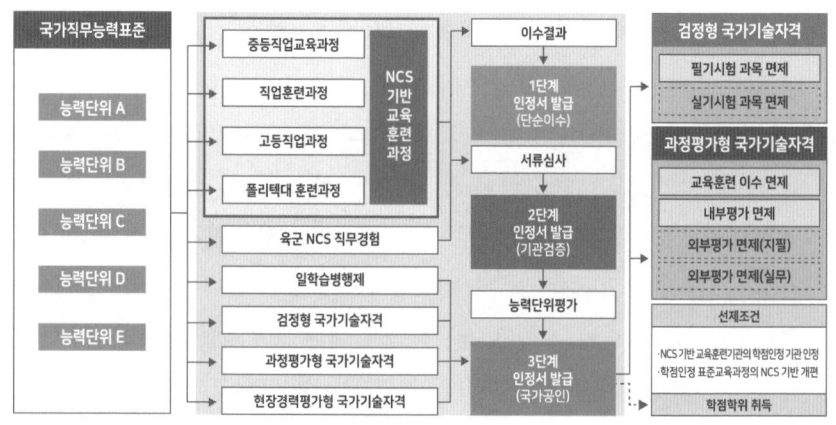

[그림 49] 국가직무능력표준(NCS) 능력단위 인정방안(직무능력은행제에서의 RPL방안)

자료: 김병호(2020). 국가직무능력표준(NCS) 은행제 구축 BRP 및 ISP수립. 한국산업인력공단.

한국의
SKILLS *Future*

X. 스킬 중심 직업교육훈련(VET)질 관리체계 구축은?

"한국의 SkillsFuture"를 추천합니다.

"2021년도 사람인에서 기업을 대상으로 "퇴사자 조사결과" 조기(입사 3개월 이내) 퇴직자가 44.7%에 달했고 기업들이 생각하는 직원들의 조기 퇴사 사유로 ① 직무가 적성에 안 맞음(45.9%, 복수응답), ② 낮은 연봉(36.2%), ③ 조직문화 불만족(31.5%), ④ 높은 근무 강도(21.4%) 등의 순이었다. 이로 인해 기업은 ① 추가 채용으로 시간 및 비용 손해(73.8%, 복수 응답), ② 기존 직원의 업무량 증가(49.1%), ③ 업무 추진 차질(36.3%), ④ 기존 직원의 사기 저하(35.4%) 등의 피해가 발생하였다고 한다.

이는 지속적으로 제기되고 있는 직무의 범위와 기준, 역량 수준, 보상과의 연계 등이 명확하지 않은 데에서 기인한다고 할 수 있을 것이다. 향후 멈출 줄 모르는 과학기술의 고도화는 우리 인류의 삶의 질을 향상시킬 것이나, 이로 인해 미래 고용시장의 변화를 예측하기가 어렵고 노동의 가치가 희석되어 노동 기피 현상이 우려된다.

우리 인류는 직업인으로 각자 자신의 직무를 수행함으로써 서로 상부상조하며 공동체가 유지된다. 또한, 일을 통해 인류 각 개인의 자아실현을 거쳐 자아 초월 욕구를 충족하여 행복추구권을 행사한다. 따라서 과학기술의 고도화에 적합한 노동 가치를 확립하여야 한다.

이를 위해 직업인으로 직무 수행에 필요한 지식, 기술, 태도를 규명하고 산업현장과 교육·훈련에서 적용되어야 한다. 그간 정부에서 2000년부터 개발을 시작하여 현재 공공기관을 중심으로 채용에 적용되고 있는 국가직무능력표준(NCS) 개발과 활용·확산의 실무를 거쳐 총괄관리 하던 전 김진실 원장이 그동안의 실무경험과 연구를 통해 발간되는 이 도서가 산업사회와 교육·훈련기관 등에서 다양하게 활용되어 노동의 가치가 실현되기를 바라고 기대한다."

백석대학교, 한국공학대학교 **이연복** 초빙교수/前 한국산업인력공단 국제인력본부장

"이 책은 한국의 직무역량 관련한 학계에서의 논의, 정부의 제도 및 정책 현황, 해외에서의 역량체계 운영현황, 향후 정책방향 등 광범위한 분야에 걸친 내용을 명확하고 일관된 관점에서 기술하고 있다. 과도한 학력중심 일자리 문화를 극복하고 직무역량을 중시함으로써 공정한 일자리 문화를 창출해 나가는 것이야말로 이 시대에 반드시 필요한 국가적 과제임을 상기한다면, 이 책은 관련 정책담당자, 인사관리 전문가, 관련 연구자들 뿐 아니라 공정한 노동문화를 갈구하는 많은 대중에게 폭 넓게 읽힐 필요가 있다."

한국직업자격학회 **김주섭** 고문/前 한국노동연구원 선임연구위원

X. 스킬 중심 직업교육훈련(VET) 질 관리체계 구축은?

학습개요

이 장에서는 우리나라 스킬 관련 환경적·구조적 실태와 현재 직업교육과 직업훈련의 현상을 진단하고, 향후 직업교육훈련의 나아갈 방향과 품질관리체계에 대해서 제시한다.

학습목표

1. 우리나라 스킬 관련 환경적·구조적 실태를 설명할 수 있다.
2. 우리나라 직업교육과 훈련의 실태를 설명할 수 있다.
3. 향후 직업교육훈련의 나아갈 방향에 대해서 설명할 수 있다.
4. 우리나라 직업교육훈련의 품질관리체계에 대해서 설명할 수 있다.

1. 우리나라 스킬 관련 환경적·구조적 실태

미래사회는 뷰카 시대(VUCA: 사회가 급변하고(volatile), 불확실하고(uncertain), 복잡하고(complex), 모호한(ambiguous)}로서 사회시스템 개혁이 필수적이다. 여전히 우리사회는 능력보다 학벌 및 스펙이 중시되고, 개인의 직무능력에 대한 객관적인 정보 제공도 부족한 상황으로, 중소기업 인력난과 청년실업 문제가 동시 발생한다. 지난 13년부터 본격적으로 산업현장의 직무수요를 중심으로 교육훈련, 자격제도를 개편하기 위해 국가직무능력표준(NCS) 개발·착수하여, 활용·확산하고 있지만, 여전히 직업교육과 직업훈련의 수평적·수직적 연계, 교육과 자격의 연계, 능력중심채용과 인사관리의 연계체계가 부족하고, 교육과 훈련을 공급하는 학교와 훈련시장의 경쟁체제가 미흡하고, 수요자 유인책 및 보상체계가 미흡하며, 품질관리 체계가 불명확한 실정이다.

우리경제는 '70~'80년대의 7~8% 이후 잠재성장률의 저하와 함께 경제성장률이 1% 대로 하락하였고, 비정규직 근로자의 비중의 증가 및 임금격차가 지속되며, 인구절벽시대 조세부담의 증가, 노인부양에 따른 사회복지 비용 증가 및 경제성장 동력상실 등 많은 문제가 존재한다. 또한 인력수급의 미스매치로 기술불일치(skill-mismatch), 일자리 불일치(job-mismatch), 정보불일치(information-mismatch)로 산업간·직업간·지역간 원활하지 못한 인력이동 등 부분별로 인력부족과 취업난이 동시에 존재한다.

국민의 인식을 살펴보면, 학령인구의 감소, 대학정원의 확대 등에 따른 고등교육 욕구 증대에 따른 대학 교육이 보편화되어 있고, 학벌주의에 따른 직업교육훈련 기피 현상이 점점 심해지고 있다.

산업구조변화는 AI, 클라우드, Iot 기술 등 디지털 혁신으로 직업직무변화가 빠르게 이루어지고 있고, 전문가 (특히, ICT 분야)직이 증가하고, 단순 기능직·노무직은 감소 추세이며, 고용형태는 임시·일용직의 비중과 시간제·파견·임시계약 근로 등 비정규직 비중이 증가하고 있다. 채용 형태도 기업의 수시채용 및 경력직 채용 경향이 증가하면서 신규졸업자의 취업 기회를 크게 제약하고, 고졸자의 경우 채용시장이 파견직·계약직 위주로서 고용 후 다시 실업상태로 전락가능성이 커지고, 고학력자간 취업 경쟁의 심화, 대졸자의 하향 취업 등으로 고졸자의 취업난이 더욱 심화되고 있는 실정이다.

2. 우리나라 직업교육·훈련의 실태

직업교육과 직업훈련은 "학생 및 근로자 등에게 취업 또는 직무수행에 필요한 지식·기술·태도를 습득·향상시키기 위하여 실시하는 활동"으로 개념이 비슷함에도 불구, 현재, 우리나라는 「직업교육·직업훈련」의 운영체제가 분리(주관부처, 실시기관, 교육훈련과정의 수평적·수직적 연계 부족 등)된 실정이다. 직업교육은 교육부(중등직업교육 따로, 고등직업교육 따로, 평생교육 따로), 연구중심을 추구하는 4년제 대학도 대다수 직업교육을 진행하는 등 매우 혼란스러운 상황이고, 직업훈련 역시 고용부 직업능력정책국에서 관장하고 있으나, 기업이 아닌 훈련기관 중심, 경직된 훈련심사체계, 상시적 수요자 맞춤형 심사가 아닌 필터링을 위한 심사체계 등 한계점을 드러내고 있어, 직업교육과 훈련을 공급하는 학교와 훈련시장의 경쟁체제가 미흡하고, 수요자 유인책 및 보상체계가 미흡한 실정이다.

좀 더 구체적으로 살펴보면, 첫째, 비전을 제시 못하는 단절된 직업교육훈련이다. "학교 → 산업체 → 학교"간 이행이 원활하지 못하여, 산업체 입직 후 계속교육을 통해 직업에서 성공적인 삶을 살 수 있다는 비전을 제시하지 못하는 실정이다.

둘째, 경직된 경력개발 경로 운영으로, 직업교육훈련의 '낙인효과(stigma)'로, 직업교육 및 훈련에 대한 부정적 인식이 여전히 존재한다.

셋째, 국가단위의 운영으로 인한 경쟁체제가 부족하여, 교원 수급, 대학입시, 국가 단위 교육과정 운영, 훈련비용 지급 등으로 사회적 수요에 맞는 교육훈련과정의 운영이 어려운 실정이다.

넷째, 산업체의 직업교육훈련에 대한 관심과 투자가 미약하다. 산업체는 해당 산업체에 필요한 인력을 교육에 대한 직접 투자를 통해 확보하겠다는 인식보다는 이미 훈련된 인력을 확보하는데 더욱 신경쓰고 있다.

다섯째, 정부부처와 지자체는 인력양성에 대하여 관심이 부족하고, 획일화된 훈련비용 단가체계로 인하여 교육훈련 품질보다는 가격경쟁을 통하여 고객을 유치할 가능성이 크다.

여섯째, 직업교육훈련과정은 학생·산업체·지역사회의 수요에 무관한 과정이 여전히 존재하고, 미래 융·복합화된 기술 및 기능을 습득할 수 있는 직업교육훈련의 컨텐츠가 부족하며, 교육훈련과 자격의 연계가 미흡하다. 여전히 우리 자격은 교육훈련된 우수한 인력을 선별한다거나 직업능력의 축적을 경쟁적으로 유인하는 역할을 충분히 수행하고 있지 못한 것으로 평가되고 있는 실정이다.

일곱째, 직업교육 교원 수급의 경직성으로 사회적 수요가 빠르게 변하는 수요를 경직된 교원수급으로 인해 따라가지 못하고 있고, 직업훈련 교·강사의 처우 및 전문성 개발체계도 미흡한 실정이다.

여덟째, 직업·진로지도 역시 체계적인 중개시스템이 부족하다. 고용센터와 학교와의 진로지도연계체계가 부족하여, 학생들의 구직정보, 산업체의 구인정보를 매개하기 어렵고, 개별학교 교사 및 개별산업체 차원에서 구인·구직이 이루어져 낭비와 비효율이 존재한다. 이는 개별학교, 지자체, 산업체, 지역 고용센터 간의 분절된 진로지도 및 직업상담으로 소질과 적성에 대한 고려없이 성적 위주의 대학 진학에 치중하고 있으며, 학과와 진로 변경이 어려운 실정이다.

아홉째, 직업교육훈련기관간의 경쟁체제가 미흡하여, 직업교육과 직업훈련을 제공하는 기관 및 과정에 대한한 평가(모니터링, 기관평가, 과정평가)에 대한 일관성 및 현장성 부재로 인한 시장이 혼란스럽다. 직업교육과정은 지자체 교육청에서, 직업훈련과정은 한국기술교육대학교 직업능력심사평가원에서(일부 과정심사는 인력공단에서) 이루어지고 있고, 직업교육훈련기관 평가주체(지자체 시도교육청, 공단, 직능원) 및 평가지표(기관평가 및 학점인정)가 다름으로 인해 결과 연계가 부족한 실정이다.

열 번째, 직업교육훈련에 대한 과정평가 주체 및 기준이 미흡하며 명확하고 일관된 기준보다는 현장전문가의 경험 및 판단에 의존하는 경향이 발생된다.

3. 향후 우리나라 직업교육·훈련의 방향

향후 우리나라 직업교육과 직업훈련은 선진국의 직업교육훈련(VET)시스템이 작동될 수 있도록 해야 한다.

먼저, 스킬 프레임워크(KQF 혹은 SQF · NCS 포함) 중심으로 직업교육훈련체계가 작동되어야 할 것이다. 즉, 산업현장에서 통용되는 수준별 직무에 필요한 능력을 키울 수 있도록 직업교육과 훈련과정이 설계되고 운영되어야 하며, 교육훈련받은 결과가 자격 혹은 인증서(예, 능력단위 인정)로 통용될 수 있도록 하여야 한다.

둘째, 직업교육과 훈련의 이해관계자인 정부와 산업체와 지자체와 교육훈련기관과 학생의 수요을 반영하여 협력과 연계체계가 구축되어야 한다.

셋째, 직업교육훈련시장의 인프라(틴업, HRD넷, 잡케어, 직무능력은행제, 커리어넷 등)를 활용하여 수요자 선택권 강화를 위한 컨텐츠 확보 및 체계적 정보공시시스템이 작동되어야 한다. 학생 중심의 진로지도 및 경력개발이 될 수 있도록 해야 한다.

넷째, 자격 없는 교육훈련이 없도록 교육훈련의 질관리를 위하여 직업교육훈련과 자격제도의 연계가 강화되어야 한다. 특히 직업교육훈련에 대한 이력관리 및 이에 대한 자격부여절차가 마련되어야 한다.

다섯째, 산업체 기반 SQF에서 제공되는 역량인정방안에 따른 학위, 교육훈련, 자격, 경력 등이 관리될 수 있도록 해당 전공분야의 SQF를 활용하여야 한다.

여섯째, 현재 이원화된 직업교육교사와 훈련교사 양성 및 연수체계를 체계적으로 협업 및 연계가 될 수 있도록 운영해야 한다.

일곱째, 산업구조변화에 따라 직종별 직업교사 및 훈련교사를 유연하게 수급 조절체계를 마련해야 한다.

여덟째, 각 지자체-학교급간-고용센터-인력공단 등 유관기관과의 협업체계를 지역 중심으로 운영할 수 있도록 산업 및 직업을 이해하는 진로지도 전문인력을 확보해야 한다.

아홉째, 국가 차원의 직업교육훈련의 품질을 관리할 수 있는 전국적 네트워크를 지닌 상시적 품질관리기구가 필요하다. 현재 지역교육청, 인력공단, 한기대 직업능력심사평가원, 전문대학 인증평가 등 다양한 기구에서 이루어지는 직업교육훈련 품질관리체계를 일관되게 운영될 수 있도록 해야 한다.

열 번째, 선진국과 같이 산업계가 참여해서 개발한 스킬 프레임워크와 기준(우리나라는 SQF와 NCS)을 활용하여 산업별 교육훈련·자격전문가, 정부부처 관계자등으로 구성된 품질관리위원회가 작동될 수 있도록 해야 한다.

4. 우리나라 직업교육·훈련의 품질관리체계

향후 '스킬(역량, 직무능력)' 중심의 산업별·지역별 직업교육훈련체제 구축하여, 산업별·지역별 인력양성의 수급 예측 및 수요 기반 인력양성의 책무성을 강화할 필요가 있다. 직업교육훈련의 성공을 이루기 위해서는 정부, 지자체, 산업체, 노·사의 적극적인 파트너쉽이 필요하다. 특히, 채용부터 인사관리에 이어서 보상시스템까지 스킬(역량, 직무능력) 중심으로 운영되어야 한다.

〈표 42〉 '스킬(역량, 직무능력)'중심의 직업교육훈련체계 구축

School- to- Work		Work-to-School
재학 (적성에 맞는 직업찾기)	입직 (4년 빨리 일하기)	재직 (기업 핵심인재로 성장하기)
- 직업교육 지원강화 - 직업·진로지도 역량강화 - 일하고 싶은 강고기업 정보제공, 비전공유 - 취업학생에게 기술교육 및 취업지원 제공	- 학교·기업·고용센터·지자체간 연계로 밀착형 취업지원 체계화 - 강소기업 채용약정 훈련지원 - 직무능력 중심 채용관행 확산	- 교육-훈련-자격-경력 병행체계 - 현장 중심 숙련기술 up-grade기업 적응훈련과정 신설 - 숙련기술·기능인 우대문화 확산

출처 : 고용노동부(2011). 공생발전을 위한 일자리생태계. 직업교육학술대회 발표자료.

둘째, '유연한' 직업교육훈련기관을 운영해야 한다. 누구라도, 배우고 싶은 내용을, 언제라도 자기가 편한 시간에, 다양한 방법으로 배울 수 있도록 학교에서 일터로, 혹은 일터에서 학교로의 이동이 원활하게 이루어질 수 있도록, 직종 및 과정의 특성에 따라 개방해야 한다.

〈표 43〉 유연한 직업교육훈련체계 운영(단, 현재 학제로 인하여 현실적인 제약이 존재)

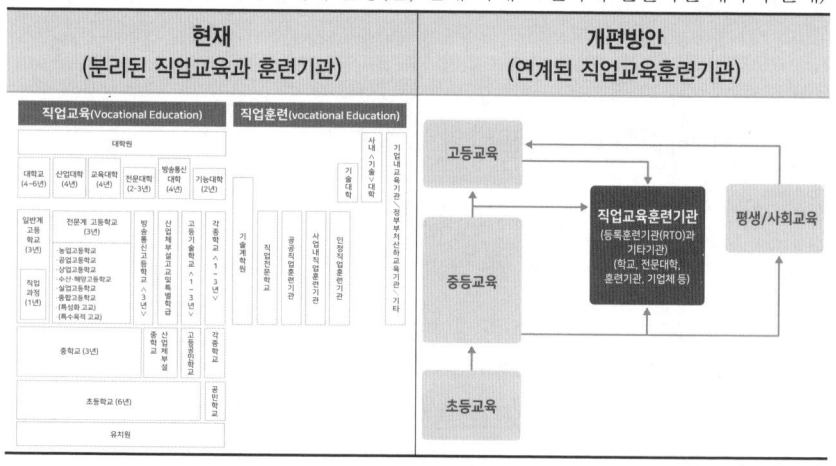

직업교육과 직업훈련의 수평적·수직적 연계가 이루어질 수 있도록 산

업별 · 지역별로 관리한다. 또한 ISC와 RSC 등을 통하여 산업과 지역 내 고용창출 및 인력양성에 대한 책무성 강화를 위해 재정지원체제, 직업교육훈련체제 및 국제협력 추진체계 등을 정비해야 한다.

❖ (수평적 연계) 직업교육과 훈련기관 간의 교육과정 및 운영, 평가, 설비나 기자재 등을 활용할 수 있도록 연계체계 확충
❖ (수직적 연계) 평생학습체제 하에 계속교육의 기회보장을 위해 교육기관에서는 자격부여, 훈련기관에서는 학위부여체계 확보

셋째, 우리나라 직업교육훈련기관 인증을 통하여, 직업교육훈련의 품질을 제고하고, 자발적, 지속적 교육훈련서비스를 보장한다. 우리나라 직업교육훈련생의 직무능력에 대한 국제적 통용성을 포함한 인증기준을 마련하고, 직업교육훈련기관의 질 향상을 지원하는 컨설팅 서비스 제공으로 파트너쉽을 확보하며, 인증유효기간 중 직업교육훈련기관 모니터링 및 자체평가를 통해 자발적.지속적 직업교육훈련 서비스 질을 향상한다. 이를 통해 수요자(직업교육훈련생) 중심의 스킬문화로 전환하여 자발적 · 지속적 · 산업별 · 지역별 직업교육훈련서비스를 제공한다.

넷째, 국가직무능력인증(능력단위 인정)을 확대한다. 교육훈련과정의 이수가 자격취득과정이 될 수 있도록 교육훈련과 자격을 연계하는 방안이 필요하다. 단, 교육훈련의 품질을 보증하기 위한 질 관리 수단이 필요하다.

직업교육훈련기관에서 직무능력을 분야 · 수준별로 제시하고, 객관 · 타당 · 신뢰성 있게 측정하여 해당능력의 소지를 국가가 공식 인정해 주는 제도로서 RPL 개념으로 직무능력은행 플랫폼을 활용하여 자격과 학점으로 서로 연계될 수 있도록 해야 한다.

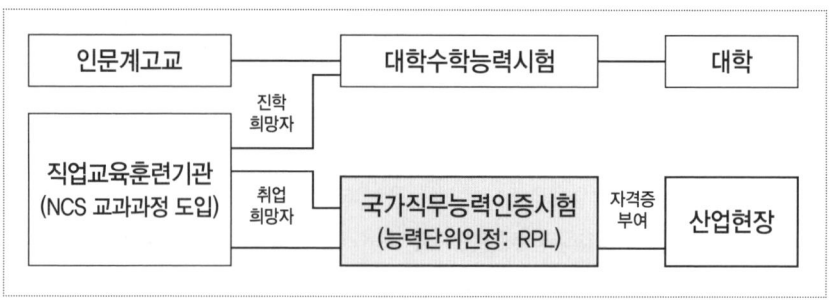

[그림 50] 국가직무능력인증시험(능력단위 인정 : RPL)

한국의
SKILLS Future
XI. 자격(인증) 중심 교육훈련과정 설계는?

"한국의 SkillsFuture"를 추천합니다.

"본인은 2008년 6월 12일, 나는 입시 경쟁 교육과 사교육 고통에서 우리 아이들을 자유롭게 하기 위해 『사교육걱정없는세상』을 창립했다. 12년간 각고의 노력 끝에 적지 않은 성과를 냈다. 그러나 학벌 중심 채용 관행을 바꾸어야 목표를 더 빨리 이룰 수 있다는 것을 인정하고, 2020년 채용 변화에 전념하는 '교육의봄'이라는 단체를 창립했다.

그 때 김진실 전 국가직무능력표준원 원장을 만났다. 최근, 우리나라 기업 채용의 관행이 과거와는 달리 직무 중심으로 바뀌고 있다. 여러 결정적 이유가 있지만, 김진실 전 원장님을 빼고는 설명이 되지 않는다. 그는 지난 16년간 산업인력공단과 국가직무능력표준원에 재직하면서, 직무능력 중심 체제를 구축하는 데 온 힘을 기울였다. 수많은 공무원을 만나보았지만, 그분처럼 자기가 담당하고 있는 그 분야에 헌신적인 사람을 거의 본 적이 없다. 그는 자기의 뜻과 목적한 바에 완전히 몰입해 사는 집요한 사람이었다.

이 책은 그가 지난 16년간 자기 삶을 다 바쳐 얻은 성과를 정리한 책이다. 자기가 걸어온 길을 정리하면서도, 자기를 돋보이게 하지 않고, 자기가 관심을 가진 주제에 독자들의 시선을 집중케 한다. 과연 그 다운 책이다. 그러나 가만히 이 책을 보면 그의 과거는 물론이요 앞으로 그가 어떤 삶을 살지 짐작할 수 있다. 새 책을 통해 펼쳐낼 그의 미래가 기대된다."

교육의 봄 송인수 대표/前 사교육걱정없는 세상 대표

"우리나라 직업교육은 이제 재도약이 필요한 시기이다. 학력이 아닌 역량중심의 사회로 직업교육이 전환하고 있지만 사회가 더욱 더 양극화되어가고 아직도 갈길은 멀다. 김진실 박사가 그리고자 했던 진로교육- 직업교육- 직업훈련- 일반교육(유초중고 교육과정운영교육??)- 기업교육- 평생교육 간 경계가 허물어져 하나의 큰 비전을 중심으로 상호유기적으로 작동할 수 있는 전략모색으로 더 한층 직업교육이 진일보되리라 기대한다."

직업교육정책연구소 현 수 소장/前 수원하이텍고등학교 교장

"글로벌 선진국가로서 한 걸음 더 앞서가지 위한 상품 및 서비스의 품질관리는 국제수준의 표준화된 지식, 역량과 스킬이 핵심이 되어가고 있다. 김진실 원장의 오래 연구와 경험이 축적된 이 책이 한국이 국제산업의 리더로 발더둠할 수 있도록 명료하게 가이드할 수 있다고 확신한다."

주식회사 팍스 박문규 대표

XI 자격(인증) 중심 교육훈련과정 설계는?

학습개요

이 장에서는 교육훈련 질 관리 수단으로서 자격의 의미를 살펴보고, 우리나라 자격제도를 살펴보고, 자격 중심 교육훈련과정 중요성과 사례 및 직무능력은행제 교과 인정 사례를 제시한다.

학습목표

1. 교육훈련 질 관리 수단으로서의 자격의 의미를 설명할 수 있다.
2. 우리나라 자격제도에 대해 설명할 수 있다.
3. 자격 중심 교육과정의 중요성과 사례를 설명할 수 있다.
4. 직무능력은행제 교과 인정 사례를 설명할 수 있다.

1. 교육훈련의 질 관리 수단 : 자격

이 장에서 논의되는 자격은 앞에서 스킬의 세 가지 개념 중 두 번째 개념의 스킬과 같은 개념으로 스킬 프레임워크(한국에서는 역량체계(Qualification Framework)에서의 역량(Qualification)과 같은 외부에서 인증받은 상태를 의미한다. 자격에 대한 개념을 좀 더 구체적으로 살펴보면, 자격에 대해 국어사전(2024)에서는 일정한 신분이나 지위를 가지거나 일정한 일을 하는 데 필요한 조건이나 능력으로 정의하였고, 자격기본법 제2조에서는 일정한 기준과 절차에 따라 평가·인정된 지식·기술의 습득정도로서 직무수행에 필요한 능력으로 명시하고 있다. OECD(2002)에서는 자격은 모든 학습의 결과를 인정하는 것이며, 여기서 학습이란 공식적, 비공식적 학습 모두를 포함한다. 직업자격뿐만 아니라 학력, 학위, 훈련결과 이수증, 면허 등이 포함된다고 정의하였다. 강순희 외(2002)는 학습이나 경험의 결과(output)에 대하여 공공기관이나 사회적 당사자(social partner)가 인정한 기준으로서, 현재 또는 미래의 근로자들이 익혀 현장에 적용하여야만 하는 것으로 정의하였고, 구자길 외(2008)는 노동 시장에서의 역할 모형을 준거로 삼아 평가를 실시하고, 그 평가에 대해서 국가가 일정한 공증을 제공하는 것으로 정의하였으며, 신용철(2002)은 우리나라 학계에서는 통상적으로 자격의 의미를 자격기본법의 정의처럼 학력과 구별되는 '일정한 평가절차를 거쳐 직무수행능력을 인증받은 것'으로 정의하였다.

이동임(2002)은 직업자격(이하 '자격)은 개인의 경제적 가치를 상승시키고, 노동시장에서 노동이동(job mobility)의 촉진과 새로운 업종이나 직종에 필요한 인력의 수요·공급을 용이하게 하는 기능을 가지고 있어야 하는 것으로, 자격은 인적자산의 가치를 알리는 신호기제라고 하였다. 또한 이동임(2009)은 원래 자격이란 "…을 할 수 있는 능력"과 관련이 있으며, 일반적으로는 일정한 기준과 절차에 따라 평가 또는 인정된 능력(지식, 기술 및 소양 등)을 말한다. 따라서 이러한 자격의 범주에는 직업자격, 직업교육자격, 기술자격(technical qualification)뿐만 아니라 기초소양, 학업(교육훈련)의 이수결과, 일부부처에서 시행하고 있는 명장제도, 무형문화재 등과 같은 능력평가인정제도 등도 모두 포함되어 검토될 수 있어, 이 정의에 의한다면 학위, 학력, 이수증, 기초능력인증, 선행학습평가·인정 등도 당연히 자격의 범주에 포함되게 된다고 하였다.

이를 전체적으로 종합하면 다음과 같이 "자격이란 일정한 기준과 절차에 따라 평가·인정된 지식·기술의 습득정도로서 노동시장에서의 직무수행에 필요한 능력(직무능력)을 평가과정을 통해서 제 3자가 공증해주는 것"으로 교육훈련, 특히 직업교육훈련이 제대로 진행되었는지에 대한 품질관리 수단이 바로 "자격"인 것이다.

> 〈종합〉 자격이란 일정한 기준과 절차에 따라 평가·인정된 지식·기술의 습득정도로서 노동시장에서의 직무수행에 필요한 능력(직무능력)을 평가과정을 통해서 제 3자가 공증해주는 것.

참고로 호주의 직업교육훈련과정의 성과관리 지표는 ① 고용주의 만족도와 ② 학습자의 만족도와 ③ 능력단위 이수율로서 1번과 2번은 선택이지만, 3번째인 능력단위이수율, 즉 자격취득율은 의무이다. 이와 같이, 자격은 교육훈련에서 매우 중요한 질 관리 수단인 것이다.

○ 3가지 성과관리 지표(3번째만 의무, 1, 2는 선택)
① 고용주의 만족도
- 학생의 실무역량 개발에 대한 고용주의 평가
- 학생의 실무역량이 작업현장 및 계속훈련과 적합한지 여부
- 훈련과 평가에 대한 전반적인 질 평가

② 학습자의 만족도(능력개발 활동에 대한 학습자의 참여정도)
- 직업교육훈련기관에서 제공하는 능력개발을 위한 훈련의 질
- 능력개발을 위한 직업교육훈련기관 지원에 대한 학습자의 인식

③ 능력단위 이수율(competency completion ratio)
- 전년도 등록학생 수(number of enrollments)
- 완료된 자격(qualifications completed)의 수
- 수여된 능력단위 수

출처 : AQTF(2007), Building Training Excellence, Quality Indicators Handbook for RTO

자격의 유형은 기능별로 업무독점형과 능력인정형, 내용별로 전문자격과 일반자격, 시행주체별로 국가자격과 민간자격으로 구분된다.

자격이 노동시장에서 스킬(역량)을 제대로 검증한 기능을 하려면 다음과 같이 신호기능, 선도기능, 선별기능의 필수기능과 나아가 면허적 기능을 해야 한다.

첫째, 신호(signal) 기능은 자격 소지자의 능력의 정도를 표시하는 것으로 자격에 능력을 잘 반영할 수 있도록 평가지표 및 검정제도 등이 잘 마련되어야 한다.

둘째, 능력개발 선도(guide) 기능은 현재 및 미래 필요 직업능력을 식별해서 자격화하고, 자격에 대하여 기업 및 사회의 평가와 보상이 적정하게 이루어져야 한다.

셋째, 선별장치(screening device)는 인재선발시 신호기능의 부차적인 역할로 인재를 선별할 수 있도록 해야한다는 것이다.

부가적으로, 넷째, 면허적(licence) 기능은 자격소지자의 능력, 특히 지적재산권 또는 독점적 지위 보장, 자격소지자를 취업, 승진 등에서 우대함으로써 직업적 이익을 보호하고 개선할 수 있어야 한다.

〈표 44〉 자격의 유형

구분	자격유형	자격내용
기능별	업무독점형	해당자격이 없으면 그 업무에 종사할 수 없는 자격 • 해당자격의 업무독점의 범위가 취득자의 실제 업무에서 넓은 부분에 걸쳐있는 직종형(의사, 변호사, 세무사, 공인회계사, 공인노무사 등)과 업무독점의 범위가 실제 업무에서 한정적인 직무형(전기, 가스안전, 건설안전, 소방설비 등)의 두 개로 나뉨.
	능력인정형	해당분야의 일정한 기능과 지식을 가지고 있음을 나타내며, 그 자격이 없다고 해당 업무에 종사할 수 없는 것은 아님.
내용별	전문자격	특정 업종의 직무를 수행하는데 필요한 지식과 기술의 습득정도를 나타내는 자격
	일반자격	여러 업종·직종에 걸쳐 직무수행의 효율성을 높일수 있는 지식과 기술의 습득정도를 증명해주는 자격

구분	자격유형	자격내용
시행 주체별	국가자격	국가가 신설하여 관리·운영하는 자격 • 국가가 법률로써 검정을 직접 주관시행(개별법에 의한 국가자격) • 국가가 법률로써 정하고 공공기관에 위탁하여 검정시행 (산업인력공단, 대한상의 등이 시행하는 국가기술자격) • 국가가 법률로써 정하고, 검정은 민간에 위탁시행
	민간자격	국가 외의 법인, 단체 또는 개인이 신설하여 운영·관리하는 자격 • 민간부문이 자격을 등록해 자율적으로 시행 • 공인민간자격과 그렇지 않은 순수민간자격 • 사내자격, 국제자격

2. 우리나라 자격제도

가. NCS 기반 국가기술자격

자격이란 직무수행에 필요한 지식·기술·소양 등의 습득정도가 일정한 기준과 절차에 따라 평가 또는 인정된 것을 의미한다. 특히 국가기술자격은 자격기본법에 따른 국가자격 중 산업과 관련이 있는 기술·기능 및 서비스 분야의 자격을 의미한다. 그렇다면 NCS와 자격과의 관계는 어떠할까? 자격기본법 4조엔 "국가는 국가직무능력표준을 수립하고 이에 따라 자격이 관리·운영되도록 필요한 시책을 수립·시행하기 위하여 노력하여야 한다"고 되어 있다. 또한, 법 5조엔 "정부는 정부가 정하는 교육훈련과정, 국가자격의 검정 및 출제기준, 민간자격의 공인기준 등이 국가직무능력표준에 따라 마련되도록 노력하여야 한다"고 명시되어 있다. 이와 같이 NCS와 국가(기술)자격과의 관계는 서로 뗄래야 뗄 수 없는 관계임을 알 수 있다.

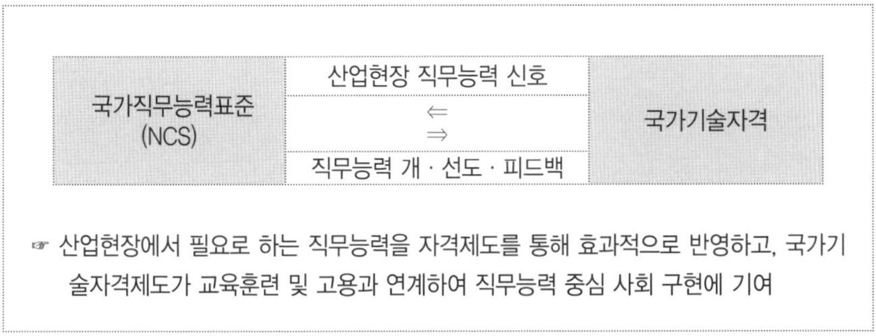

```
┌─────────────────────────────────────────────────────────────┐
│                        산업현장 직무능력 신호                    │
│   국가직무능력표준           ⇐                              │
│      (NCS)               ⇒              국가기술자격         │
│                    직무능력 개 · 선도 · 피드백                  │
└─────────────────────────────────────────────────────────────┘
☞ 산업현장에서 필요로 하는 직무능력을 자격제도를 통해 효과적으로 반영하고, 국가기
  술자격제도가 교육훈련 및 고용과 연계하여 직무능력 중심 사회 구현에 기여
```

[그림 51] 국가직무능력표준(NCS)와 국가기술자격과의 관계

NCS가 개발되고 활용됨에 따라 우리나라 국가기술자격은 변화의 중심에 있다. 국가기술자격은 기술인력의 직업능력을 개발하고 기술인력의 사회적 지위 향상과 국가의경제발전에 이바지할 수 있도록 74년부터 시행된 자격이다. 그간 오랜 역사와 탄탄한 체계로 운영되어 왔으나 급변하는 산업현장의 변화를 따라잡지 못하고 일-교육-훈련-자격 간 연계가 미흡하다는 점을 개선하고자 2016년부터 '국가직무능력표준(NCS) 기반 국가기술자격 개편방안'을 통해 기존 검정형 국가기술자격의 개편과 과정평가형 자격을 만들어 NCS를 활용하고 있다. 이 밖에 「산업현장 일학습병행 지원에 관한 법률」에 의한 일학습병행자격이 운영되고 있다.

〈표 45〉 기존 국가기술자격과 NCS 기반 국가기술자격 비교

구분	기존 국가기술자격	NCS기반 자격 (개편된 검정형자격, 과정평가형자격, 일학습병행자격)
자격크기	개별 직무 또는 학과 단위	노동시장 직무 단위
자격등급	기능사, 산업기사, 기사, 기능장, 기술사	좌동 및 NCS수준체계 중용
운영주체	정부(한국산업인력공단 등 수탁시행)	좌동 및 기업
평가방식	전 종목 대상 동일한 평가방식 운영	NCS기반 평가방식 다양화
평가내용	무엇을 알고 있는가?	현장의 일을 할 수 있는가?

그렇다면 기존 국가기술자격과 NCS를 활용한 자격(이하, NCS 기반 자격)은 어떠한 차이가 있을까? 기존 국가기술자격은 학과 단위, 지식중심의 평가였다면, NCS 기반 자격은 현장에서 요구하는 직무능력 중심으로 과연 일을 수행할 수 있는 능력이 있는지를 평가하는 것이다.

NCS 기반 자격에는 NCS로 개편된 검정형 국가기술자격, 과정평가형 국가기술자격, 일학습병행자격이 있다. 먼저 NCS로 개편된 검정형 국가기술자격을 살펴보자. 국가기술자격의 NCS 적용은 자격종목 신설과 개편으로 나누어 살펴볼 수 있다. 자격종목 신설이라 함은 산업현장 직무변화, 자격수요 및 전망 등을 반영하여 종목을 신설하고 법 개정 및 출제기준 제정을 하는 것이다. 종목신설이 타당하다고 결정되었을 때 NCS를 활용하여 해당종목의 직무내용, 검정방법 및 출제기준 등을 마련하게 된다. 이때 산업현장의 수요가 반영될 수 있도록 직무분석을 실시하는데, NCS로 이미 직무분석이 되어 있기에 별도의 절차를 생략하고 NCS를 활용하면 된다. 해당자격 관련 산업 협·단체, 현장·교육전문가, 주무부처 등으로 분과위원회를 구성하여 해당 종목의 직무내용과 범위 결정, NCS에서 필수·선택 능력단위 선정, 과목 구성 및 출제기준(안) 개발 등의 절차를 통해 자격을 신설한다. 단, NCS 활용여건이 어려운 경우 별도의 연구를 통해 자격 신설에 대한 수요 및 현황분석, NCS 능력단위 비교검토 및 개발, 해당 종목의 직무내용, 검정방법 및 출제기준(안) 등의 연구를 수행한다. 수행한 연구에서 자격(안)과 NCS(안)을 개발 후 별도 심의절차를 거쳐 자격을 신설한다. 그리고 NCS의 질관리를 위해 개발된 NCS(안)과 기 개발된 NCS 비교·검토해 고시가 될 수 있도록 관련부서에 제출한다.

자격 개편은 급속한 기술변화와 노동시장의 변동성에 대처해 자격의 현장 활용도를 높이고 노동시장에서 인정받을 수 있는 자격의 신호 기능을 강화하기 위해 NCS를 활용하여 현장의 '일' 중심으로 자격내용 개선 및 종목의 신설·통합·폐지 등을 정비하는 것이다. 종목신설 또는 변경 등의 요청을 토대로 개편 대상종목을 선정하고 직무분야별 산업단체, 현장·교육 전문가, 소관부처 공무원 등을 구성된 '자격개편분과위원회'를 구성하여 타당성 검토, 시험과목 구성, 출제기준 개발, NCS 적정성 검토 등을 실시한다. 분과회의는 통상 3회 정도 진행되는데 1차 분과회의에서는 타당성 및 방향 검토, 직무내용, NCS 필수·선택능력단위 선정 등올 NCS기반 자격 기본내용(안)을 구성한다. 2차 분과회의에서는 NCS를 활용하여 해당종목에 적합한 수준 및 직무내용범위를 정하고, 필수·선택단위 세부내용을 구성한다. 종목에 적합한 수준을 설정할 때는 KQF, SQF 등과 연계를 고려해 자격등급과 NCS 필수능력단위 수준을 매칭한다. 또 자격 내용을 구성할 때는 해당종목의 직무내용 및 범위를 정하고, 현장 직무수행능력과 관련된 주요 NCS를 필수·선택 능력단위로 구분하여 구성한다. 필수능력단위는 해당등급 수준의 능력단위로 최소학습시간의 50% 이상을 구성하고 나머지 시간은 다른 수준(±1)의 능력단위로 구성하며 선택능력단위는 해당등급 수준 등의 능력단위(±2)로 나머지 최소학습기간을 구성한다. 3차 분과회의에서는 출제기준 개편(안)을 개발 및 평가방법 등 법령개정 시 반영사항을 검토한다. 출제기준을 개발할때는 NCS를 직접 활용하여 시험과목 및 내용을 구성하고 검정형 자격과 과정평가형자격간 직무내용 및 범위, 수준이 동등하도록 고려한다. 이렇게 분과회의를 거친 후 세부직무분야별 전문위원회 심의 및 심의결과를 고용노동부에 제출 및 법 개정을 통해 최종 확정된다.

다음으로 과정평가형자격을 살펴보도록 하자. 과정평가형자격이란 NCS에 따라 편성·운영되는 교육·훈련과정을 일정수준 이상 이수하고 평가를 거쳐 합격기준을 통과한 사람에게 국가기술자격을 부여하는 제도이다. 이는 국가자격 최초로 NCS 기반으로 운영 중인 자격제도로, 기존 검정형 대비 직무역량의 습득 및 노동시장의 성과가 높게 나타나 일정 부분 당초 기대효과가 확인되고 있어 일-교육훈련-자격체계개선 역할을 기대한다.

과정평가형자격은 종목선정부터 교육·훈련과정 편성기준 설정 및 내·외부평가까지 전 과정에서 NCS를 활용한다. 과정평가형 개설 대상종목은 국가기술자격 정책심의위원회를 통해 산업인력양성 및 기술의 숙련이 요구되고 NCS가 개발된 분야를 검토하여 관련협회 및 단체, 주무부처 의견수렴 등을 통해 선정한다. 종목이 선정되면 자격종목별로 교육훈련과정 편성기준을 마련하게 된다. 편성기준은 NCS 기반 교육·훈련 시행을 위해 필요한 교육·훈련 내용의 시설 및 장비, 훈련생 평가 기준과 방법 등을 제시하는 것이다. NCS 적용을 통한 교육·훈련과정을 개편하고 과정평가형 자격제도 운영을 희망하는 기관은 이 편성기준을 토대로 직무중심의 교과목 도출, 체계도, 운영계획 및 OJT 편성 등을 작성할 수 있다.

또한, NCS 능력단위 기반으로 구성 및 평가되어 향후 현장경력인정, 선행학습인정(RPL), 자격간 인정 등 직무기반 역량체계 구축과 확장성이 용이할 것으로 예상된다. 하지만 검정형 국가기술자격 대비 과정평가형자격의 성과는 확인되나, 비교적 장기간 과정 이수와 기준 시설·장비의 확보, 학사관리 복잡성 등으로 상대적으로 단순한 검정형 자격 비중이 여전히 절대적 비중을 차지해 자격제도에 미치는 영향이 낮은 상황이다.

마지막으로 일학습병행자격을 살펴보자. 「산업현장 일학습병행 지원에 관한 법률」에 따라 기업현장에서 학습근로자에 대해 NCS 기반의 프로그램에 따라 훈련과 일을 병행하며 일정기준에 따라 평가하여 인정하는 국가자격이다. 일학습자격은 일터 기반 학습을 통해 취득할 수 있는 자격으로 2014년 도입 이후 현재 1만 5천 여개 기업과 9만 여명 학습근로자 참여 중으로 양적인 성장과 함께 도제학교, 유니테크, IPP형 등 운영방식도 다양화하여 성장 중이다. 일학습병행자격은 학습근로자의 현장 직무수행능력 향상, 기업의 생산성 향상, 신규 채용의 구직기간 및 비용절감 등 사회적 비용 편익성과 사업 타당성이 높은 것으로 평가되고 있다. 이와 같이 NCS 기반 격인 세 가지 자격의 특징을 비교하면 다음과 같다.

결론적으로 NCS는 산업현장에서 한 개인이 주어진 업무를 성공적으로 수행하기 위해 필요한 직무능력(지식, 기술, 태도)을 국가가 부문별,수준별로 체계화 한 것이다. 이를 통해 우리나라의 직업의 수요 및 기업에서 요구하는 인력의 직무능력 유형과 수준을 명확히 제시하고, 교육시장에서는 기업에서 요구하는 직무능력 유형과 수준에 따라 교육과정을 편성하고, 인력을 양성할 수 있는 것이다.

이와 더불어 평생직업능력개발을 제공하는 교육훈련시장을 자율과 책임에 따른 성과중심 교육훈련이 될 수 있도록 성과관리를 내실화 할 필요가 있다. 이를 위해서는 교육훈련과 노동시장을 연계하는 대표적 신호기제로서 자격의 효용성을 제고시켜야 한다. '자격 없는 교육훈련 없다'는 기조 하에 앞으로 자격을 교육훈련의 질관리 수단으로 대체될 수 있도록 할 필요가 있겠다.

즉, 국가직무능력표준을 활용해서 자격제도를 획기적으로 개편해야 한다. 또한, NCS 기반 '교육훈련-학위-자격-경력'이 상호연계되는 시스템(KQF: 한국형 국가역량체계, SQF:산업별역량체계)과 NCS기반자격 구축을 위해서는 일관된 프로세스 체계 확립이 필요하다.

〈표 46〉 NCS 기반 자격 특징 비교

구분	국가기술자격		일학습병행자격
	검정형(NCS기반자격)	과정평가형 자격	
관련 근거	국가기술자격법		산업현장 일학습병행 지원에 관한 법률
자격등급 구분	• 기능사/산업기사/시가/기능장/기술사 • (서비스분야) 단일 도는 1/2/3급		• L2/L3/L4/L5 • 고숙련마이스터(L6 별도)
종목수	• 546개 종목	• 158개 종목(증가중)	• 당초 615종목(통합중)

구분	국가기술자격		일학습병행자격
	검정형(NCS기반자격)	과정평가형 자격	
응시자격	• 등급별 학력 또는 경력 기준 있음(기능사 제외)	• 제한없음(과정이수자 대상)	• 제안없음(훈련 이수자 대상)
NCS 활용방식	• NCS 능력단위를 최소 단위로 필수/선택 구분	• 좌동 • 직업기초능력도 일정 포함	• NCS 능력단위를 최소 단위로 필수/선택 구분
최소 학습시간	• 없음	• 자격등급별 400~600시간	• 자격수준별 600~800시간
자격운영 및 평가방식	• 출제기준에 따라 필기 및 실기	• 편성기준에 따라 인정된 과정이수 및 내부평가 후 외부평가(1차, 2차)	• 개발기준에 따라 인정된 훈련이수 및 내부평가 후 외부평가
평가 단위	• NCS 능력단위 조합하여 시험과목으로 평가	• NCS 능력단위 조합하여 편성과정 이수 후 내부평가 후 외부평가	• NCS 능력단위별 평가
시험 면제	• 검정의 전부 또는 일부면제 가능	• 면제없음	• 면제없음
자격 취득	• 필기-실시시험 합격자	• 과정이수 및 내부평가 후 외부평가 합격자	• 훈련이수 및 내부평가 및 외부평가 합격자

나. 민간 자격 국가공인제도

민간자격 국가공인제도는 자격기본법 제 19조에 따라 국가 외의 법인·단체 또는 개인이 운영하는 민간자격 중에서 사회적 수요에 부응하는 우수 민간자격을 국가가 공인해 주는 제도로서, 목적은 자격제도를 활성화하고 공신력을 높임으로써 산업체가 요구하는 질 높고 다양한 인력을 양성하고, 자격증에 대한 사회적인 효용가치를 향상함에 있다.

> ※ 자격기본법 제 19조
> 제 19조(민간자격의 공인) ①주무부장관은 민간자격에 대한 신뢰를 확보하고 사회적 통용성을 높이기 위하여 심의회의 심의를 거쳐 법인이 관리하는 민간자격을 공인할 수 있다.

[그림 52] 민간자격의 국가공인 법적근거(자격기본법 19조)

국가공인 기준은 자격기본법 제 2조에 따른 자격제도 운영의 기본방향에 적합한 민간자격의 관리 · 운영능력을 갖춰야 하고, 신청일 현재 1년 이상 시행된 것으로서 2회 이상의 자격검정 실적이 있어야 하며, 관련 국가자격이 있는 경우에는 해당 민간자격의 검정기준, 검정과목 및 응시자격 등 검정 수준이 관련 국가자격과 동일하거나 이에 상당하는 수준이어야 한다.

> ※ 자격기본법 제 3조
> 제 3조(자격제도 관리 · 운영의 기본방향) 국가 및 민간자격관리자는 자격제도를 관리 · 운영함에 있어서 다음 각 호의 사항을 반영하기 위하여 노력하여야 한다.
>   1. 국가직무능력표준에의 부합
>   2. 자격체제와의 부합
>   3. 교육훈련과정과의 연계
>   4. 산업계 수요에의 부응
>   5. 평생학습 · 능력중심사회 정착에의 기여
>   6. 자격 간의 호환성과 국제적 통용성의 확보

[그림 53] 민간자격의 국가공인 기준에 대한 법적근거(자격기본법 3조)

민간자격의 국가공인 절차는 첫째, 민간자격관리자가 자격의 종목 및 등급에 대한 정보를 한국직업능력연구원에 공인신청을 한다. 둘째, 한국직업능력연구원은 주무부처와 금지분야 해당 여부 및 민간자격 명칭 사용 가능 여부를 협의한다. 셋째, 한국직업능력연구원은 주무부처와 협의사항을 민간자격관리자에게 통지한다. 넷째, 한국직업능력연구원은 교육훈련기관에 민간자격에 대한 검정기준, 검정과목, 응시기준 등에 대한 의견을 수렴한다. 다섯째, 한국직업능력연구원은 교육훈련기관에서 의견수렴한 결과를 주무부처에 제출한다. 여섯째, 주무부처에서는 자격정책심의회에 민간자격 국가공인 기준에 대한 심의를 요청한다. 일곱째, 자격정책심의회에서는 민간자격 국가공인 기준에 대한 심의결과를 주무부처에 통지한다. 여덟째, 주무부처는 민간자격관리자에게 민간자격 국가공인 여부를 통지한다.

민간자격센터는 자격기본법에 의거한 민간자격제도의 관리·운영을 위하여 한국직업능력연구원에 설치되었다. 민간자격센터의 역할은 ① 국가공인제도 시행, ② 등록제도 시행, ③ 민간자격 광고모니터링 조사, ④ 민간자격제도 관련 상담 ⑤ 민간자격정보서비스 관리·운영, ⑥ 기타 자격제도 관련 정책연구 등을 수행한다.

참고로, 민간자격의 국가공인제도보다 좀 더 수월한 절차인 민간자격 등록제도도 있다. 민간자격등록이란 민간자격관리자가 민간자격을 신설하여 관리·운영하는 경우 등록관리기관에 등록하는 것으로서, 등록대장에 자격의 종목명 및 등급, 자격의 관리운영기관에 관한 사항, 등록의 신청일 및 등록결정일 등을 기재하는 일련의 행정절차를 말한다. 민간자격 국가공인제도와 더불어 함께 고려할 필요가 있다.

[그림 54] 한국직업능력원 민간자격센터
출처 : 민간자격 홈페이지(2024). https://www.pqi.or.kr/int/intPrCntView.do

3. 자격 중심 교육훈련과정의 중요성과 사례

스킬(역량, 직무능력)개발의 중요성을 누구나 느끼고 있지만, 여전히 입시 위주의 교육과 소득의 양극화 및 노동가치에 대한 낮은 인식은 많은 사회적 문제를 야기하고 있는 실정이다. 누구나 자신의 꿈과 끼에 따라 능력을 키우고 부와 소득에 상관없이 평등하게 교육을 받아 각 분야에서 전문가로 성장할 수 있도록 지원하고 대우받아야 함에도 불구하고 여전히 부족한 게 현실이다.

더불어 디지털전환 및 고령화사회에 기인한 산업구조와 노동시장의 급격한 변화가 예상되는 시점에서 스킬개발(Workforce Development)을 담당하는 직업교육훈련기관의 정체성 확립과 미래지향적 직업교육훈련 체계 전환을 위해서는 국가 차원에서의 스킬 프레임워크 즉 국가역량체계

(KQF-SQF)를 확립하고, 교육수요자, 정부, 산업체 및 교육현장이 함께 문제를 해결해야 한다.

이와 같은 차원에서 직업교육훈련체계를 학위 중심이 아닌 스킬(역량, 직무능력), 즉 자격 중심으로 개편하여 평생직업교육훈련체계, 선학습인정, 후진학제도 등을 활성화하여 교육훈련과 자격을 연계할 수 있어야 한다. 인공지능과 로봇, 빅데이터 등 급변하는 직업직무환경에서 직업교육훈련기관에서는 지식과 정보의 전달보다는 "스킬(역량, 직무능략), 즉 자격" 중심의 교육패러다임으로 전환해야 한다. 이를 위해 기업의 실무에서 통용되는 자격을 보유할 수 있도록 자격중심의 교육이 이루어져야 한다.

윤태복 외(2019)의 전문대학 자격중심 교육운영체제 연구를 통해 전문대학에서 자격 중심의 교육운영사례를 살펴보고자 한다. 이 연구에서는 참여연구진의 전공을 고려하여 세무, 토목 그리고 외식산업 분야 자격중심 교육과정 사례를 소개하고자 한다. 여기서는 세무회계 분야 검정형과 과정평가형을 중심으로 국가기술자격 중심 교과운영 사례를 제시하고자 한다.

자격중심 교육훈련과정을 운영하기 위해서는 사전에 학과의 인재상과 관련 산업 분야의 특성에 따라 필요한 자격사항을 조사하고 어떻게 교육운영에 반영할지를 결정해야 한다.

학과 추가	☞	응시 유형 추가	☞	자격 유형 추가	☞	교과 유형 추가	☞	교육 과정 개설

[그림 55] 자격 중심 교육과정 설계 절차

출처: 윤태복 외(2019). 전문대학 자격중심 교육운영체제 연구. 한국전문대학교육협의회.

자격 중심 교육운영을 준비중인 학과에서는 충분한 선행 조사를 통하여 해당 자격의 사회적 통용성을 고려하고 자격관리 기관의 운영 형태를 조사하여 교육운영에 반영해야 한다.

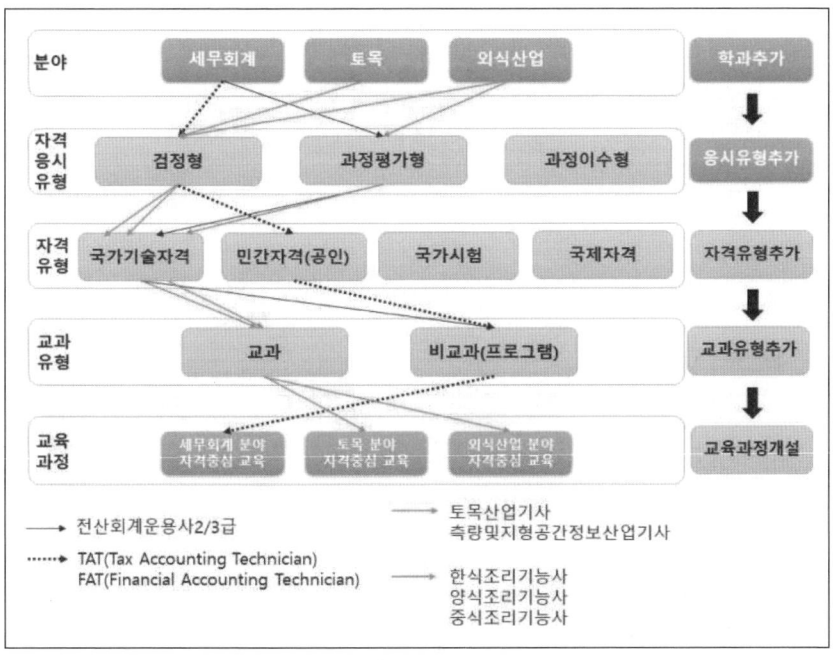

[그림 56] 자격 중심 교육과정 설계시 고려사항

출처 : 윤태복 외(2019). 전문대학 자격중심 교육운영체제 연구. 한국전문대학교육협의회.

계명대학교 세무회계 관련 자격 중심 교육과정 운영사례를 살펴보면, 대학의 장기발전계획과 연계하여 '국내 최고의 세무회계 전문인력 양성 거점대학"을 미션과 비전으로 자격중심 교육과정 운영을 위한 장기발전계획을 수립하고, 역량 기반 모듈식-트랙별 교육과정을 개발 운영하고 있다. 이를 통해 차별화된 교육과정 운영을 하고 4차 산업혁명에서 필요한 혁신적인 학사제도와 연계하고 일-교육훈련-자격의 등가성 확보를 통한 선행학습인정(RPL) 등 한국형 국가역량체계(KQF) 및 산업별역량체계(SQF) 구축에 기여할 수 있다.

계명대학교 관련된 국가공인, 국가기술, 민간 자격증 현황을 살펴보면, 한국공인회계사에서 시행하는 TAT 1급·2급과 FAT 1급·2급이 있고, 한국세무사회가 시행하는 전산세무자격과 전산회계자격과 기업회계 1,2,3급이 있다. 또한 국가기술자격으로 대한상공회의소에서 시행하는 전산회계운용사 1,2,3급과 기업세무실무 1,2급, 컴퓨터활용능력 1,2,급이 있다. 또한 삼일회계법인이 시행하는 재경관리사와 회계관리 1,2급이 있다.

자격증심 교육과정 운영을 한 후의 주요 성과를 살펴보면, 졸업 전 대부분 학생들이 입직에 필요한 자격증을 취득하고 있으며, 취업률 및 학과충원율도 상승하였다.

[그림 57] 계명대학교 세무회계 관련 자격 중심 교육과정 로드맵

출처 : 윤태복 외(2019). 전문대학 자격중심 교육운영체제 연구. 한국전문대학교육협의회.

4. 직무능력은행제 교과 인정 사례

직무능력은행제는 국민(개인)의 다양한 직무능력(교육훈련, 자격, 경력 등)을 국가직무능력표준(NCS) 기반으로 저축·통합 관리하여 취업·인사배치 등에 활용할 수 있는 '개인별 직무능력 인정·관리체계'이다.

[그림 58] 직무능력은행제 개념

직무능력은행의 교과인정이라는 것은 전문대학 등 고등교육 단계에서 습득한 직무능력을 직무능력은행에 저축하여 취업 등에 손쉽게 활용할 수 있도록 지원하는 것이다.

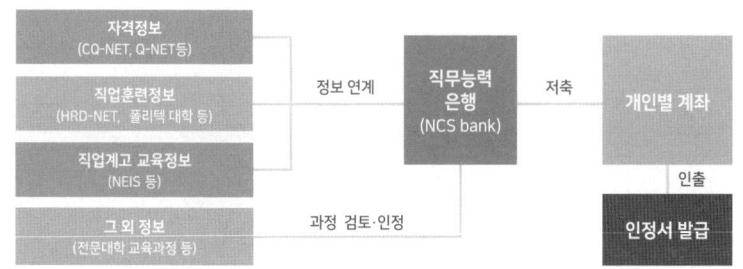

[그림 59] 직무능력은행 교과 인정 개념

이와 같은 직무능력은행제 교과인정을 받은 사례 중 울산과학대학의 반도체 분야 사례를 제시하고자 한다(김도영, 2024). 울산과학대학은 2015년도 NCS 기반 교육과정 개편 초기 부터 NCS를 도입하여 NCS를 기반으로 교육과정을 개발하여 운영하고 있는 상황에서 반도체 인재양성 계획에 따라 그동안 울산과학대학교에서 추진 중인 '첨단분야(반도체) 인재양성 부트캠프' 교육과정에 NCS와 국가기술자격을 연계하여 학생들의 취업 경쟁력을 제고할 수 있도록 하였다.

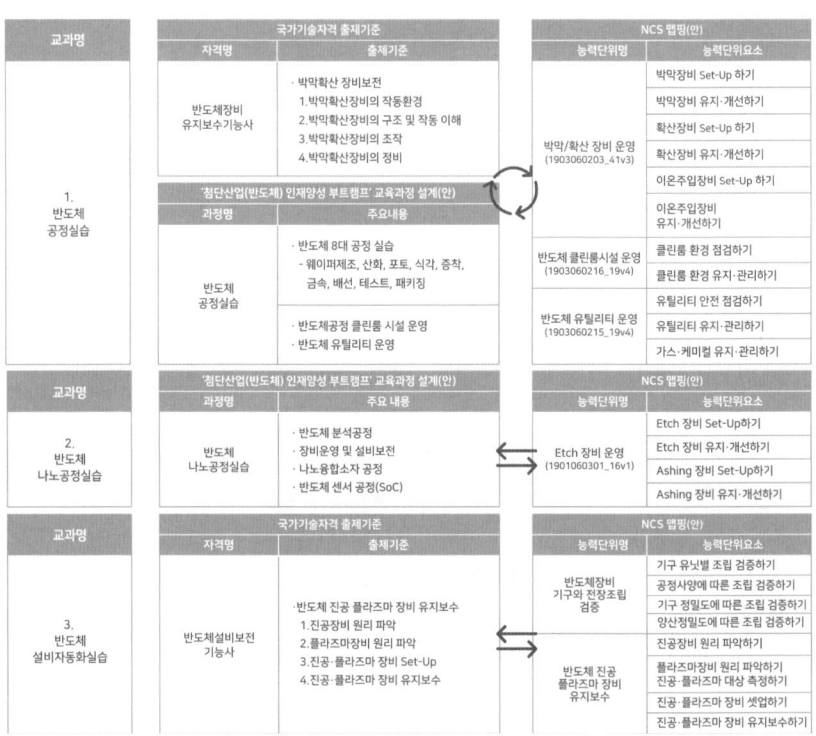

[그림 60] 직무능력은행 교과 인정 사례: 울산과학대학 반도체학과
출처: 김도영(2024). 2023년 NCS기반 교과 인정 컨설팅「울산과학대학교」사례 발표

〈표 47〉 직무능력은행 교과 인정 능력단위(울산과학대학 반도체학과)

교과목	능력단위	코드	교과 인정여부
반도체 공정실습	박막/확산 장비 운영	1903060203_14v3	Y
	반도체 유틸리티 운영	1903060215_19v4	Y
	반도체 클린룸시설운영	1903060216_19v3	Y
반도체나노공정실습	Etch장비 운영	1903060202_14v3	Y
반도체설비자동화실습	반도체 장비 기구조립 검증	1903060323_19v3	Y
	반도체 진공 플라즈마 장비 유지보수	1903060327_19v1	Y
반도체공압제어실습	공기압 제어	1903060215_16v3	Y
반도체PLC실습	프로그램로직제어(PLC)기본 운영	19030604123_20v3	Y

한국의 SKILLS Future

XII. 스킬 중심의 전략적 HRD는?

"한국의 SkillsFuture"를 추천합니다.

"어떠한 분야에서 일을 하든 자신의 삶에 지침이 될 수 있는 책이다. 모든 사람은 교육-훈련-자격-경력(취업, 창업, 프리랜서)의 과정을 거친다. 가정일 또한 직업의 하나로 인정받고 있는 시대이며, 이를 증명할 수 있는 길이 이 책에 담겨 있다. 이제는 학벌, 경력, 업무 수행 시간 등은 회사를 경영하는 입장에서는 필수적으로 요구되는 요소가 아닌 것 같다. 자신의 직무를 효율적으로 수행하고, 계속 발전해 나가는 모습이 바로 개인, 가정, 회사 및 사회에 가장 도움이 되는 사람이다. 이 책을 통하여 자신의 과거와 현재 그리고 앞으로 나아갈 방향을 잠시 느껴보시길 바란다어떠한 분야에서 일을 하든 자신의 삶에 지침이 될 수 있는 책이다. 모든 사람은 교육-훈련-자격-경력(취업, 창업, 프리랜서)의 과정을 거친다. 가정일 또한 직업의 하나로 인정받고 있는 시대이며, 이를 증명할 수 있는 길이 이 책에 담겨 있다. 이제는 학벌, 경력, 업무 수행 시간 등은 회사를 경영하는 입장에서는 필수적으로 요구되는 요소가 아닌 것 같다. 자신의 직무를 효율적으로 수행하고, 계속 발전해 나가는 모습이 바로 개인, 가정, 회사 및 사회에 가장 도움이 되는 사람이다. 이 책을 통하여 자신의 과거와 현재 그리고 앞으로 나아갈 방향을 잠시 느껴보시길 바란다."

(주) dailySoft 김병호 대표

"저자는 우리나라 직업능력개발 분야의 전문가로 이론과 실무를 겸비한 열정 넘치는 인재다. 그동안의 학식과 경험을 바탕으로 직무능력(SkillS)의 개념과 관련 제도 및 체계를 정리하여 본서를 펴냈다. 인구구조와 디지털 기술과 환경 변화에 따른 대전환의 시기에 기업 및 조직의 인재개발과 개인의 경력개발을 위해 참고할 수 있는 좋은 책이라고 생각하며, 스스로 노력하면 누구나 성공할 수 있고 일하는 사람이 존중받는 미래 사회를 갈망하는 독자들의 일독을 권한다."

한국고용정보원 박가열 박사

"한국산업인력공단 국가직무능력표준원과 여러가지 고민과 문제를 풀어가고자 하는 HR분야 실무자로서 사회에 대한 통찰과 해결을 위한 전략이 담겨 있는 '한국의 SkillFuture' 발간 소식이 참 반갑다. NCS의 확산과 공정채용을 위해 앞장 서왔던 김진실 원장의 모든 경험과 전문성의 집합체인 만큼, 무엇보다 유용한 활용서이자 앞으로의 HR이 나아갈 방향을 제시해 줄 수 있는 길라잡이가 될 것이라 기대한다."

엑스퍼트컨설팅 박선영 팀장

"한국에서 효과적인 인재 선발과 인적자원 개발을 위한 도구로 직무능력 내지 역량이 각광을 받기 시작한 것은 2015년 고용노동부 등이 직무능력 중심사회를 천명하고 관련 정책을 추진하면서부터이다. 이 책의 저자는 그 당시 핵심 정책인 국가직무능력표준(NCS: National Competency Standard)의 확산에 큰 역할을 하였고 이후에도 관련 직무를 수행해왔던 결과물이 "한국의 Skills Future"이다. 이 책에 담긴 방대한 내용은 한국의 인적자원관리 관행의 개선뿐만 아니라 공정한 노동시장 관행을 형성하고 협력적인 노사관계를 구축하는데도 큰 기여를 할 것이다."

인천노동위원회 김종철 위원장

XII 스킬 중심의 전략적 HRD는?

학습개요

이 장에서는 기업의 전략적 HRD에 대한 개념을 살펴보고, 스킬(역량, 직무능력) 중심의 채용에 대해서 제시한다. 이 외에 스킬(역량, 직무능력) 중심의 기업 HR(HRD와 HRM)에 대해서 알아보고, 국가 차원에서의 전략적 HRD를 제시한다.

학습목표

1. 기업의 전략적 HRD에 대하여 설명할 수 있다.
2. 스킬(역량, 직무능력) 중심의 채용에 대해서 설명할 수 있다.
3. 스킬(역량, 직무능력) 중심의 기업 HR(HRD+HRM)에 대해서 설명할 수 있다.
4. 국가 차원에서의 전략적 HRD에 대해서 설명할 수 있다.

1. 기업의 전략적 HRD

"기업의 전략적 HRD가 무엇일까?"라고 고민했을 때, 결국 이제까지 알고 있는 HRD와 다르게 접근하면 안 된다는 것을 알았다. 왜냐하면 사업전략과 관계없이 독자적인 HRD란 존재하지 않고, 비록 존재한다고 하더라도 별 의미가 없기 때문이다. 이와 같은 측면에서 과거의 사업 성공요인에만 집착하는 기업은 사업전략을 실현해 내는 인력을 키우는데 초점을 두는 기업에게 패하게 될 것이다. 즉, 사업전략을 실제 행동으로 옮기고 그 성과를 창출하는 근본 동인은 그 기업 내부의 사람이고, 이제 그 기업의 구성원들은 하나의 자원(Human Resource)을 넘어서 인적자본(Human Capital)이라는 차원에서 다루어지고 있기 때문이다. 또한 이러한 구성원들의 학습이 중요하고, 학습은 곧 「일 그 자체」이며 결국 「성과」로 연결될 수 있다는 것은 HRD 관련자들은 다들 알고 있는 사실이다. (Learning=Knowledge in action=Change=Work itself=Performance=Business). Robinson(1989) 역시 "Learning experience×Work environment= Business Results"라는 식을 제안하여 학습의 중요성을 강조하고 있다. 따라서, HRD 담당자는 사업의 전략적 파트너로서, 기업 구성원들의 "Learning experience"를 도와주어서 궁극적으로는 기업의「성과」를 개선시켜 나갈 수 있어야 하겠다.

이에 이찬(2023)은 전략적 HRD의 프로세스를 ①직무분석, ②HR기획, ③채용, ④선발, ⑤훈련&개발, ⑥보상, ⑦성과관리, ⑧노사관계로 제시하였다

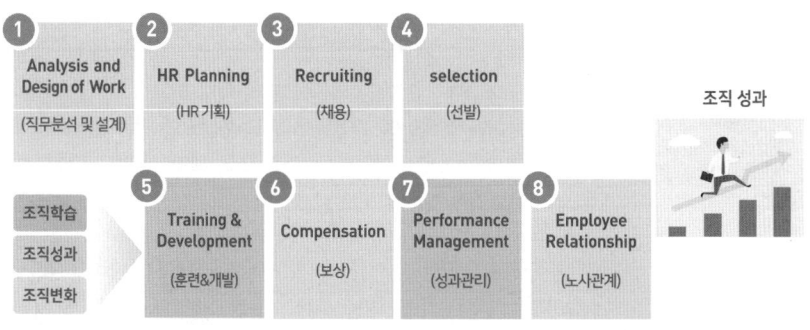

[그림 61] 기업의 전략적 HRD

출처 : 이찬(2023). 전략적 HRD 로드맵. 한국산업인력공단 국가직무능력표준원..

가. 직무분석

첫 번째 단계인 직무분석의 개념은 다양하게 정의되고 있는데, 종합적으로 직무분석이란 특정 직업의 직무에 관한 지식, 기술, 능력을 파악하는 작업으로, 직무능력을 숙달시킬 수 있도록 교육의 유형을 파악하며, 교육과정의 목표, 내용, 평가에 관련된 기준 및 요소를 추출하고, 자격검정의 검정기준 출제기준 및 직업교육훈련 프로그램 개발 시 선행되어야 할 작업이다.

〈표 48〉 직무분석의 개념

구분	정의
Tead & Metcalf(1933)	• 직무 또는 직위의 내용 및 그들을 한정적으로 수식하는 요인을 나타내는 제반사실을 조직적으로 제시하고 기록하는 것
Bellows(1954)	• 하나의 사업장 및 국가의 산업계에 있어서 특정한 직무를 다른 직무로부터 구별하는 특성, 의무, 책임 등을 질서적 및 조직적으로 연구하는 것. 또한 직무분석은 직무명세서, 직무관계, 직업정보를 제공하는 기능도 가짐
Dale(1958)	• 직무분석은 각 직무에 관한 제 사실을 발견하여 기술하는 절차
Pigors & Myers(1958)	• 직무요건에 관한 체계적 연구이며 거기에는 직무에 관한 자료(정보, 개념, 사실, 통계) 담당자 그리고 사물(원료도구, 시설) 포함
Mee(1958)	• 어떤 직무가 지니고 있는 기본요건을 조사하는 방법
U.S. Employment Service	• 관찰과 연구에 의해 특정직무의 특성을 명확히 하고, 그에 관한 올바른 자료를 제공하는 절차이며 그것은 직무에 포함되어 있는 일(task), 뛰어난 종업원이 되는데 필요한 숙련, 지식, 능력, 책임, 특정직무가 다른 직무로부터 구별되는 것을 결정하는 것
미국 노동성의 직무분석지침서	• 직무를 구성하고 있는 일의 전체, 그 직무를 수행하기 위해서 담당자에게 요구되는 경험·기술·기능·지식·능력·책임과 그 직무와 타 직무와 구별되는 요인을 각각 명확하게 밝혀서 기술하는 기술적인 수단방법

직무분석은 인력을 과학적이고 합리적으로 관리하기 위한 기초자료를 찾아내는 기본도구로서, 첫째, 직무분석을 통해서 직무의 내용이 명확해짐으로써 책임과 권한의 소재가 분명해지고, 조직체계가 확립되어 조직관리가 가능해진다. 둘째, 수행하는 직무내용이 구분되어짐으로 작업방법, 공정의 개선이 가능해진다. 셋째, 직무분석 자료를 기초로 하여 직무평가, 인사고과 등에 반영함으로써 합리적이며 객관성 있는 인사·노무관리가 가능해진다. 넷째, 직무의 내용 및 자격요건을 알게됨으로써 선발, 배치, 이동 등의 고용·배치관리가 합리적으로 행해진다. 다섯째, 직무의 자격요건이 분명해짐으로써 무엇을, 어떻게 교육훈련을 시켜야 할 것인가가 결정된다.

여섯째, 직무에 대한 환경, 작업조건이 명확해짐으로써 안전, 위생 및 노동력의 보전관리를 유지할 수 있다.

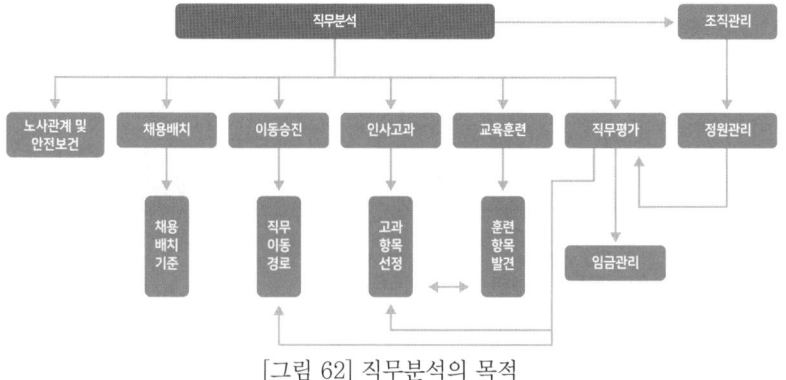

[그림 62] 직무분석의 목적

출처 : 김진실(2010), 직업능력개발을 위한 직무분석 체계 개편방안, 한국산업인력공단

나. HR 기획

전략적 HRD의 두 번째 단계인 HR기획은 이용가능한 인적자원을 예측하고, 필요한 자원과 이용가능한 자원과 비교하며 요구되는 인적자원을 예측하는 과정으로, 인력이 많으면 고용의 제한, 근무시간 감소, 다운사이징을 고민하고, 인력이 적으면 모집 및 선발을 통한 채용을 고민해야 한다.

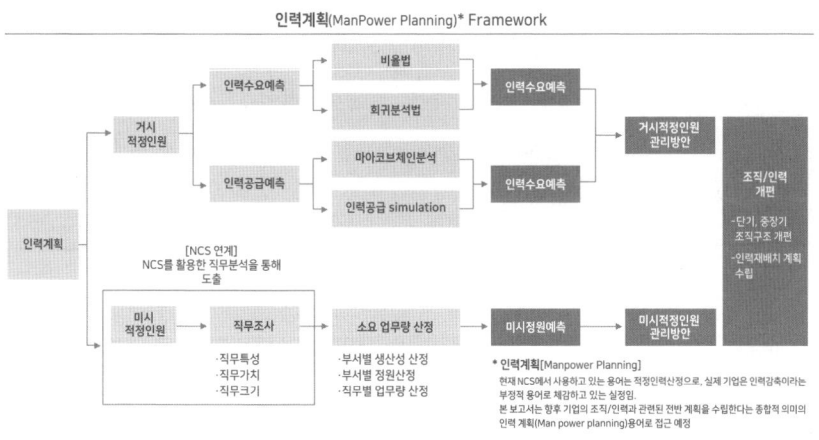

[그림 63] HR 기획의 의미

출처 : 조세형(2021), 수요자 요구에 기반한 NCS 활용확산 연구, 한국산업인력공단

다. 채용 및 선발

세 번째 단계인 채용과 네 번째 단계인 선발 단계를 통해서 조직에서 필요한 인재를 채용과 선발한다. 최근에 스펙초월채용-능력중심채용-블라인드 채용-공정채용의 채용정책 변화에 따라 메인 스트림인 스킬(역량, 직무능력) 중심 채용에 대해서 다음 장에서 좀 더 자세하게 살펴보고자 한다.

라. 훈련 & 개발

다섯 번째 단계인 훈련 및 개발단계는 우리가 많이 알고 있는 HRD를 의미한다. 전략적 HRD를 위한 훈련 및 개발 방향은 다음과 같다.

첫째, 조직의 미션, 사업 전략에 따라 결정되어야 한다. 매년 변화하는 조직의 전략적 방향에 따라 조직적 차원에서 획득/육성해야 할 필요역량을 중심으로 구성원에 대한 교육 훈련이 이루어져야 하는 것이다. 세계 초우량 기업들은 교육 훈련 니즈 분석, 평가 및 방향 결정을 위해 매년 People/Organization review 과정을 시행하고 있다.

둘째, 개별 구성원의 고용 가능성(Employability)을 높이는 방향으로 설계되어야 한다. 특히 조직 구조가 슬림화(Slim), 플랫화(Flat)되어 수직적인 승진의 기회가 축소됨에 따라 구성원들에게 새로운 수평적인 경력 이동의 기회를 부여해야 한다.

셋째, 팀 중심으로의 조직 구조 정립에 맞추어 팀 단위의 실천 학습이 교육훈련의 주요 방식이 되어야 한다. 실제의 업무 중에 발생한 문제에 대해 다양한 부서의 구성원들이 모여 스스로 해결책을 찾아 실제로 이행하는 체계적인 교육 훈련 방식의 하나인 실천 학습은 그 좋은 예이다.

넷째, 현장 위주의 교육 훈련이 중심이 되어야 한다. 구성원의 교육 훈련이 라인 관리자의 책임 하에 현업에서 제기되는 문제를 해결하는 과정에서 이루어지도록 해야 한다. 즉, 구체적인 직무(Job-specific)와 관련된 역량 개발을 위한 교육 훈련이 가능해지는 것이다.

다섯째, AI 시대의 교육 훈련은 다양한 데이터를 가공하고 지식을 창출하는 과정으로 급격히 발전하고 있는 컴퓨터 네트워크, 소셜 네트워크, 스마트 워크(Smart Work) 등을 적극적으로 활용하는 것이 필요하다.

마. 보상 및 성과관리

조직에서의 업적평가와 역량평가로 이루어지는 성과관리 결과는 조직성과급 지급 및 보상, 승진, 교육 등 다양한 인사관리 영역에 연계하여 활용할 수 있고 공정성과 수용성을 높일 수 있도록 해야 한다.

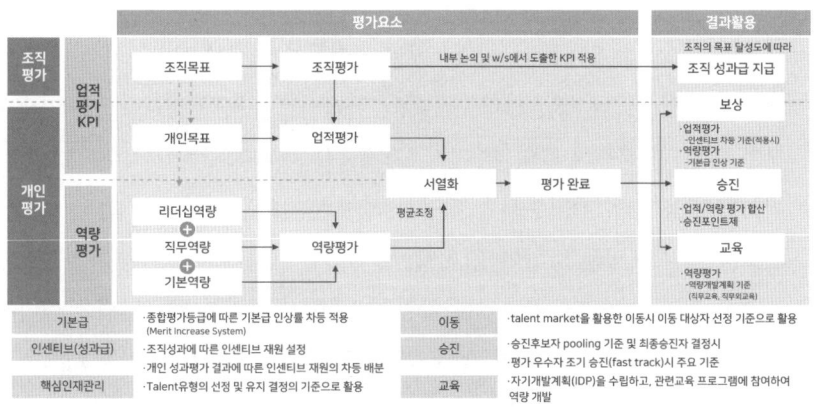

[그림 64] 전략적 HRD에서 성과관리와 보상의 연계
출처 : 조세형(2021). 수요자 요구에 기반한 NCS 활용확산 연구. 한국산업인력공단

바. 노사관계

4차 산업혁명 도래 등 기업구조의 네트워크화, 서비스부문의 확대 등 산업구조변화에 따라 리스킬링, 업스킬링의 지속적인 개선이 요구되는 시점에

서, 노동자는 직무능력 향상을 통한 삶의 질(소득 및 경력향상, 실업위험의 감소) 개선, 동기부여, 이직률 감소, 과로해소 등의 긍정적 효과가 있다. 또한, 대기업-중소기업, 정규직-비정규직간 임금 등 양극화 완화에 기여할 수 있으며, 균형적 노사관계 실현에 기여할 수 있다.

즉, 노동조합의 스킬 분야 참여를 촉진하기 위해서는 작업장 및 지역, 산업/업종, 국가적 수준에서의 노사간 대화가 활성화되고, 기업의 노조에 대한 정보와 자원의 제공, 노조의 경영참여 등 보장되어야 한다. 하지만, 우리나라 노동조합 활동은 '기업별 노조체계'의 특성으로 인해 그동안 인적자원개발에 큰 관심을 보이지 않고, 노사간의 숙련교섭 또한 거의 이루어지지 않았으며, 직업훈련은 사용자 측의 이해관계로서만 이해 되어온 실정으로 개선되어야 할 시점이다.

2. 스킬(역량, 직무능력) 중심 채용

우리나라의 채용제도는 기업·기관에 적합한 인재를 선발하기 위해 스펙중심에서 스펙초월채용, 능력중심채용, 블라인드채용, 공정채용으로 지속적으로 개선 및 적용하고 있다. 먼저, 스펙중심 채용제도는 학교, 자격, 성적, 어학점수 등 지원자의 능력을 정량화 하여 평가하는 방식으로 가장 오래된 전통을 지니고 있는 방법이고, 둘째, 스펙초월 채용제도는 지원자가 보유한 스펙(Specification)과 상관없이 기업·기관에서 다양한 채용방법을 개발하여 시행하는 방법이며, 셋째, 직무능력중심 채용제도는 직무에 필요한 능력을 지식·기술·태도 및 직업기초능력을 정의하고 직무능력을 평가하는 방식(NCS기반 능력중심채용 방식 도입)이다. 넷째, 블라인드 채용제도는 편견을 야기하는 요소를 배제하고 직무능력을 공정하게 평가하는 채용 방식(NCS를 평가기준으로 활용)이다. 여기에서 편견이란 학벌, 가족관계, 연령, 성별, 출신지역, 신체적 조건 등으로 채용과정시 영향을 미치는 요소를 의미한다. 다섯째, 공정채용제도는 현 정부 국정과제 50번인 "공정한 채용기회 보장 :

공정채용법 입법 및 공정채용 문화 확산"에 따라 채용의 전 과정에서 정보를 "투명"하게 제공하고, 직무와 무관한 편견 요소가 아닌 "능력" 중심으로 평가하며 구직자와 기업이 모두 "공감"하는 인재 채용을 의미한다.

채용절차적 관점에서 살펴보면,「채용공고」단계는 채용직무에 대한 정보를 사전에 공개해야 한다. 공고문에 명시한 내용이 향후 공정성 판단의 척도가 되는 매우 중요한 단계로 채용직무에 필요한 지식, 기술, 태도를 공고문에 포함해야 하고, 공고는 지원자가 미리 준비할 수 있도록 충분한 기간을 부여해야 하며, 직무수행과 무관한 이유로 불합리하게 지원자격에서 성별·학력·나이 등에 제한을 둘 수 없다.「서류전형」단계에서는 출신지역·가족관계·신체조건·학력 등 편견을 유발할 수 있는 정보를 요구할 수 없고, 지원자가 제출한 개인정보, 학위 증빙 등의 자료는 평가위원(면접관)에게 제공될 수 없으며, 제척·기피대상인 사람은 위원으로 위촉할 수 없다.「필기전형」단계는 업무에 필요한 직무능력을 평가할 수 있는 직업기초능력과 직무수행능력 등을 평가하게 되고,「면접전형」단계에서는 체계화된 면접을 지원할 수 있도록 지원자마다 동일한 면접시간을 부여해야 하고, 구조화된 면접기법을 활용하여 질문에 따른 편차를 최소화하고 타당성 있는 평가를 진행해야 하며 면접위원 대상으로 사전 교육을 철저하게 해야 한다. 이에 기반하여 새정부에서 추진하려고 하는 공정채용법은 기존 채용절차법에서의 절차적 공정성에 더해, "채용내용 공정"까지 확대하는데 초점을 두고 있다.

〈표 49〉 우리나라 채용제도의 변화

구분	스펙중심채용	스펙초월채용	능력중심채용	블라인드 채용	공정채용
내용	정량평가 기반 채용방식	다양한 채용방법을 활용	직무능력에 필요한 능력을 선별하여 평가	편견요소를 배제하고 직무능력을 평가	채용의 전 과정에서 정보를 "투명"하게 제공하고, 직무능력을 평가
장점	객관적인 지표 설정 가능	기업의 특성을 반영한 평가체계 구축	직무에 적합한 인재 선발 가능	불합리한 제도 개선 및 공정한 평가 가능	구직자와 기업이 모두 "공감"하는 인재 채용

구분	스펙중심채용	스펙초월채용	능력중심채용	블라인드 채용	공정채용
단점	과도한 스펙 경쟁 유도	채용전형별로 평가기준의 모호함 발생	정확한 직무분석을 위한 시간과 비용 필요	공정한 평가를 위한 전문 평가위원 양성 필요	투명하고 공감할 수 있도록 전 과정을 관리해야 함

직무능력 중심의 채용시스템은 '직무수행에 부합한 직업능력을 갖춘' 인재(Right Person) 선발이 용이한 것이다. 즉, 불필요한 스펙(Over-spec)이 아니라 해당 직무에 맞는 스펙(On-spec)을 갖춘 인재를 NCS 기반의 평가툴(tool)을 활용하여 선발하는 채용방식을 의미한다. 직무능력 중심 채용과정은 ① 채용기준(NCS 기반 직무기술서) 사전공개 ② 직무능력 기반 지원서 중심의 서류전형 ③ 채용기준에 따른 직무능력평가(필기, 면접 등)로서, 수행직무를 사전에 숙지하고 입사한 직원을 선발하여 직무만족도를 높임으로써 지속적인 자기개발을 유도할 수 있으며, 장기적으로 조직경쟁력과 더불어 국가 경쟁력 제고에 기여 할 것으로 기대하고 있다.

스킬(역량, 직무능력) 중심 채용은 기존채용과 어떻게 달라졌는지 살펴보면 다음 채용공고, 서류전형, 필기전형, 면접전형에서 변화를 찾아볼 수 있다.

〈표 50〉 기존채용과 스킬(역량, 직무능력)중심 채용과의 비교

구분	기존채용	스킬(역량중심, 직무능력중심)채용 - 블라인드채용, 공정채용 포함 -
채용공고	• 필요인원 중심의 채용공고, 학력제한, 전공제한, 응시절차 및 전형 중심의 단순한 공고이므로, 지원자가 자신의 경쟁력을 증명하는 시스템으로 무분별한 스펙조장	• 기업에서 명확한 직무기술서를 제시하고, 하는 일과 필요한 능력(지식, 기술, 태도) 등을 명확히 공고하여, 지원자가 채용분야를 준비할 수 있도록 구체적으로 나열

구분	기존채용	스킬(역량중심, 직무능력중심)채용 - 블라인드채용, 공정채용 포함 -
서류 전형	• 학력, 가족사항, 불필요한 스펙 등 이력을 기재하고, 성장과정, 지원동기 등 일률적인 자기소개서를 작성하여 차별요소가 다수 존재하고 직무연관성이 미흡	• 직무와 무관한 자전적인 기재사항 최소화, 직무관련성이 높은 사항 기재 • 교내외 활동경험, 인턴 등 근무경험, 직무관련 자격증 등 • 해당 직무에서 기본적으로 갖추어야 하는 능력 관련 지원자 경험 등을 기술
필기 시험	• 인성 및 일반적 인지능력(언어, 수리능력 등)에 대한 지필검사 시행 • 전공 필기시험	• 공통적 능력 외에 직무별 능력 중 지필 형태로 평가가능한 능력 평가 (직업기초능력+직무수행능력평가) - 지식 + 응용능력(실천능력)
면접 시험	• 질문내용이 단편적이고 직무수행과 무관한 내용을 다수 포함한 등 비체계적인 면접을 진행	• 직무능력과 관련된 경험(경험면접), 업무수행과정에서 발생 가능한 상황에 대한 대처방법(상황면접), 특정 직무관련 주제에 대한 의견(PT)등을 중심으로 구조화된 면접 진행

이와 같은 스킬(역량, 직무능력) 중심 채용시스템은 직무수행에 부합한 직업능력을 갖춘 인재(Right Person) 선발이 용이하다. 수행직무를 사전에 숙지하고 입사한 직원의 직무만족도를 높임으로써 지속적인 자기개발을 유도할 수 있고, 장기적으로 조직경쟁력과 더불어 국가 경쟁력 제고에 기여할 것으로 기대된다.

적합인재 선발 ☞ 직무만족도 향상 ☞ 직무몰입도 향상 ☞ 성과창출 ☞ 경쟁력 강화

[그림 65] 스킬(역량, 직무능력) 중심 채용의 효과

좀 더 구체적으로 공정채용에 대해 살펴보고자 한다. 현 정부 국정과제 50번은 "공정한 채용기회 보장으로 공정채용법 입법 및 공정채용 문화확산 뒷받침, 공공·민간부문 최종면접자의 탈락 사유 자율적 피드백 시행" 지원하는 과제다. 채용 과정에서의 공정성 확보에 대한 사회적 요구가 높아짐에 따라 공정채용 문화 확산 및 건전한 채용질서 구축이 필요한 실정이다. 이에 인력 확보에 어려움을 겪는 중소기업에 채용 전문 컨설팅을 제공하여 공정채용 문화의 민간 확산과 공정채용 조성 여건을 지원한다(한국산업인력공단, 2024)

❖ 공정채용
채용의 전 과정에서 정보를 **투명**하게 제공하고, 직무와 무관한 편견 요소가 아닌 **능력** 중심으로 평가하며 구직자와 기업이 모두 **공감**하는 인재 채용을 의미함

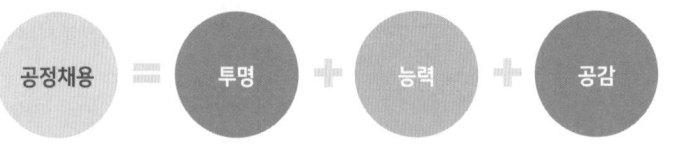

[그림 66] 공정채용의 개념

출처 : 한국산업인력공단(2024). 2024 공정채용 컨설팅 사업계획.

공정채용 컨설팅사업은 중소기업 등을 대상으로 채용제도 설계 및 제도 개선 등 채용 특화 컨설팅을 제공하여, 기업의 맞춤형 인재 확보를 지원하고 민간에 공정채용 문화 확산을 도모하고, 채용절차 개선에 필요한 서비스를 기업 수준에 따라 제공하여 공정채용의 단계적으로 안착할 수 있도록 지원하는 것이다.

1단계 : 투명하고 공정한 채용 절차 도입	

① 기존 채용제도 진단
   (표준화 진단체크리스트 도입)
② 공정한 채용제도 설계
	③ 고용브랜딩
	④ 불합격사유 자율 피드백 가이드 제시
	   (자료 제공)

2단계 : 능력중심채용모델을 활용한 채용	
① 직무분석 및 직무설명자료 개발 ② 서류전형 평가도구 개발	③ 면접전형 평가도구 개발 ④ 인사담당자, 면접관 및 CEO 교육 등

3단계 : 컨설팅 종료 후 사후관리	
① 만족도 조사, 활용도 조사 ② 온보딩 지원(자료 제공)	③ 타 사업 연계 지원(자료 제공) ④ 개선안 제시, 우수사례 발굴 등

[그림 67] 공정채용 컨설팅의 절차(공정채용 가이드북 중)
출처 : 한국산업인력공단(2024). 2024 공정채용 컨설팅 사업계획.

3. 스킬(역량, 직무능력) 중심 기업 HR(HRD+HRM)

우리나라는 과거 개발경제 시대 Generalist 중심 인력을 운영하였고, 효과도 매우 컸다. 하지만, 4차 산업혁명, 기술주기 단축, 글로벌 경쟁 심화 등으로 지금 시점에서는 직무중심 노동시장으로 질적 전환을 이루어야 한다는 것이 전문가들의 공통된 의견이다. 아울러, 대·중소기업 간, 정규직·비정규직간 지나친 격차 해소를 위해서도 직무중심 노동시장(일·능력·성과와 괴리된 보상체계 개선)으로의 전환은 시급한 과제이다.

NCS는 직무분석 결과이고 더불어 그 일을 수행하는데 필요한 능력을 체계화한 자료로, 기업에서는 근로자를 모집, 선발, 배치, 교육하고 인사평가를 하기 위한 기초적인 정보는 직무분석(job analysis)에서 얻는다. 직무분석은 직무에서 어떤 활동이 이루어지고, 직무를 수행하는데 요구되는 지식, 기술, 태도 등이 무엇인지를 알아내는 과정이다. NCS 역시 산업현장 직무를 수행하는데 요구되는 능력(지식, 기술, 태도)를 산업별로 수준별로 직무분석을 통해 객관적이고 구체적으로 체계화한 자료로, 기업에서 활용가치는 매우 크리라 기대한다.

이에 정부와 공단은 NCS 기업활용컨설팅 사업을 통해서 NCS를 활용하여 체계적인 HRD 및 HRM 여건이 열악한 중견·중소기업을 위해 기업의 니즈에 따라 활용할 수 있도록 2015년부터 지원하고 있다. 즉, NCS 기업활용 컨설팅 사업은 '중소·중견 기업을 대상으로 NCS에 기반한 컨설팅을 통해서 기업의 직무분석, 역량모델링 도출, 맞춤형 채용 평가도구, 교육훈련 프로그램 등을 개발·제공하는 사업'으로 특히, 사업에 참여한 기업이 체계적인 인적자원개발 및 관리가 가능하도록 지원하여 기업의 생산성 향상, 이직률 감소 등 중소·중견기업의 경쟁력을 제고하는 것을 목표로 한다.

NCS 기업활용 컨설팅 사업은 자격기본법 시행령 제8조를 근거로 2014년 시범사업부터 2023년 9차년도 사업까지 총 10년차 사업이 수행되었으며, 2002년부터 2014년 시범사업까지는 '도입기'로 사업의 기틀을 마련하고, 2015년 1차년도부터 2017년 3차년도는 '확산기'로 NCS 홍보와 활용에 초점을 두고 사업의 양적 확대와 사업관리에 집중하였다.

2018년 4차년도부터 2020년 6차년도는 '정착기'로 그동안 진행된 사업에 따른 성과확인에 초점을 두고 중소·중견기업에 성과가 확산되도록 하였으며, 2021년 7차년도 사업부터 2023년 9차년도 사업은 '전환기'로 양적확대보다 질적 향상을 이루는데 중점을 두고 있다.

[그림 68] NCS 기업활용 컨설팅 사업 추진 경과

출처 : 한국산업인력공단(2023). NCS 기업활용 컨설팅 성과 환류체계 구축. 두하우컨설팅

NCS 기업활용컨설팅 지원유형은 매년 달라지지만, 크게 기업의 HR 영역에서 기업 여건에 맞는 직무체계 분석부터, 채용, 재직자훈련(교육훈련), 배치승진 등 인사관리와 임금을 지원하고 있다. 특히, 2024년부터는 임금체계 개편을 지원하는 유형이 신설되어 보다 많은 기업이 지원을 받을 수 있으리라 기대된다.

〈표 51〉 스킬(역량, 직무능력) 중심의 기업 HR(HRD+HRM) 유형

구분	내용	기대효과
채용	NCS '직무기술서'를 기반한 지원자의 역량을 평가할 수 있는 채용 프로세스 설계 및 채용도구(채용공고, 서류, 필기 면접) 개발	• 스킬(역량, 직무능력) 중심 인재채용(기업·지원자 미스매칭 해소) • 입사시 재교육 비용 절감
재직자 훈련(교육)	NCS '평생경력개발경로'를 기반한 사내 경력개발경로와 수준별 교육훈련이수 체계도 개발	• 교육훈련체계화 • 직무능력 맞춤 교육으로 생산성 향상 • 근로자의 학습 참여 촉진
배치·승진	직급별로 요구되는 직무능력 중심의 훈련체계와 승진 배치체크리스트 개발	• 인재에 대한 회사의 기대와 근로자 역량간 불일치 해소(공정성 확보)
임금	NCS와 SQF 기반 표준직무분석을 바탕으로 기존 관리직 연공급 중심 임금을 '직무급' 구조로 전환	근로자의 직무역량과 능력에 따른 적정 임금 지급

2024년에는 NCS 기업활용 컨설팅 사업에서 NCS를 활용한 직무분석 결과가 채용과 교육훈련 영역에만 활용되고 있어 기업의 체계적인 인적자원개발 및 관리체계 구축에 한계가 있다는 의견에 따라 컨설팅의 영역을 직무분석 결과 활용 가능 영역인 모집선발, 교육훈련, 성과관리, 이동배치, 임금체계로 확대하여 제공하게 된다.

[그림 69] NCS 기업활용 컨설팅 사업 유형별 과업 요약
출처 : 한국산업인력공단(2023). NCS 기업활용 컨설팅 성과 환류체계 구축. 두하우컨설팅

 또한 NCS 기업활용 컨설팅 사업의 역할이 NCS가 사회 전반에 자리 잡아 감에 따라 사업 초기 설정된 NCS 활용·확산 중심에서 중소·중견기업의 NCS 활용에 따른 인적자원개발 및 관리 부분의 성과 창출로 확대됨에 따라 사업에 참여한 중소·중견기업의 성과에 대한 확인 요구가 증대되었다.

〈표 52〉 NCS 기업활용 컨설팅 사업 목적 확대

변경 전(~2023년)	변경 후(2024년)
공정한 직무중심사회 여건 조성을 위해 체계적인 인적자원개발 및 관리 여건이 열악한 중소·중견기업에 대해 컨설팅을 통해 NCS 도입을 지원	중소·중견 기업을 대상으로 직무분석 및 HR 전반(모집선발, 교육훈련, 성과관리, 이동배치, 임금체계)에 대한 기업 특화 NCS 컨설팅 지원을 통해 기업의 직무중심 HR 도입기반을 마련하여 공정한 직무중심 사회 여건 조성

출처 : 한국산업인력공단(2023). NCS 기업활용 컨설팅 성과 환류체계 구축. 두하우컨설팅

4. 국가 차원의 전략적 HRD

앞에서 기업의 전략적 HRD의 프로세스를 ① 직무분석, ② HR기획, ③ 채용, ④ 선발, ⑤ 훈련&개발, ⑥ 보상, ⑦ 성과관리, ⑧ 노사관계로 제시하였다. 국가 차원에서 전략적 HRD는 국가인적자원개발(N-HRD)로서 명실상부한 공정한 직무능력사회를 구현하는 것이다. 특히, 직무분석 자료인 국가직무능력표준(NCS)은 국가적 인프라로서 큰 역할을 할 수 있으리라 기대된다.

특히, 채용분야는 직무능력중심채용(블라인드채용, 공정채용)을 필두로 교육훈련제도의 혁신을 견인하고, 직무중심의 노동시장의 인사관리가 될 수 있도록 기반을 제기하고 있다. 또한 최근 직무급 등 보상 및 성과관리에서의 노동개혁도 함께 논의할 수 있게 되었다.

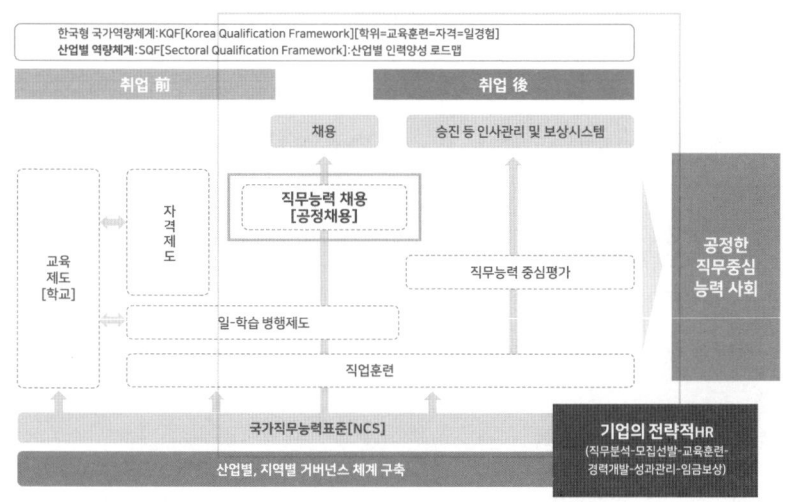

[그림 70] 국가의 전략적 HRD: 공정한 직무능력중심사회 구현

우리나라는 경제발전을 이루고 국제적 위상이 높아진 데는 우수한 인적자원에 기인한 것으로 평가되고 있다. 누구나 인적자원개발의 중요성을 인지하고 있는 것이 사실이다. '인적자원개발'은 개인 · 조직 · 국가가 모두 관

여하는 복합적인 개념이다. 개인 입장에서는 자신의 고용과 관련된 직업(무)능력을 키우고, 기업주 입장에서는 근로자들의 역량을 최대한으로 발휘하도록 인력을 조직하고 개발하며, 국가 차원에서는 국가가 안고 있는 인적자원의 수준을 최대한으로 높여 국가 발전의 기틀을 만드는 데 역할을 한다. 따라서 직업교육, 직업훈련, 인적자원개발(HRD : 기업교육) 등의 분리된 접근을 넘어 국가적 차원에서의 국가인적자원개발(N-HRD)이라는 보다 거시적인 관점에서의 통합적 논의를 해야 할 필요가 있다.

이 책에서의 스킬 개발(workforce development) 내용을 다시 한 번 국가인적자원개발(N-HRD) 관점으로 다시 강조하여 제시하고자 한다.

직업교육 및 훈련(vocational education & training)은 학생 및 근로자 등에게 취업 또는 직무수행에 필요한 지식, 기술 및 태도를 습득 · 향상시키기 위한 것으로 직업을 준비 · 적응 · 유지 · 개선하려는 모든 개인에게 적용된다는 점에서 국가인적자원개발(N-HRD)과 공통점을 지니고 있다. 다만, 직업교육 및 훈련은 개인의 직업적 성공에 초점을 맞추고 있는 반면, 국가인적자원개발(N-HRD)은 그와 함께 조직, 지역사회 및 국가 발전에도 개발의 목적을 두고 있다는 점에서 차이가 있다. 또한, 직업교육 및 훈련은 교육훈련의 제공과 관련된 활동이 주를 이루는데 비해, 국가인적자원개발(N-HRD)은 그와 함께 거시적인 수준에서의 인력의 양성 · 배분 · 활용의 제반활동이 포함된다는 차이점을 지니고 있다.

우리가 흔히 얘기하는 HRD, 즉 기업교육 측면에서의 인적자원개발(HRD : Human Resource Development : ID, OD, CD)이란 어떤 조직이나 기관의 책임자가 개인 · 집단 · 조직의 효율향상을 목적으로 그 조직이나 기관의 구성원에게 제공하는 개인개발(ID : individual development), 조직개발(organizational development : OD), 경력개발(career development : CD)을 포함하는 의도적 · 계획적 · 조직적 학습활동이다. 그러므로, 인간 능력의 향상을 위한 교육 · 개발 · 훈련을 다양한 방법을 통해 포괄적으로 다룬다는 점에서 공통점을 지니고 있으나, 국가인적자원개발(N-HRD)과 기업교육(HRD)은 개념적으로 차이를 보인다.

첫째, 국가인적자원개발(N-HRD)은 조직효과성뿐만 아니라 임금(wage)·생산성(productivity) 등과 같이 국가적인 역량(prosperity)을 측정하는 개념인 반면에, 기업교육(HRD)은 조직효과성(organizational effectiveness)의 측면에서 성과가 해석된다. 둘째, 국가인적자원개발(N-HRD)은 보다 광범위한 개념을 포함하며, 조직뿐만 아니라 교육훈련기관·지역사회 및 정부기관을 포함하는 반면, 기업교육(HRD)은 조직과 조직 내에서의 개인에 초점을 맞춘다. 셋째, 국가인적자원개발(N-HRD)은 고용된 개인뿐만 아니라 고용을 준비하는 청소년·구직자·이직자·은퇴자 등 직업활동과 관련한 모든 대상이 운영의 초점이 되는 반면에, 기업교육(HRD)은 주로 조직에 고용된 개인 또는 조직에서 향후 고용 측면에서 관심을 갖는 개인에 국한하고 있다. 넷째, 국가인적자원개발(N-HRD)은 개인이 노동시장에 진입·재진입, 일터에의 적응, 일터에서의 변화 대처 등과 관련한 사회적 이슈에 관심을 갖는 반면, 기업교육(HRD)은 주로 조직 수준의 성과에만 초점을 맞추고 있다.

즉, 국가적 차원에서의 인적자원개발(N-HRD))이란 모든 국민이 고용의 기회를 갖고, 생산적이고 풍요로운 삶을 영위하는 데 필요한 개발 기회를 갖도록 하는 것이다. 첫째, 사용자와 조직의 요구에 부합하도록 개인을 숙련된 기술자로 만드는 것, 둘째, 학생·구직자·실직자·재직자 및 기타 직무관련 기술 개발을 찾고 있는 개인들을 돕는 것, 셋째, 경제 개발을 향상시키는 것, 넷째, 세계화된 경제체제와 경쟁하기 위해 지역사회의 사업체 및 산업체의 인력을 세계수준으로 개발하는 것. 이 모든 것을 포함하는 개념으로 인적자원개발(HRD)이란 용어를 활용해야 할 것이다.

국가적 차원에서의 인적자원개발(N-HRD))을 추진하기 위해서는 국가인적자원수급계획, 국가인적자원개발, 국가인적자원관리, 국가인적자원정보시스템이 시스템적으로 이뤄져야 한다. 앞의 스킬개발(workforce developent)에서 제시한 내용을 다시 한 번 강조하고자 한다.

첫째로, 국가인적자원수급계획 단계에서는 국가인적자원의 수요와 공급을 예측하고 종합계획을 세워 체계적인 국가인적자원 관련 정책을 수립한다. 그 다음 국가인적자원개발 단계에서는 교육훈련기관 등을 통해 전문적인 국가인적자원을 교육·훈련시키고, 자격검정기관에서 평가를 실시하며, 특히 취약계층을 대상으로 사회화를 유도한다. 국가인적자원관리 단계에서는 선발·채용·임명·인사·보수·후생복지·전직 및 실업 등에 관한 활동을 효율적으로 운영할 수 있도록 유도한다. 마지막으로 국가인적자원정보시스템 단계에서는 국가인적자원계획·개발·관리에 필요한 노동시장 관련정보, 교육훈련기관 관련정보, 자격 관련정보, 직업·진로 관련정도 등을 효율적으로 제공해야 할 것이다.

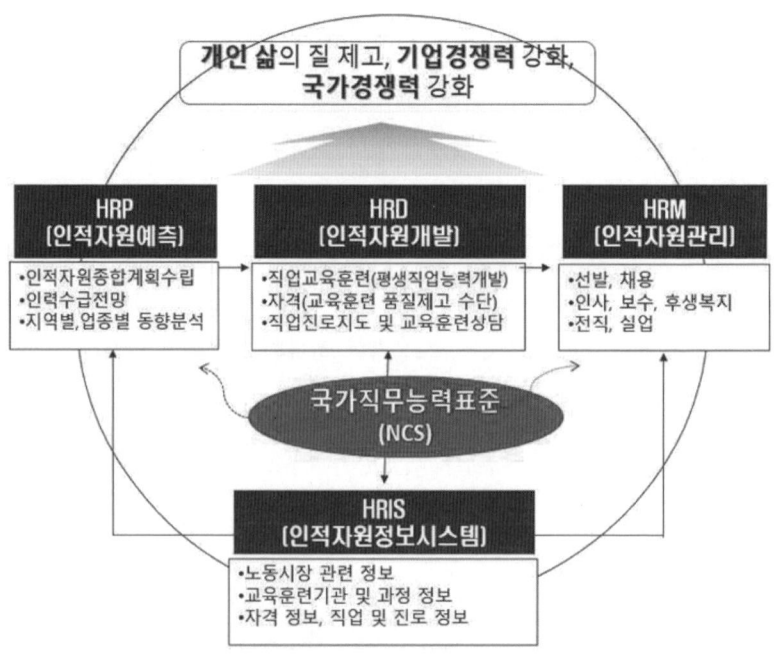

[그림 71] 국가의 전략적 HRD: 국가인적자원개발 시스템(N-HRD)

한국의 SKILLS Future

XIII. 대상별 스킬문화 확산방안은?

"한국의 SkillsFuture"를 추천합니다.

「와, 이분 진실이시다.」 제가 고용노동부 출입 기자로 김진실 원장을 처음 뵀을 때 첫 느낌이었다. 독일에서 유학 중인 제가 이 책을 처음 접했을 때 "와, 나올게 나왔다." 일학습 병행제가 인턴십으로 뿌리내린 독일에서 필요하다 느꼈던 직업훈련의 정석이 나왔다. 진실로 진실로 권한다."

아주경제 원승일 기자

"국가직무능력표준(NCS) 개발 및 활용에 힘 써온 저자의 역작! 직무능력에 관심이 있는 전문가와 정책담당자의 필독서!"

한국직업능력연구원 고혜원 원장

"김진실 대표는 이 책의 주제인 스킬(skill)의 표준화 및 산업현장에서의 효과적인 적용을 위해 오랫동안 기여해 왔으며, 이를 이론적으로 체계화시키기 해 평소 다양한 전문가 및 이해관계자들의 의견을 수렴해왔다. 이 책을 통해 산업현장에서 채용과 육성을 담당하는 인사관리자는 물론 학교에서 학생들을 지도하는 교수자, 직업훈련을 담당하는 지도자들 모두에게 유용한 업무 지침서가 될 것이다."

한국바른채용인증원 조지용 원장

"다양한 경험의 토대 위에 이제는 조직이 원하는게 아닌 현장에서 하고자 하는 이상을 펼치길 바란다. 책 발간을 축하드리며 새로운 출발을 응원한다."

자동차산업 인적자원개발위원회 김현용 사무총장

"미래를 향한 연속적인 '변화' 과정의 변곡점위에 서 있는 개인과 조직은 그들의 기술 수준과 직무 역량의 진보와 축적의 필요성을 더욱 체감하고 있다. 이 상황에서 복지 실현의 중요한 수단인 직업교육훈련 체계의 통합적 관리와 실천 사례를 이슈 중심으로 잘 정리한 이 책은 인적자원개발을 실무에 활용하고자하는 독자에게 유용한 필독서가 될 것이다."

충남대학교 이병욱 사범대학장

"한국의 기업에서 개인에게 요구하는 개인의 핵심역량과 능력에 대한 불일치에 대해서 가장 많이 연구한 최고의 전문가로 해법을 제시해주었다. 이 책은 스킬중심의 직업교육,직업훈련에서 직업능력개발을 위한 방법을 제시하고 있고, 직무능력을 중요시하는 인재양성의 지침서이다. NCS와 SQF로 이어지는 HR분야의 해설서로 Skill에 대한 모든 것이 망라되어 있으며 직업교육과 훈련의 방향을 제시해주고 있다. Skill의 A to Z로 직무중심의 인적자원관리의 명확한 목표를 제시해 입문부터 전문가까지 모두에게 필요한 참고자로 강력 추천한다."

한국직업능력개발센터 이애본 센터장

XIII. 대상별 스킬문화 확산방안은?

1. 청년의 진로(경력) 다변화

미래 사회에서는 누구라도 새로운 지식과 기술을 지속적으로 습득해야 하는 평생학습의 필요성이 대두되고 있다. 특히 기술·기능분야는 갈수록 라이프 사이클 (life cycle) 기간이 짧아지고 있고, 산업현장이 요구하는 직무능력도 끊임없이 변화되기 때문에 근로자들의 계속적인 직업능력개발과 숙련형성을 위한 지표이자 경력개발을 촉진하는 수단으로서 스킬(역량, 직무능력)과 더불어 스킬을 인증받은 자격의 역할은 중요해지고 있다. 기업에서는 수시채용, 경력채용 등 개인의 능력과 업적을 중시하고, 수시로 평가하여 보상을 실시하는 등 직무중심의 능력(역량) 평가가 확산되고 있는 시점에서, 자신의 역량을 인증받은 결과인 자격이 매우 중요하다.

이러한 측면에서, 시대적 변화에 따른 경력개발이 매우 중요해지고 있다. 경력개발이란 한 개인이 일생에 걸쳐 일(work)과 관련하여 얻게 되는 경험을 통해 자신의 직무관련 태도, 능력 및 성과를 향상시켜 나가는 과정으로 정의하는데, 시대적 변화에 따라 경력개발에 대한 중요성이 증가하고 있다. 먼저, 개인적 차원에서 경력개발이 중요한 이유를 살펴보면, IMF 이후 기업의 상시적인 구조조정으로 직장인들의 직업관이 변화(평생직장→평생직업)하고, 온라인 채용 등 채용 정보에 대한 접근이 용이해짐으로써 인재들의 경력 탄력성(Career resilience)이 증가하였으며, 이로 인한 이직(Turnover)도 상시적인 현상이 되었다. 이는 조직의 목표와 발전만을 우선적으로 생각하던 구성원들이 자신의 삶과 경력을 우선시 하는 사고로 전환되고 있음을 보여주는 현상이다. 한 온라인 채용업체의 조사에 따르면, '현재 경력 관리를 위해 자기 계발을 하고 있는가?'라는 질문에 73%가 '그렇다' 라고 응답하였고, 자기 계발의 필요성을 느끼는 이유로는 '경력 관리를 위한 이직 준비'가 31%로 가장 많았으며, 그 다음으로 '연봉 인상 목적'이 30%, '직장에서 뒤 처지지 않기 위해서'가 19%였다.

둘째, 기업 차원에서 경력개발 및 경력관리의 중요성을 살펴보면, 기업 내부적 측면에서 볼 때, 인재 육성 및 확보가 기업 경쟁력의 원천이 되면서 효율적인 인력 개발의 방법을 찾는 기업이 급증하고 있다. 특히, 최근 들어 다양한 분야를 두루 섭렵한 일반 관리자(Generalist)보다는 특정 분야에 통달한 전문가(Specialist)의 중요성이 커지고 있어, 입사로부터 퇴직까지의 경력을 장기적인 관점에서 계획하고 관리하는 경력 개발 프로그램은 전문가 육성의 기본 취지와 맥을 같이 하고 있다. 또한, 퇴직자보다 입사자의 수가 많고, 승진 연한이 점차 짧아짐으로써 승진 정체 현상이 나타나고 있어, 승진보다는, 능력 개발이나 직무 성취감에 의한 동기 부여를 할 수 있는 경력 개발 프로그램에 대한 관심이 증가하고 있는 실정이다.

그동안 청년들의 진로가 획일화되고 경력개발이 활성화되지 않은 이유 중의 하나는 어떤 진로(직업)가 있는지, 그 진로(직업)는 어떠한 일(직무)을 하는지 잘 모르고, 그 일을 하기 위해선 어떻게 준비해야할 지 모르는 경향이 크다. 이에 정부와 공단은 "능력중심채용 모델"인 직무능력 중심 채용의 표준화도구를 통해 채용분야별로 직무기술서, 서류전형, 필기전형, 면접전형을 통해 지원자의 직업기초능력과 직무수행능력을 체계적으로 평가할 수 있도록 개발하여 홈페이지(https://www.ncs.go.kr)에 탑재하여 누구나 볼 수 있도록 하였다.

[그림 72] 우리나라 직무능력 채용 표준화도구(능력중심채용 모델)
출처 : NCS 홈페이지(2024), https://www.ncs.go.kr/blind/index.do, 공정채용.

청년들은 자신의 진로 및 경력개발을 위해 최근 직무능력 중심 채용 패러다임에 따른 채용직무기술서-자기소개서-필기전형-면접전형을 미리 살펴볼 필요가 있다.

먼저, 채용 직무기술서 이해를 이해할 필요가 있다. 직무기술서란 직무분석 결과 해당 직무의 수행을 위해 목적과 업무의 범위, 요구받는 역할, 직무수행 요건 등 직무에 관한 정보를 기록한 것을 의미한다면, 채용 직무기술서는 직무분석 자료 또는 기존 직무기술서에서 채용하고자 하는 직무의 지원자에게 요구하는 직무수준 등을 설정한 자료를 의미한다.

〈표 53〉 일반 직무기술서와 채용 직무기술서의 차이

구분	직무기술서	채용 직무기술서
직무정의	직무수행 전체 내용	채용에 필요한 직무수행 내용
직무수준	직무수준을 단계별로 구분 : 모두 활용 예) 국가직무능력표준 기준 : 1~8수준	채용에 필요한 직무 수준만 활용 예) 국가직무능력표준 기준 : 1~4수준
평가준거	수행 준거	채용에 필요한 수행 준거

채용 직무기술서를 개발하기 위해서는 직무분석의 결과를 활용하여 채용직무의 내용 및 요건을 규정하고 이를 기반으로 선발전형 도구를 설계하고 개발한다. 채용 직무기술서는 채용 목표수준을 설정하고, 필요한 내용 및 요건을 도출하여 채용 직무기술서를 개발한다.

1단계의 목표수준 설정단계에서는 직무분석 자료 또는 직무기술서에서 지원자에게 요구되는 능력단위, 전공, 지식, 기술, 태도를 검토하고, NCS 능력단위 구조도를 활용한 채용직무 목표수준을 결정한다. 2단계의 채용요건 도출단계에서는 직무전문가(SME) POOL을 구성하고 NCS 능력단위 및 능력단위요소를 검토하여 실제 산업현장에서 수행하는 업무를 확인한다.

⟨표 54⟩ 직무능력 중심 채용에서의 채용직무기술서 개발절차 및 예시

1단계. 목표수준 설정	2단계. 채용직무 요건 도출	3단계. 채용 직무기술서 개발
- 채용직무 목표수준 설정 (직무분석자료 및 기존 직무기술서)	- 능력단위/능력단위요소/직업기초능력 등 도출	- KSA/능력단위/직업기초능력/교육-훈련-자격 등

⟨직무능력 중심 채용에서의 채용직무기술서 예시(인사·조직)⟩

NCS 분류체계	대분류	경영·회계·사무	중분류	총무·인사	소분류	인사·조직	세분류	인사
직무개요									
직무정의	인사조직 직무는 인적 자원의 활용을 위해 성과관리, 급여지급, 조직문화관리, 인사 아웃소싱관리 등의 제반 사항을 운영 및 개선하는 업무를 수행하는 일이다.								
직무역할	조직의 목표달성을 위한 인적자원의 효율적 활용을 지원하고, 이를 위해 기획된 제도·운영체제·실행을 지원하는 역할을 담당한다.								
직무수준	사원(직능수준: 주임급까지, 1~4년차)								
유관직무	교육훈련, 노무관리, 총무(급여), 조직문화, 경영기획								
능력단위									
인사평가 지원(L.4)	과업 정의: 조직의 전략 및 목표와 연계하여 구성원 및 부서를 위한 평가계획을 수립하고, 단위별 목표설정, 평가를 위한 교육, 인사 평가 실행을 지원하는 능력이다. 능력단위요소: 계획수립, 목표설정, 평가 교육, 인사평가 정리								
급여지급(L.3)	과업 정의: 확정된 조직원의 임금을 정해진 날에 집행하고 연말 소득에 따라 납부한 세금을 소득세법에 따라 재계산하여 연간 세금 정산을 수행하는 능력이다. 능력단위요소: 급여대장 등록, 급여계산, 4대 보험 관리, 연말정산 실시								
조직문화 관리(L.4)	과업 정의: 비전과 목표를 조직 구성원들이 공유하기 위하여 조직문화의 분석과 실행방안을 지원하는 능력이다. 능력단위요소: 조직문화 현황 분석하기, 조직문화 활성화 방안 수립, 조직문화 활성화 방안 실행								
인사 아웃소싱(L.4)	과업 정의: 운영업체의 제안 내용의 평가를 통해 계약을 체결하고 운영업체를 관리하는 능력이다. 능력단위요소: 아웃소싱 대상 업무 선정, 운영업체 선정, 운영업체 평가								
*과업에 따른 직능수준(Level)은 1~8단계로 구분									
필요 지식·기술·태도									
필요 지식	전자인적자원관리시스템 지식 조직행동 관련 지식 평가방법론(성과지표, 평가오류/평가기법) 지식 조직 비전 체계 지식 경력개발, 역량모델 지식 사회조사방법 지식				임금관리 관련 법률(소득세법, 연말정산 등) 지식 노동관련 법률(근로기준법, 최저임금법 등) 지식 4대 보험 및 개인정보보호법 관련 법률 지식 하도급거래공정화, 파견근로자 보호 관한 법률 지식					
필요 기술	편안한 대화 유도 기술 협상(중재) 및 설득 기술 벤치마킹 기술 통계처리 기술 평가결과 분석 기술				전사적 자원관리, 인적자원시스템 활용 기술 비교분석 기술 정보검색 기술 비용효과분석 기술					
필요 태도	인간존중 태도 윤리의식 공정성 태도 사명감과 배려				보안을 중시하는 태도 객관성 및 정확성을 추구하는 태도 다양한 부서와의 협업태도 긍정적 사고					

다음으로, 직무능력 중심 채용 자기소개서는 해당 분야 지원자의 직무수행능력 및 직업기초능력을 검증하고 평가하는 것이다. 기존 자기소개서는 일대기적 형식의 자기소개와 개인경험 및 생각을 나열했다면, 직무능력 중심 채용의 자기소개서는 직무와 관련된 개인의 경험을 구체적인 사례를 통해 증명하는 것이다. 자기소개서는 해당 지원자의 지원동기(조직·직무) 및 조직적합성(핵심가치·인재상), 직업기초능력 등 평가질문으로 구성하여, 지원자에게 직무능력을 발휘할 수 있는 상황을 제시하고 설명할 수 있도록 단일 또는 다중질문으로 제시한다.

〈표 55〉 직무능력 중심 채용의 자기소개서 질문의 유형

구분	유형	특징	예시 질문
단일 질문 방법	〈대표질문〉 해당 능력이 잘 발휘되었던 과거의 경험을 묻는 하나의 주질문	- 장점: 항목설계와 답변 용이 - 단점: 자의적 해석으로 평가의도와 다른 답변	귀하가 살아오면서 가장 큰 성취감을 느꼈던 사건에 대해서 기술하시오.
다중 질문 방법	〈질문나열〉 해당 능력이 잘 발휘되었던 과거의 경험을 묻는 주질문과 탐색질문으로 구성	- 장점: 항목에 대한 구체적인 정보수집 가능 - 단점: 지원서 설계와 답변관리의 어려움	귀하가 살아오면서 가장 큰 성취감을 느꼈던 사건에 대해서 기술하시오. - 과정 중에 어떤 어려움을 경험하셨나요?

자기소개서의 질문을 개발하기 위해서는 채용분야의 직무능력을 평가할 수 있는 상황에 대한 질문을 제시하고, 이를 통해 평가의 주안점 등에 적용해야 한다. 다음은 「회계」분야의 자기소개서 질문의 예시이다.

〈표 56〉 직무능력 중심 채용의 자기소개서 질문 예시분야(회계)

[회계정보시스템 운용] 원활한 재무보고를 위하여 회계 관련 DB마스터 관리, 회계 프로그램 운용, 회계 정보를 활용하는 능력 [결산관리] 회계기간의 수익, 비용을 확정하여 경영성과를 파악하고, 결산일 현재의 자산, 부채, 자본을 측정·평가하고 재무 상태를 파악하여 재무제표를 작성하는 능력 [문제해결능력] 직무를 수행함에 있어 문제 상황이 발생하였을 경우, 창조적이고 논리적인 사고를 통하여 이를 올바르게 인식하고 적절히 해결하는 업무		
〈직무 요구능력 확인〉 - 기업 회계담당자가 수행해야하는 능력을 진단할 수 있다.		〈회계프로그램운용/결산관리/문제해결능력〉 - 회계프로그램/결산관리 등 직무능력 보유를 통해 기업 회계담당자의 역할 수행이 가능하다.
질문문항 설정		
〈질문〉 - 우리 회사와 해당 지원 직무분야에 지원한 동기에 대해 기술해 주세요. - 지금까지의 경험 중 해결하기 힘든 문제에 부딪혀 어려움을 겪었으나 이를 극복한 사례가 있다면 기술해 주세요.	〈증거〉 - 회계정보시스템 운용능력에 대한 경험여부 확인 - 계획수립능력, 목표설정능력을 위한 적극적 행동 - 사례제시를 통한 사고력, 문제처리능력 등에 대한 경험여부 확인	〈평가주안점〉 - 회계프로그램의 활용여부 (경험) - 경영성과 및 재무제표 등을 작성에 대한 경험 및 능력 - 문제상황에 대한 대처 및 처리에 대한 경험 및 능력

자기소개서 작성분량이 많을 경우 정확한 평가가 어려울 수 있으므로 자기소개서 작성양식에 항목별 작성분량에 대한 가이드를 미리 제시하는게 필요하다. 직무능력 중심 채용에서의 자기소개서 샘플을 "재무/회계"분야 중심으로 제시하면 다음과 같다. 일대기적 형식의 자기소개와 개인경험 및 생각이 아니라, 채용 직무와 관련된 개인의 경험을 구체적인 사례를 통해 증명할 수 있도록 작성해야 할 것이다.

〈표 57〉 직무능력 중심 채용의 자기소개서 작성분량 예시와 자기소개서 샘플

기술항목	기술 분량	기술항목	기술 분량
지원동기	200~300자	직무수행능력	300~800자
기타 조직-개인적합성	300~400자	직업기초능력	300~800자

1. 우리 회사와 해당 지원 직무분야에 지원한 동기에 대해 기술해 주세요.

> 제가 재무/회계직무에 지원하게 된 이유는 제 전공과 큰 연관성이 있고 관련된 역량을 쌓기 위해 노력해왔기 때문입니다. 경영학 전공을 하면서 비교적 다양한 전공 수업을 들어봤지만 회계, 재무 관련 수업이 가장 흥미롭게 느껴졌습니다. 다른 분야에 비해 정확하고 구체적인 정보로 표현이 가능한 점이 제 선호와 잘 맞기 때문입니다. 이 때문에 관련 직무 쪽에서 커리어를 쌓고 싶다는 생각이 들어서 개인적으로 공부를 더 하기도 했습니다.
> 재무와 회계는 기업의 언어라는 책의 한 구절을 읽고 크게 공감했습니다. 그래서 전공수업 중 재무, 회계 관련 수업에 유독 흥미를 느꼈고 흥미는 자연스럽게 좋은 성적으로 이어졌습니다. 재무, 회계 이론 수업뿐만 아니라 재무, 회계 실무에 날개를 달아줄 엑셀과 VBA를 사용하는 실습기반의 수업도 들었습니다. 어릴 적부터 컴퓨터와 친했고 행정병으로 군복무를 했기 때문에 저의 컴퓨터 능력은 다른 친구들에 비해 뛰어났습니다. 제 능력은 컨설팅 회사에서 인턴으로 근무하며 진가를 발휘했습니다. 컨설팅 실무에서 재무제표, 데이터를 엑셀로 정리할 일이 많았는데 저는 남들보다 배 이상으로 빠르게 정리할 수 있었습니다. 또한 재무제표에서 나올 수 있는 수치들을 적절하게 정리하여 선임에게 전달했고, 선임은 이를 자신의 논리에 활용할 수 있었습니다.
> 입사 후에 실무 지식과 경험을 쌓아나가며 제가 부족한 점을 적극적으로 보완하여 회사에 필요한 인재가 되기 위해 노력하겠습니다.

2. 새로운 것을 접목하거나 남다른 아이디어를 통해 문제를 개선했던 경험에 대해 서술해 주십시오.

[역발상을 통하여 만들어낸 굿딜]
　매 학기 시작할 때마다 발생하는 고민은 수업을 위한 책을 구매하는 것이었습니다. 각기 수업의 교수님마다 원하는 전공 서적들이 있었고 해당 서적을 수업일정을 맞추기 위해서는 일주일 정도의 시간 안에 준비를 해야 했기 때문입니다. 대부분의 학생이 사용하는 방법은 학교 서점에서 책을 사거나 수업을 들었던 지인을 통하여 받는 것이었습니다. 하지만 학교서점에서 구매하는 것은 저작권이 발달한 OO에서는 하드카피 본인 것은 300불에 달하여 경제적이지 못하다 생각하였고, 지인을 통하여 받는 것 또한 수업선택과 인간관계에 따른 제한이 있었습니다.
　인터넷을 통한 중고 책을 거래하는 사이트가 있었지만 학기 초 각종 서적을 구매를 원하는 수요에 비해 전공 서적을 판매하는 판매자는 턱없이 적었습니다. 이에 저는 생각의 전환을 하였습니다. 직전 학기에 제가 듣기 원하는 전공의 서적의 구매를 원하는 글을 사람들에게 연락을 한 것입니다. 해당 방식에는 아래와 같은 이점이 있습니다. 1. 무엇보다 직전 학기 구매자들에게는 필요 없어진 재화를 저에게는 가장 필요한 재화로 변화시킬 수 있는 효과적인 모두에게 상호이익인 거래였습니다. 2. 직전 학기 수업을 먼저 들었기 때문에 한 학기 수업에 대한 팁들도 얻을 수 있었습니다. 3. 대다수가 학교서점을 통해 구매하여 학번 사용한 것으로 책의 상태가 다른 중고 책 사이트보다 월등히 좋았습니다.
　위와 같은 거래방식은 물론 일대일로 상황을 설명하고 다수의 거래자와 접촉을 해야 하는 단점이 있지만 대학단지인 학교 특성상 학생들이 모여 거주하였기 때문에 불편을 최소화할 수 있었습니다. 그 결과 대부분의 제가 원하는 양질의 수업 서적들을 적게는 절반 많게는 십 분의 일 가격으로 성공적으로 거래할 수 있었습니다.역발상의 창의력을 바탕으로 귀사에서 업무를 개선할 수 있는 신입사원이 되겠습니다.

3. 지금까지의 경험 중 해결하기 힘든 문제에 부딪혀 어려움을 겪었으나 이를 극복한 사례가 있다면 기술해 주세요.

　군 제대 후 재무 및 재경으로 진로를 정하고 회계학을 복수전공으로 선택했습니다. 당시 교수님께서는 기업의 재무제표 및 산업을 이해하기 위해서는 약간의 자기 돈을 들여서 주식투자 하는 것을 추천해 주셔서 도전정신을 가지고 주식시장에 뛰어 들었습니다. 하지만 충분한 사전 준비 없이 의욕만 앞선 첫 투자는 수익률 50%라는 실패로 돌아가고 말았습니다. 그러나 이를 통해서도 많은 것을 배울 수 있었습니다.
　단기 수익에 집착하여 지나치게 많은 매매를 한 것과 투자 대상기업을 면밀하게 분석하지 않은 것이 원인임을 깨달았습니다. 그 후 산업분석보고서와 경제 신문을 분석하면서 각 산업과 기업에 대한 통찰력을 길렀습니다. 그리하여 2013년 2개월간 주식으로 20%의 수익을 올려 철저함과 꼼꼼함의 중요성을 깨달았습니다. 도전하지 않는다면 실패도 없다는 생각으로 시작한 일이고, 첫 실패를 통해 철저함과 꼼꼼함을 다시 한 번 생각할 수 있는 계기가 되었습니다.

자기소개서 평가기준은 직무관련 능력이 정확하게 기술되었는지 확인하는 것이다. 따라서 가점기준과 감점기준을 사전에 제시해야 한다.

〈표 58〉 직무능력 중심 채용의 자기소개서 평가기준

가점 기준	감점 기준
- 능력에 대한 기술 내용의 성실성 - 구체적인 사례 기술 - 질문에서 평가하고자 하는 직무능력에 대한 기술	- 능력 간 동일 내용 복사 혹은 기술 부족 - 원론적 이야기나 자기가치관 기술 - 능력 및 질문과 무관한 내용 - 오타 및 부정확한 문법으로 내용평가 불가(최저점)

다음으로 직무능력 중심 채용의 필기전형은 현업업무와 직무능력에 기반하여 평가문항을 개발하며 직무능력 순으로 선발할 수 있는 타당도가 높은 선발도구이다. 기존 필기전형과 다르게 직무능력 중심 필기전형이 갖고 있는 특징은 다양한 직무맥락을 적용하고, 단순한 인지능력이 아닌 직무상황판단 및 문제해결력을 평가한다는 것이다. 직무능력 중심 채용의 평가를 준비하기 위해서는 "NCS홈페이지 학습모듈"을 참고할 수 있다. 이는 능력단위 별로 구성되어 있어 필기문항으로 연계가 쉽고, 내용타당도를 제고할 수 있다.

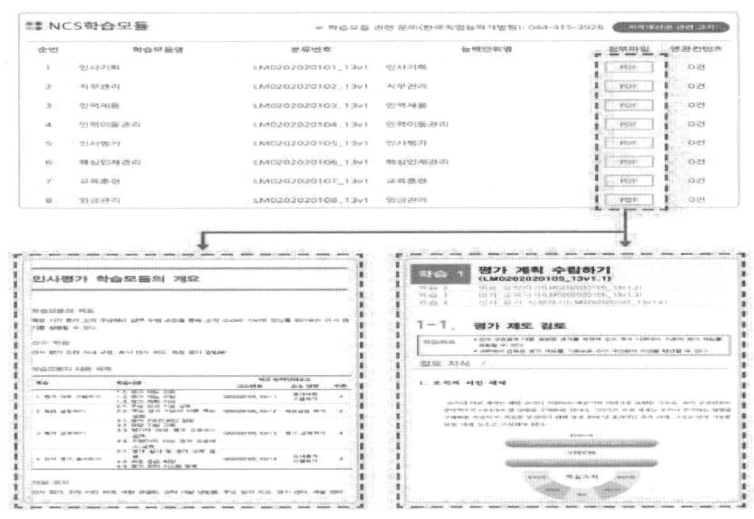

[그림 73] NCS 학습모듈에서 필기시험 참고하기

〈표 59〉 직무능력 중심 채용의 필기전형 예시

직무능력 중심 필기전형(상황문제 예시)	
문항은 "지시문 + 상황 + 답지"로 구성하여야 함	
지시문	문제 내용
상황(Context)	상황 묘사, 실제 업무 상황에서 사용하는 문서, 이메일, 대화내용 등을 제시
답지	객관식 답지

* 지식(Knowledge)과 기술(Skill)에 대해서는 별도 설명 없음

상황문제

[지시문] 다음 보기는 보험범죄에 대한 설명이다. 어떤 보험범죄에 해당되는지 고르시오.

[상황]
주부 A씨는 남편의 주도하에 기왕증인 당뇨병을 숨기고 수십 건의 보험계약을 체결하였다. A씨는 보험에 가입하기 전까지 기록이 남지 않도록 동생과 지인의 건강보험증을 이용하여 치료를 받고, 보장성 보험에만 집중적으로 가입하였다. 특히 의사의 수술권유에도(고액의 보험금을 노리고) 이를 거부하고 당뇨합병증으로 인한 양안실명에 이르게 하여 OO억 원의 보험금을 편취하였다. 이 일을 주도한 A씨의 남편은 구속기소 후 징역을 선고 받았다.

[답지]
① 보험금을 편취 목적으로 자살, 자해, 고의 사고를 발생시키는 경우
② 진단서, 청구서 등을 허위로 위·변조하여 보험금을 청구하는 경우
③ 치명적인 질병, 장해(재해) 등을 숨기고 의도적으로 보험에 가입한 경우
④ 상습,반복적 장기 입원 통원 또는 병원 의사가 과잉치료를 조장하는 경우

마지막으로, 직무능력 중심 채용에서의 면접전형은 면접관이 지원자에게 질의하거나 지원자의 발표와 토론을 관찰하여 조직 및 직무적합성을 평가하는 과정이다. 면접에서는 심층적인 질의응답 또는 지원자 간 상호작용을 통하여 직무수행에 필요한 인성, 능력 검증이 가능하다. 대표적인 면접전형은 구술면접과 시뮬레이션 면접이 있으며, 특성, 비용 및 운영 측면을 고려하여 적합한 유형을 선정한다.

〈표 60〉 직무능력 중심 채용의 면접전형

구분	구술면접(경험/상황)	시뮬레이션면접(발표/토론)
방법	- 질의응답을 통해 개인의 성격, 태도, 동기, 가치 등의 특성을 평가	- 과제를 부여한 후, 지원자들이 과제를 수행하는 과정과 결과를 관찰하여 평가
면접위원 역할	- 해당 역량이 드러날 수 있는 적절한 시작(Main)질문과 심층(Proving)질문으로 평가	- 평가하고자 하는 역량을 판단할 수 있는 행동들을 정확히 관찰, 기록하고 평가
대표 유형	- 경험면접, 상황면접	- 발표면접, 토론면접, 역할연기, 서류함기법
장점	- 개인의 다양한 인성과 능력평가 적합	- 개인의 직무능력 요소를 평가하는데 적합

예를 들어, 경험면접은 지원자의 역량에 관한증거가 될 수 있는 과거사건·상황에 대해 지원자 판단, 판단의 이유, 행동의도 등을 질문하는 방식이다. 사람들은 일관되게 행동하며 이러한 특성은 쉽게 바뀌지 않는다고 가정하여, 과거 행동은 미래 행동을 타당하게 예측한다.

〈 경험면접 평가문항 예시(일반판매) 〉

능력단위	매장판매마무리	정의	고객의 구매 확정 후 요구사항 충족을 위하여 판매상품에 대한 결제와 포장, 배송 의뢰, 고객에 대한 환송과 판매 상품을 배송할 수 있는 능력이다.

주 질문	세부 질문
A. 고객에게 상품 판매 마무리 절차를 어떻게 진행 했는지 말씀해 주시기 바랍니다. (관련 경력이 없을 경우 유사 경험, 관련 교육과정 중 해당 사례의 학습 경험을 질문)	[상황/과제] • 말씀해주신 내용은 언제, 어느 조직(단체)에서, 누구와 같이 경험했던 상황인가요? • 맡으신 과제의 세부적인 내용은 무엇입니까? 왜 그런 과제를 수행하게 된 것입니까? • 이 상황에서 어떤 생각(감정)이 들었습니까?
B. 매장 판매 후 상품 배송을 위해 어떤 절차를 진행했는지 말씀해주시기 바랍니다. (관련 경력이 없을 경우 유사 경험, 관련 교육과정 중 해당 사례의 학습 경험을 질문)	[역할] • 당시 속한 조직(단체)에서 어떤 역할을 맡았습니까? • 특별히 지시받은 내용이 있습니까?
C. 고객에게 상품 배송 완료 후 상품 이상 유무를 확인을 어떻게 하였습니까? (관련 경력이 없을 경우 유사 경험, 관련 교육과정 중 해당 사례의 학습 경험을 질문)	[행동] • 그 역할 또는 과제를 보다 효과적으로 수행하기 위해 어떤 노력을 했습니까? • 어떤 의도를 가지고 그런 행동을 하셨습니까?
D. 고객의 상품 구매 후 결제 방식에 따라 어떻게 결제를 처리했는지 말씀해 주시기 바랍니다.질문	[결과] • 행동의 결과는 어떠했습니까? 추후 성과라고 인정받은 것은 무엇이 있나요? • 미흡한 점은 무엇이었나요? 개선할 점은 무엇인가요?

〈 경험면접 평가문항 예시(일반판매) 〉			
직업기초능력	대인관계능력	정의	업무를 수행함에 있어 접촉하게 되는 사람들과 문제를 일으키지 않고 원만하게 지내는 능력이다.

주 질문	세부 질문
A. 고객이 매장의 환경에 대해 불만(예: 이벤트로 인한 소음 발생, 재고 정리 중 고객의 동선 방해 등)을 제기했을 때 대처했던 경험이 있다면 말씀해 주시기 바랍니다.	[상황 및 문제] · 말씀해주신 내용은 언제, 어느 단체에서, 누구와 같이 경험했던 상황인가요? · 해당 경험의 구체적이 내용 및 상황에 대해서 구체적으로 말씀해주십시오. · 이 경험을 통해 어떤 생각(감정)이 들었습니까? [역할] · 당시 속한 단체에서 어떤 역할을 맡으셨는지 구체적으로 말씀해주십시오. · 특별히 지시를 받거나 내린 적이 있습니까?
B. 매장 판매를 하면서 동료와 의견 충돌로 언쟁을 나눴을 때 원만하게 해결했던 경험이 있다면 말씀해 주시기 바랍니다.	[행동] · 그 문제를 해결했던 과정(절차)을 순서대로 말씀해주시오. · 그 역할 또는 문제해결을 보다 효과적으로 수행하기 위해 어떤 노력을 했습니까? · 어떤 의도를 가지고 그런 행동을 하셨습니까? 문제해결 시 가장 어려웠던 점은 무엇이었나요? [결과] · 경험의 결과는 어떠했습니까? · 아쉬웠던 점은 무엇이었나요? 개선할 점은 무엇인가요?

[그림 74] 직무능력 중심 채용에서의 경험면접 평가문항 예시(일반판매)

2. 경력단절여성 고용 활성화

우리나라 여성고용의 실태는 결혼 육아 등으로 인한 경력단절로 M자형 고용실태라는 많은 연구결과가 있다(여성가족부, 통계청, 2020).

경력단절 여성이 다시 재취업하는데 있어서 위험요인으로 개인적, 가족적, 사회적, 구조적 요인이 있을 수 있다(나영선, 2000, 이옥분, 2002, 김인선, 2006)

먼저 먼저 개인적·가족적 요인을 살펴보면, 기혼여성이 재취업 의지가 있음에도 남편이나 시부모의 반대로 취업하지 못하는 경우가 있다고 한다(나영선, 2000). 가족은 취업으로 인해 자녀교육과 가정생활이 제대로 되지 않는다고 생각하여 기혼여성의 취업을 부정적인 시각으로 본다(이옥분, 2002). 또한, 본인 스스로 자녀양육에 책임을 느끼면서 취업하지 않는데 있다. 고학력 경력단절여성 자신도 '자녀양육에 지장이 있기 때문에' 취업을 희망하지 않는다(이옥분, 2002). 특히, 고학력 기혼여성은 자녀교육에 관심이 높을 뿐만 아니라 자녀교육은 주로 주부의 몫으로 남아 있어 취업 동기를 억누르는 요인이 된다. 그 다음으로, 남편의 소득과 관련된다(Shoba & Vani, 2004). 고학력 여성일수록 남편의 소득이 높고 그로 인해 자신의 노동시장에서의 가치가 높다고 느껴, 취업욕구는 강하지만 동시에 취업의 필요성은 적게 느끼기 때문이다(이옥분, 2002).

다음으로 사회적, 구조적 요인을 살펴보면, 직종 선택의 폭이 좁다는 것이다(나영선, 2000). 경력단절 이후 재취업할 경우 일부 전문, 관리직을 제외하면 이전 직장으로 되돌아가는 경우는 드물며(나영선, 2000), 동일 직종에서 지속적인 경력을 개발한다는 것은 매우 어렵다(이정표, 2001). 또한, 의중임금(reservation wage)에 비해 임금 수준이 낮다. 고학력 여성일수록 경력단절을 거치게 되면 취업에 따른 기대는 높지만, 소득효과는 크지 않기 때문에 취업을 기피하여 노동시장 재진입 가능성이 낮다(황수경 외 2006). 게다가 낮은 임금은 보육비를 상쇄할 수 없기 때문에 이들의 재진입은 더욱 어렵다. 그리고, 고용형태의 경직성을 들 수 있다. 기혼여성 대부분은 일과 가정생활을 병행해야 하기 때문에 시간 활용에 융통성이 있어야 한다. 이들은 고용의 안정성과 지속성이 담보되고, 부당한 처우가 없다면 시간제 고용이나 단시간 근로를 선호한다(구명숙 홍상욱, 2005; 김인선, 2006; Caroline & Marilyn, 1994).

경력단절 여성의 취업 실태로, 30-40대 기혼여성인력을 채용할 경우 가장 중요하게 평가하는 요소는 무엇인지 분석한 결과(임희정(2009)), "전문지식이나 기술여부"가 35.7%로 가장 높았으며, 그 다음으로 "철저한 직업의식" 24.2%, "장기근속 가능여부" 19.5%, "학력 및 경력" 17.2% 순으로 나타났으며, "단정한 외모", "임금수준"과 "태도"는 매우 비중이 낮았다. 이러한 결과를 통해, 기업에서는 30-40대 기혼여성을 채용할 때, 경력단절 여성이 단절기간의 공백을 상쇄할 수 있는 전문성과 경력을 가지고 있다면 경력단절 자체에는 크게 의미를 부여하지 않는 것을 알 수 있다. 이와 같은 패러다임은 최근 직무능력중심 채용시장의 활성화로 매우 긍정적인 시그널로 볼 수 있겠다.

하지만, 아무리 수시채용, 경력채용 등 직무능력중심의 채용이 활성화되었다고는 하지만, 여전히 중소기업 등은 예전의 사람 중심, 스펙 중심의 채용이 유지되고 있는 실정으로 경력단절여성에게는 매우 불리한 상황이다. 이유를 살펴보면, 첫째, 일정한 수준의 입사예정자를 대상으로 정기적으로 공개채용 실시하여 민간 기업은 서류, 인적성시험, 면접, 신체검사 전형. 한 단계라도 탈락하면 다음 단계에 진입 불가한 실정이다. 둘째, 다수의 입사자를 동시에 채용하여 필요에 따라 현업에 배정하는 형태로 이 역시 경력단절여성에게는 불리한 상황이다. 셋째, 전형과정에서 지필시험을 보는 사례가 대부분으로, 전체적으로 SPEC(자격증, 외모, 어학능력 등)과 인지능력(좋은 학교와 우수한 두뇌)이 성공적인 취업을 위한 요건이다. 넷째, 입직자가 담당할 업무 내용, 근무지역, 급여에 대한 동의 절차가 미흡하며, 합격자는 직군 단위(사무, 영업, 연구, 개발 등)로 배치되며 유사한 급여를 받고, 일정기간 직무수행 후 순환하는 방식으로 운용. 특정한 직무의 숙달과 꾸준한 실행능력보다 일반적인 능력을 중시하며, 내부적인 협조와 도움을 주고 받는 대인관계 능력이 중요하다.

일과 가정을 병행해야 하는 경력단절여성에게는 직무능력중심 채용 변화가 절실한 실정이다. 채용절차의공정화에 관한 법률('19.7.17)에 따르면, 구인자가 구직자에게 직무수행과 관련 없는 신체적조건이나 출신지역, 혼인 여부, 재산과 직계존비속및 형제자매의 학력·직업·재산을 기초심사자료에 기재하도록 요구하거나 입증 자료로 수집하는 것을 금지하고 있고, 출신지역, 가족관계, 신체적조건(키, 체중, 용모), 연령, 성별 등 편견이 개입될 수 있는 항목을 삭제하며, 채용직무에 대한 설명자료를 통해 공정한 직무능력평가 실시면접위원에게 응시자의 인적 정보 제공 금지 및 인적 사항 질문을 금지하고 있다.

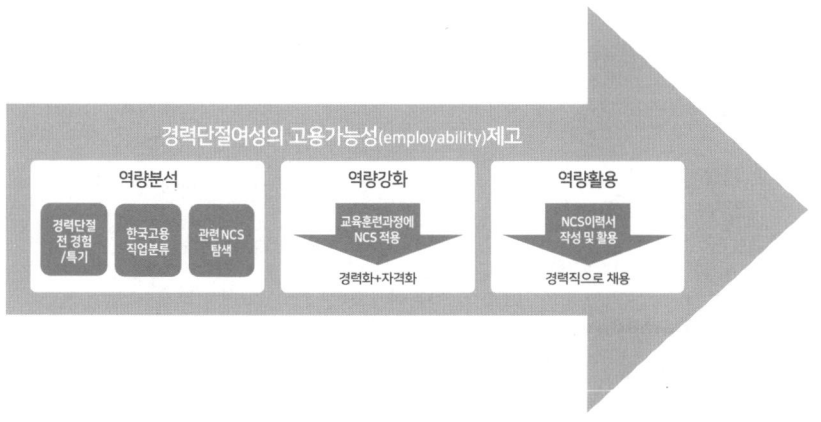

[그림 75] 경력단절여성의 고용가능성(employability) 제고모형
출처 : 김진실(2020), 여성고용 활성화를 위한 NCS 활용방안, 한국직업자격학회 발표자료

저자는 직무능력중심 채용(블라인드채용, 공정채용) 도입되는 시점에서, 경력단절여성의 고용가능성 제고모형([그림 74]참고)을 개발하여 경력단절여성의 취업지원을 위한 교육훈련프로그램 등에 NCS를 활용하여 취업역량을 제고할 수 있도록 제시하였다.

경력단절여성의 재취업을 다루는 이슈 가운데 항상 거론되는 문제는 경력단절여성의 경험과 경력 등이 사회적으로 충분히 인정받지 못하고 있다는 것이다. 이는 가정생활과 일반사회에서 요구되는 직무 간에 차이가 있을 뿐더러 사회와의 연계시스템이 미흡했기 때문이다. 그러던 차에 NCS라는 국가 차원의 표준화된 기제장치로서의 유통수단이 등장했다. 경력단절여성의 취업지원 프로그램 등에 NCS를 활용하여 전문성과 직무역량을 보다 강화하고, 이를 사회에 증명할 수 있도록 한다면 경력단절여성의 고용

가능성(employability)이 제고될 수 있을 것이다.

〈표 61〉 경력단절여성의 재취업 활성화를 위한 NCS 활용방안

전 략	NCS 활용방안
1. 직업 및 필요 직무능력 탐색	1-1. 진로적성, 직업 및 일자리 검색(워크넷등)
	1-2. NCS홈페이지 등을 통한 직무능력 탐색
	1-3. 자신의 직무능력 진단 및 경력개발 계획 수립
2. 체계적 고용서비스와 연계된 교육훈련	2-1. 구직자의 능력과 수준에 맞는 고용서비스 제공
	2-2. 고용서비스와 연계된 교육훈련제공
	2-3. 직무, 역량중심채용에 따른 취업준비
3. 평생경력개발체계 지원	3-1. 직무능력-교육훈련-자격-일자리 정보 통합 지원
	3-2. 직무능력은행제를 통한 개인의 직무능력 이력관리
	3-3. 온라인, 오프라인 전달체계 일원화
4. 직무능력 중심 노동시장 구축 지원	4-1. 직무능력 중심채용 확대
	4-2. 직무능력 중심인사관리 확대
	4-3. 노동시장 유연안정화와 임금체계 개편 지원

출처 : 김진실(2020). 여성고용 활성화를 위한 NCS 활용방안. 한국직업자격학회 발표자료.

첫 번째 전략으로 직업 및 필요 직무능력을 탐색할 필요가 있다. 빠른 환경의 변화로 경력단절 여성이 기존 일자리로 돌아간다고 해도 동일한 환경에서 동일한 직무를 수행하며 동일한 임금을 받지 못할 수 있다. 또한 희망하는 근무 여건도 이전과 상이할 수 있다. 자녀가 아직 어린 경우, 시간선택제등 유연한 근무형태와 그에 맞게 설계된 직무를 희망할 수 있다. 이러한 경우 무작정 기존 일자리로 돌려보내려 하거나 경력단절 여성에게 특화된 특정 직종만을 타깃으로 하는 것에는 한계가 있다. 직업 및 직무에 대한 전면적인 재탐색이 필요하다. 워크넷(Worknet)에서 관심 있는 직업이나 직종을 파헤쳐 본 후에는 NCS를 통해서 직종 및 직업에 필요한 직무능력을 탐색할 필요가 있다.

두 번째 전략은 체계적 고용서비스와 연계된 교육훈련을 받아야 한다. 취업의 기본요소와 구직자 유형은 크게 취업의지, 직업능력, 취업기술로 구성되어 있다고 한다(박찬임 외, 2007).

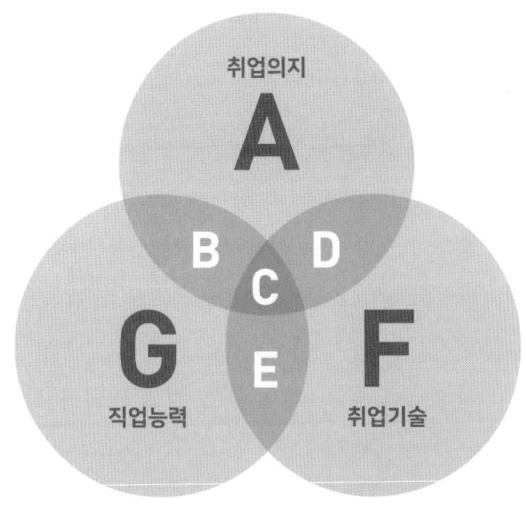

[그림 76] 취업의 기본 요소 : 취업의지, 직업능력, 취업기술

출처 : 박찬임 외(2007), 취약계층 고용서비스 이용실태 및 서비스 강화

구직자 개인의 취업역량 평가와 유형분류는 개인별 맞춤형 취업알선을 위한 기본 전제이고, 고용서비스의 전문성과 효율성 개선을 위한 방향을 설정하는데 필수요소이다.

〈표 62〉 구직자 유형에 따른 고용서비스

고려항목	유형의 정의	제공서비스
취업성공패키지의 대상 여부	사회경제적 상황이 취업성공패키지 사업에서 규정하는 자격에 맞는 구직자	취업성공패키지 프로그램
취업의욕이나 구직역량이 낮은지 여부	취업의욕의 개선이 필요한 구직자 취업하는 방법을 잘 알지 못하는 구직자(구직정보 검색, 이력서 작성, 면접 기술 등)	진로설계, 성취프로그램 등 직업의식 증진 프로그램 집단상담 프로그램 심층상담 프로그램 취업특강

구직자 직무능력이 낮아 일자리를 얻지 못하는지 여부 (NCS활용)	직무를 수행할 수 있는 능력이 부족하여 직업능력개발이 필요한 구직자	직업훈련(훈련상담, 훈련기관 연계 등)
모든 여건이 갖추어져 곧바로 취업알선이 필요한지 여부	단기일자리 장기일자리	취업알선 채용행사 소개 및 방문 동행면접

자료 : 박천수 외(2014), 맞춤형 취업지원을 통한 직업능력개발 강화 방안, p.129

박천수 등(2014)이 제시한 구직자 유형의 분류 기준은 취업성공패키지의 대상 여부, 취업의욕이나 구직역량이 낮은지 여부, 구직자 직무역량이 낮아 일자리를 얻지 못하는지 여부, 모든 여건이 갖추어져 곧바로 취업알선이 필요한지 여부로 구분할 수 있다. 또한 우리나라 직업훈련 전달체계를 잘 활용할 수 있어야 한다.

〈표 63〉 우리나라 직업훈련 전달체계

구분	고용센터	지방자치단체 및 전문기관	직업산업협회	민간업체
주요대상	전국민	지역민 여성, 고령자, 장애인 등 특정 대상	협회 회원	일반고객
기관특성	중앙부처	지방자치단체 특정 대상 기관	산업별, 직종별 협회	영리기업
수행자	직업상담원	직업상담원, 직원	전산관리자	기업직원
서비스	취업알선 구직급여	취업알선	정보제공	정보제공 파견관리 직업소개

자료: 박천수 외(2014), 맞춤형 취업지원을 통한 직업능력개발 강화 방안, p.21

세 번째 전략은 평생직업능력개발체계를 지원해야 한다. 경력단절여성의 고용가능성을 제고하기 위해서는 이를 가능하게 하는 인프라의 구축이 필수적이다. 급속한 기술의 변화는 개인들로 하여금 평생에 걸쳐 새로운 기술을 끊임없이 배워야 하는 평생학습을 강요하고 있다. 따라서 교육훈련은 성인이 평생학습자로 갖추어야 할 능력까지 포괄해야 한다. 빈번한 노동이동으로 인해 평생직장이 평생직업으로 변화된 사회에서 개인은 전 생애에 걸쳐 자신의 진로를 개발해야 한다. 즉 자신을 이해하는 기술, 자기의 능력을 평가하는 기술, 직업 및 훈련정보를 탐색하는 기법 등 진로탐색 기술을 배워야 한다. 이러한 서비스를 한 자리에서 모두 해결하는 원스톱체제를 구축해야 한다.

네 번째 전략은 직무능력 중심 노동시장 구축지원이다. 경력단절여성이 재취업을 하는데 어려운 요인은 다양한 요인이 있겠지만, 사회구조적 요인 중 고용형태의 경직성을 들 수 있겠다. 기혼여성 대부분은 일과 가정생활을 병행해야 하기 때문에 시간 활용에 융통성이 있어야 한다. 고용의 유연성을 확보하기 위해서는 우선 객관적이고 공정하며 투명하게 채용하고 관리하는 문화가 정립되어야 할 것이다. 효과적인 인사·노무 시스템을 구축하기 위해서는 프로젝트의 성공적 수행, 상·벌 제도, 자격증 취득, 상급자와의 관계 등 순수직무능력의 외적 요인이 중시되는 현재의 인사평가체계를 탈피하여, 근로자의 직무능력과 직무수준을 평가할 수 있는 인사·노무 시스템을 구축해야 할 필요성이 증가된다.

3. ODA를 통한 우수한 외국인력 육성 지원

정부는 산업현장 인력난에 대응하기 위해 통상 5~6만명 수준이던 외국인력(E-9) 도입 규모를 작년 12만명, 올해는 16만5천명으로 2년 연속 역대 최대 수준으로 늘리고, 6개월 동안 7개의 신규 업종을 고용허가 대상으로 추가하는 등 산업계의 수요에 발 빠르게 대응하여 고용허가제를 확대·개편하고 있다(고용노동부, 2024). 중소기업 인력난으로 인한 외국인력의 도움은 절실하나, 보다 장기적인 관점에서 ODA 사업을 통하여 보다 체계적으로 외국인력을 양성하여 도입하는 방안도 고민할 시점이다.

ODA사업이란 ODA(Official development assistance, 정부개발원조, 공적개발원조)로, 국가간 또는 개발도상국 내에 존재하는 개발 및 빈부의 격차를 줄이고, 개발도상국의 빈곤문제 해결을 통해 인간의 기본권을 지키려는 국제사회의 노력과 행동으로, 1969년에 OECD 개발원조위원회(DAC)가 규정한 개념이다(네이버 어학사전, 2024). DAC는 ODA를 공적기구(중앙·지방 정부 또는 그 실무기구)가 개발도상국의 경제개발과 복지의 증진을 위해 DAC의 수원국 명단에 있는 국가 또는 영토, 그리고 다자간 개발 기구에 제공한 증여(grant)와 양허성 차관(concessional loan)이라고 정의한다. 한국도 독립 이후 정부를 수립하고 6.25 전쟁을 겪고나서 1970년대까지 원조를 많이 받았다. 이는 크게 아래와 같은 4가지를 기준으로 분류한다.

① 협력주체 기준: 양자간 원조(공여국과 수원국간 직접원조), 다자원조(3개국 이상이 관여하는 국제기구를 통한 원조)

② 공여형태 기준: 자금협력원조(말 그대로 자본 공여 원조), 기술협력원조(기술, 노하우 등 지적자본 공여)

③ 상환여부 기준: 무상원조, 유상원조(개발차관과 같이 상환이 전제된 원조)

④ 구속여부 기준: 구속성 원조(공여국의 기업의 참여가 전제된 원조), 비구속성 원조(공여국에 상관 없이 입찰 등으로 참가 기업이 정해지는 원조)

전승환 외(2023)의 국가직무능력표준(NCS) 중장기 사업전략에서도 해외인력 숙련향상 및 자격 취득 지원할 수 있도록 국내 산업현장 인력 수요가 높은 분야(예: 조선·건설) 중심으로 외국 현지에 과정평가형 자격 과정을 개설·운영하거나 검정 시험장을 구축할 필요를 제시하였고, 국내에 있는 외국인 근로자 숙련도를 높일 수 있도록 다국어 국가기술자격 시험 서비스를 제공하여 자격 취득을 통한 체류자격 전환을 지원(E9→E7)하도록 제시하였다. 최근에는 ODA 사업을 통해 베트남에는 국가기술자격시스템 전수, 우즈베키스탄에는 국가자격검정제도 구축 지원중이고, 고용허가제「준숙련 외국인력(자격) 육성·도입」기반 구축 사업, 귀환 외국인근로자 노동시장 재정착 지원 사업 등 ODA 사업을 통해 해외 인력 국내 유치를 추진 중에 있다.

ODA와 관련 다양한 연구가 진행되어 왔는데, 이영민 외(2016)는 한국형 직업능력개발경험 공유 패러다임 전환모델 구축 연구에서 한국의 직업능력개발 경험, 사업을 효과적으로 전파할 수 있는 실행모델을 마련하였고 (자격제도 수출 사업) 외국인 노동인력 송출이 이뤄지는 동남아시아 국가를 중심으로 국가기술자격제도 구축 전반에 대한 지원 및 컨설팅 사업을 실시하였다. 김형구 외(2020)의 국제개발협력사업 신규사업 모델 사전 타당성 조사연구에서는 공단의 지속적·체계적 ODA 사업을 추진하기 위한 국제개발협력사업 추진전략 수립 및 ODA 사업 모델을 제시하여, ① 기 건립 직훈원 운영역량 개선, ② NCS 개선 및 자격검정제도 시범 개발 ③ EPS 귀국근로자 지원을 위한 (가칭)'EPS경력개발센터' 기관 설립을 제안하였다. 조정윤 외(2021)의 직업교육훈련(VET)분야 ODA후속사업 발급연구에서는 ODA중점협력 대상국의 직업훈련교육(TVET) 분야 사업모델 및 실행방안 마련, 능력기반의 직업교육훈련 및 자격제도 개선을 위해, ① NQF 및 직무능력표준 개발, ② 자격검정센터 구축, ③능력기반 자격검정제도을 제시하였다. 또한 조정윤 외(2021)의 국가간 자격상호인정 추진전략 및 활성화 방안 연구에서는 국가자격상호인정 성과 및 한계점을 분석하여 활성화 방안 마련, 숙련 외국인근로자 확보 및 활용의 원활화를 위해 ① 외국인 근로자 선발-교육훈련 연계, ② 귀국근로자 재정착 지원 및 연계, ③ 송출국 대상 자격 통용성 확보를 제시하였다. 이 외에도 조정윤 외

(2022)의 태국·네팔 근로자 선행경험 인정 추진전략 및 활성화 방안 연구에서는 태국 및 네팔근로자의 선행경험인정 활성화를 위한 중장기 로드맵 및 실행과제를 마련하여 ① 선행경험인정 획득, 숙련인력의 본국 자격 취득, 취업 및 경력개발 지원, ② 선행경험인정 획득, 외국숙련인력의 국내 활용방안(경력관리)을 모색하였다. 이를 종합하여 이미숙(2024)은 NCS를 활용한 ODA 사업 추진방향을 제시하였다.

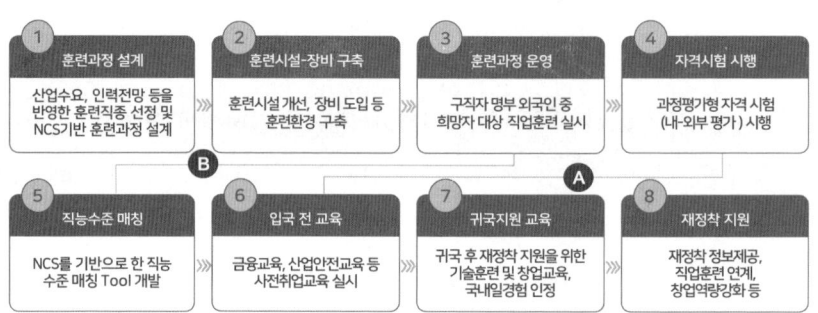

[그림 77] NCS를 활용한 ODA사업 추진방향

출처 : 이미숙(2024). 글로벌 스킬프레임에서의 ODA 사업 방향. 해외스킬동향포럼.

크게 A트랙과 B 트랙으로 구분하여 제시하였다.

먼저 NCS 활용한 ODA 사업계획 A트랙은 과정평가형 과정설계, 훈련장비 및 시설 구축, 자격시행 지원, 입국 전 교육지원사업을 제시하였고, B트랙은 NCS 기반 훈련 과정 설계, 훈련장비 및 시설 구축, 직능수준 평가 Tool 개발, 입국 전 교육 지원사업을 제시하였다.

〈표 64〉 NCS 활용 ODA 사업계획

구분	내용
대상 국가	• 고용허가제 16개국 중 기존 ODA 사업으로 직업훈련 인프라가 기 구축된 국가
사업 목적	• 직업기술훈련분야에서 강점을 가지고 있는 우리나라의 경험과 기술을 개도국에 전수, 개도국의 직업훈련체계 강화 및 경제발전에 기여

추진 방향		• 우리나라 산업현장의 수요가 높은 직무 중심으로 훈련 직종 선정 • 2~3개국 시범사업 실시 후 중장기 과제로 타국가 확산
지원 내용	A 트 랙	• (과정평가형 과정 설계) 용접 등 시범직종 NCS 기반 과정평가형 자격과정 설계 • (훈련장비·시설 구축) 훈련과정 운영 가능한 훈련 시설 개선, 장비 도입 등 환경 구축 • (자격시험 시행 지원) 내부평가 및 외부평가 위원 역량강화 지원 등 • (입국 전 교육 지원) 금융 교육, 산업안전 등 귀국 후 경력경로 설계를 위한 교육
	B 트 랙	• (NCS기반 훈련 과정 설계) 용접 등 시범직종 중심 NCS 기반 훈련과정 설계 • (훈련장비·시설 구축) 훈련과정 운영 가능한 훈련 시설 개선, 장비 도입 등 환경 구축 • (직능수준 평가 Tool 개발) 현지에서 취득한 직업훈련 경력, 교육, 자격 등 매칭 • (입국 전 교육 지원) 금융 교육, 산업안전 등 귀국 후 경력경로 설계를 위한 교육

자료: 이미숙(2024). 글로벌 스킬프레임에서의 ODA 사업 방향. 해외스킬동향포럼

하지만 고려해야 할 사항으로 ODA 사업을 수행하는데 있어서 수원국의 실질적 수혜에 초점을 맞춰 사업을 기획해야지, 공여국의 이익만을 강조하면 안된다. 또한 한국의 과정평가형 자격 과정을 수원국의 자격상황에 맞춤형으로 설계해야 하고, 이에 따른 과정평가형 자격부여 가능성 및 인정 여부도 고려해야 한다. 또한 NCS기반의 직능수준 매칭 Tool 개발이 매우 어려우리라 예상된다.

외국인력 도입 관점에서 훈련대상은 한국어 시험 합격 후 구직자 명부에 있는 근로자로 한정할 수 있는지 여부를 확인해야 하고, 입국 전 근로자 교육내용 변경시 관련 규정 등 개정 및 정부와의 협의가 필수적이며, 외국인 근로자 입국 기간 중 재직자훈련 등 사업은 ODA사업으로 인정받기 어렵다는 것을 고려해야 한다.

4. 지역 중심의 스킬개발 전략

현 정부 중점 과제로 손 꼽을 수 있는 교육과제 중 하나가 라이즈(RISE) 사업이다. 이는 '지역혁신 중심 대학지원체계'(Regional Innovation System & Education)의 줄임말로, 지방대학 지원체계다. 대학의 행정, 재정 지원을 교육부에서 대학이 소속된 지방자치단체로 이양하겠다는 것이 핵심이다. RIS(지역혁신), LINC 3.0(산학협력), LiFE(대학평생교육), HiVE(전문직업교육) 등 기존 지역 중심의 대학 재정지원사업을 통합한 형태로 운영될 예정이라고 한다.

그렇다면 현재의 지역대학은 어떠한가? 첫째, 과연 지역의 대학이 지역 안에 있는 대학이 아니라, 지역의 대학, 지역을 위한 대학인지? 둘째, 과연 지역 공기업(공공기관)이 지역의 일자리 수요를 예측하고, 그에 따른 인력양성에 기여하는지? 셋째, 과연 지역 안에서 지역공공체(지역 거버넌스)에 적극적으로 참여하여 지역사회 발전에 노력하는지? 넷째, 지역 내 중소기업 및 평생직업교육기관, 관련부처 등의 산학연관 협업은 잘 이루어지는지? 이러한 질문에 답할 수 있을까 싶다.

지금은 수도권 과밀화현상으로 지방을 키우려고 정책적 지원을 하고 있지만, 과련 사회변화에 따라 지역도 혁신이 가능한지도 검토할 필요가 있다.

이상호(2021)는 과연 지역 내 주거, 교통, 도시 혁신을 함께 할 수 있을지? 산업과 일자리 혁신이 함께 이루어질 수 있을지? 의료, 복지, 돌봄 혁신이 함께 이루어질 수 있을지? 환경과 에너지 혁신이 함께 이루어질 수 있을지? 다음으로 교육과 문화 혁신이 이루어질 수 있을지?를 고민해야 한다고 하였다.

또한 해외 지역중심 고용정책 사례를 제시하였는데, 독일은 지역고용정책수단으로서의 지역노동시장정책의 중요성, 지역의 고용센터와 잡센터간 긴밀한 협력관계, 옵션 지자체 및 잡센터의 경우 지자체에게 상당한 수준의 재량권을 부여하였다. 프랑스의 경우, 지역고용정책에서 중앙정부와 지방정부 간 역할분담, 중앙정부와 지방정부, 노사대표가 참여하는 파트너십 형성, 지역고용정책 및 프로그램 평가를 위한 체계, 기준, 절차 등을 수립하여 실행하였다.

영국은 지역중심 고용정책의 초기단계로서, 지방정부의 역량강화와 지역고용정책의 기반으로 지방자치단체의 충분한 역량축적과정을 강조하였고, 일본은 지방정부의 역량강화가 가장 중요하다고 하였으며, 미국의 경우 중앙정부는 큰 틀에서 재정배분 및 성과평가를 담당하고, 사업의 주도권 및 집행은 지방정부에게 위양하였다. 인력투자위원회를 거버넌스로 삼아 지자체, 경영계, 노동계 등 다양한 민관의 주체들이 참여하여 협력하고 문제를 해결하고, 원스톱 고용센터를 통하여, 고용과 직업교육훈련, 평생교육서비스의 효율성 및 편의성을 촉진하였다.

〈표 65〉 해외 고용위기지역 일자리 창출 사례

구분	내용
스위스 말뫼	• 시장의 혁신적인 리더십과 '탈산업화'의 혁신비전을 수립하고, • 대학설립, 항만 신도시 및 대교 건설, 지식산업단지 조성, 중앙정부, 시 정치권, 지역사회단체, 전문가집단, 민간기업이 참여한 'Work Together' 공조, 민간기업과 정책네트워크 MINT를 형성하고 민관협의체계를 구축하여 시 독자적인 고용안정지원사업 발전시킴
영국 쉐필드	• 소수의 산업으로 특화된 지역일수록 산업 쇠퇴 시 고용 위기가 커지므로 연관산업으로 다변화 필요하고, 노사 갈등에 주의를 기울임./단기적으로는 재정지원이나 공공일자리 제공이 가능하나 장기적으로 지역경제/산업정책과 통합적인 지역고용정책 수립 필요함. /중앙정부와 상호협력과 민간부문과의 파트너십이 중요함. 새로운 산업 육성을 위한 인적자원개발 기반으로서 지역 교육/훈련기관의 역량 강화

호주 애들레이드	• 장기실업자 지원을 위한 '잡 네트워크'를 수립하여 카운슬링, 커리어 어드바이스, 재훈련 등 제공/ '혁신 클러스트' 모델에 기반을 두고 • 폐쇄된 공장부지에 하이테크 산업을 유치하고 대학 연구소를 유치하여 교육훈련 장소로 개발/주 정부, 시, 지역공동체, 은행, 경영계, 노조 등과 협의하여 일자리 계획을 수립하고 협력함/효율적인 구조조정과 근로자 지원을 위하여 지역공동체, 기업, 노동조합 등 다양한 이해당사자들이 참여한 태스크포스 설치
미국 새크라멘토	• 고임금-고성장 일자리 투자 실행 전략인 'Next Economy Capital Region Prosperity Plan' 수립/구직자에 대한 지원 뿐만 아니라 사업체와 고용주에게도 동일한 수준의 지원/지역의 이해관계자들과의 적극적인 파트너십 형성/새크라멘토 고용훈련기구(SETA)를 수립하고 11개의 커리어센터 및 40여개의 파트너들과 협력/민간의 참여를 이끌어내고 협력을 촉진하는 시의 역할 강조

출처: 이상호(2021), 지역일자리 창출과 인력양성 과제, 한국고용정보원.

우리나라 지역 일자리 및 인력양성 사업에 대해서 살펴보면, 마이스터대, 산학협력선도전문대학(교육부) 은 RISE 사업으로 통합되고, 중기부에서는 산학협력기술기능인력양성사업이 있고, 고용부는 일학습병행제, 국가인적자원개발컨소시엄사업 등 다양한 훈련사업이 있고, 각 부처의 채용연계형계약학과, 지역산업맞춤형훈련-공동훈련센터, 지역산업맞춤형일자리창출지원(기초지자체), 지역혁신프로젝트사업(광역지자체), 고용안정선제대응패키지사업(광역+기초컨소시엄), 중앙정부와지자체의전문인력양성사업 등이 있지만, 일관된 사업운영을 위한 지역일자리 거버넌스 는 매우 중요하다.

〈표 66〉 지역일자리 거버넌스 예시

명칭	설립연도	설치근거	의제 범위	비고
고용심의회	2006년	고용정책기본법	일자리 전반	대부분 지역에서 노사민정협의회와 통합 개최
노사민정협의회	2008년 기능확대	노사관계 발전 지원에 관한 법률	노사관계를 포함한 일자리 전반	

인적자원개발 위원회	2013년	근로자직업 능력개발법	지역 인적자원개발 (HRD)	
고용혁신추진단	2016년	지역혁신프로젝트 사업	지역혁신프로젝트	인적자원개발 위원회에 편입

이와 같은 맥락에서, 지역대학은 지역을 위한 대학으로 평생직업교육기관으로서의 역할을 강화해야 하고, 공유대학으로서의 역할(수평적 연계)와 고교-전문대학-대학-대학원 연계 교육기관으로서의 역할(수직적 연계)을 강화해야 할 것이다.

〈표 67〉 지역대학의 역할

구분	내용
평생직업교육기관 으로서의 역할	• 산업수요 반영한 전문직업인 양성 • 4차산업혁명에 따른 디지털 전환 • 청소년, 재직자, 고령층의 경력경로와 연계한 평생직업교육
공유대학	• 학점교환, 공동학위수여, 원격 교육 등 유연하고 다양한 학사 운영 • 각 대학의 강점을 연계하여 학습자가 원하는 교육을 받을 수 있는 인적·물적자원 교류 • 진로탐색, 취창업, 취업 이후의 전문성 제고를 위한 평생직업능력 강화 역할
고요 - 전문대학 - 대학(원) 연계	• 고교-전문대학-대학(원)으로 이어지는 사업 연계 강화 • 최고의 전문기술인 양성을 이한 학사 운영 • 산업체-협단체와 교육기관간의 산학연계프로그램 운영

출처 : 김진실(2021). 지역일자리 창출을 위한 NCS와 지역대학·기관의 역할. 대한민국 일자리 엑스포

앞으로 지자체 중심의 일자리 거버넌스를 구축해야 하는데, 먼저 지자체 중심의 인력양성 중장기 전략, 지자체 중심의 일자리 거버넌스, 지역인적자원개발위원회(RSC)을 적극적으로 활용한다.

<표 68> 지자체 중심의 일자리 거버넌스

구분	내용
인력양성 중장기 전략	• 중앙-지자체 연계형인력양성위원회 운영 • 지역산업 맞춤형 인력 수급 계획 수립 • 인력양성-고용지원 연계 체계 구축§고용지원 유관기관과의연계강화
일자리 거버넌스	• 지자체 중심의 지방공기업, 일자리위원회, 지방 노동관서, 사업주단체, 노동단체, 대학 및 교육훈련기관 등이 협력체계 구축 및 운영
RSC 활용	• 지역의 인력 및 훈련 수급조사를 토대로 공동훈련센터를 통해 중소기업 재직근로자 향상훈련 및 채용예정자훈련을 실시 • '13년 경기, 부산 등 14개 인자위, '14년 울산, 제주 등 2개 인자위,'20년 세종 인자위설치 등 전국 17개 인자위설치

출처 : 김진실(2021). 지역일자리 창출을 위한 NCS와 지역대학·기관의 역할. 대한민국 일자리 엑스포

앞으로, 지역대학 및 지역기관은 지역 거버넌스에 적극적 참여하여 지역문제에 관심을 가질 필요가 있고, 지역일자리 창출과 인력양성에 대하여 패키지 형태로 서로 연계·협업할 필요가 있다.

책을 마무리하며

한국산업인력공단의 16년(국가직무능력표준원장 3년 포함)의 삶을 정리하고 지난 '24년 4월 5일 공단을 퇴임한 지 한 달 만에
「한국의 SkillsFuture(스킬즈퓨처)」라는 책을 마무리를 쓰게 되었습니다.

저는 "꿈과 끼에 따라 자신의 진로를 찾고, 그 진로에 따라 능력을 키워서, 제대로 평가받아 자격으로 인정받고, 그 자격이 채용시장에서 신호역할이 되어 노동시장으로 진출한 후, 그 분야 전문가로 성장하여 사회적으로 대우받는 사회인 능력중심사회"를 만드는 데 역할을 하고 싶습니다.

이를 실현하기 위해 우리나라 스킬 스탠다드인 국가직무능력표준(NCS)의 개발·개선과 확산에 노력하였지만, NCS는 인프라일 뿐, 능력중심사회가 실현되기 위해서는 스킬 프레임워크인 국가역량체계(NQF)가 작동되어야만 하는데, 아직까지 국가역량체계(NQF)는 너무 미미한 단계입니다.

이에 대한 원인은 다양할 수 있습니다.
아직 NCS와 NQF에 대한 이해와 정책적 관심 부족,
사람중심의 인사관리 노동시장의 경직성,
노동시장 이중구조 문제 등 많은 문제가 산적해 있습니다.
이는 하루 아침에 해결될 수 있는 문제가 아니라는 걸 알지만,
그래도 누군가는 해야 하는 일입니다.

이순신 장군이 거북선을 준비했듯이,
당시에 아무도 관심 없는 일이지만(바로 성과로 보여지는 일도 아니지만),
미래 세대를 위해 국가가 준비해야 하는 일입니다.

스킬 스탠다드(NCS)와 스킬 프레임워크(NQF)!

이는 우리나라에 없으면 안 되는 중요한 국가인프라입니다.

법과 규정에 따라 움직이는 공공기관의 행정가의 삶을 뒤로 하고, 40년 역사를 지닌 든든한 조직의 보호를 받던 삶을 뒤로 하고, 모든 걸 혼자 해내야 하는 독립적인 삶!을 결심하면서, '24년 4월 6일 "한국스킬문화연구원(SkillsFuture Korea)"을 창업했습니다.

창업과 동시에 결심했습니다.
"자료를 정리하자..
그동안 논의되어 왔던 내용을 책으로 정리해보자."입니다.

처음에는「아무도 시도해보지 않았던 국내에 유일무이한 책!!
나만의 지식과 경험과 노하우와 숙련과 열정과 애정과 삶이 녹아 있는 책!!
어렵고 재미없고 관심 없지만 그래도 필요한 책!!」을 꿈꾸면서 집필을 시작했습니다만 마무리하는 이 시간에는 부족함을 많이 느끼고 있습니다.

일단 저는 발간사에서 얘기했듯이 싱가포르 SkillsFuture와 같은 제목의 책이름으로 우리나라도 싱가포르처럼 일관된 스킬 중심의 교육훈련과 고용노동정책이 실현되면 얼마나 좋을까, 우리나라는 어떤 점이 필요할까라는 문제의식 하에

발간사를 시작으로
  Ⅰ장은 "스킬(Skills)이란"주제로,
  Ⅱ장은 ""한국에선 역량(Competency)으로"란 주제로
  Ⅲ장은 "스킬 프레임워크(Skills Framework)란" 주제로
  Ⅳ장은 "해외에서의 스킬 프레임워크(역량체계)는"이란 주제로,
  Ⅴ장은 "KQF-SQF 연계방안"이란 주제로,

Ⅵ장은 "한국의 스킬 개발(Workforce Development)"이란 주제로, .
Ⅶ장은 "스킬 개발(Workforce Development) 주체: ISC"란 주제로,
Ⅷ장은 "스킬 스탠다드(한국에선 NCS)가 없다면"이란 주제로,
Ⅸ장은 "스킬 프레임워크 작동 메카니즘은? : RPL"이란 주제로,
Ⅹ장은 "스킬 중심 직업교육훈련(VET) 질 관리체계 구축"이란 주제로.
ⅩⅠ장은 "자격(인증) 중심 교육훈련과정 설계"란 주제로
ⅩⅡ장은 "스킬 중심의 전략적 HRD"란 주제로
ⅩⅢ장은 "대상별 스킬문화 확산방안"이란 주제로,
기존의 자료를 제 관점으로 정리했습니다.

일단 스킬의 개념 중심으로 다시 정리해보면.
첫째. 스킬의 첫 번째 개념인 역량(직무능력)의 중요성을 다시 강조하고 싶습니다. 역량에 대한 스탠다드인 국가직무능력표준(NCS)의 중요성을 리뷰해보고, 부재시 사회적 비용과 제대로 작동되었을 때의 경제적 효과를 독자들이 공감하길 기대합니다.
이에 대한 내용은 「Ⅰ장의 스킬에 대한 개념 정리」내용과 「Ⅱ장의 한국에선 역량으로 정리되었다는」 내용과 「Ⅷ장의 한국에서 NCS가 없다면」 내용을 참고하면 좋을 듯 합니다.

둘째, 우리나라는 스킬 프레임워크, 즉 국가역량체계(NQF)를 만들어야 합니다. 반드시 KQF와 SQF를 범 정부적 차원에서 다시 드라이브를 걸어야 합니다. 특히, 역량의 인정된 상태인 자격과 자격을 취득할 수 있는 "교육・훈련・자격・경력"이 서로 연계 및 통용될 수 있도록 하는 RPL(선행학습인정)이 작동될 수 있도록 시스템을 구축하여야 합니다.
이에 대한 내용은 「Ⅲ장의 스킬 프레임워크(Skills Framework) 개념 정리한 내용」과 「Ⅳ장의 해외에서의 스킬 프레임워크(역량체계) 에 대한 내용」과 「Ⅴ장의 KQF-SQF 연계방안에 대한 내용」과 「Ⅸ장의 스킬 프레임워크 작동 메카니즘은 RPL이란 내용」을 참고하면 좋을 듯 합니다.

셋째, 국가 차원의 스킬 개발, 즉 국가인적자원개발(N-HRD) 논의를 다시 해야 합니다. 교육과 훈련, 자격과 채용, 인사관리와 보상의 전 분야의 혁신을 가져올 수 있는 "능력중심사회 구현" 정책에 다시 힘을 실어야 합니다. 이를 실현하기 위한 거버넌스가 필요하고, 그 중심에 ISC가 있어야 합니다. ISC는 정부와 기업체, 대학과 지자체와 끊임없는 소통과 협업을 해야 합니다.

이에 대한 내용은「Ⅵ장의 한국의 스킬 개발(Workforce Development)에 대한 개념 정리한 내용」과 「Ⅶ장의 스킬 개발(Workforce Development) 주체는 ISC란 내용」과 「Ⅹ장의 스킬 중심 직업교육훈련(VET) 질 관리체계 구축이란 내용」과 「ⅩⅠ장의 자격(인증) 중심 교육훈련과정 설계한 내용」을 참고하면 좋을 듯 합니다.

이 외에 기업의 전략적 HR을 실천하면서 직무중심의 노동시장을 구현될 수 있도록 하여야 합니다. 이와 같은 노동시장이 구축되면 청년과 경력단절 여성, 나아가 숙련된 외국인이 자유롭게 일할 수 있는 문화가 되지 않을까 기대해보면서 마무리하겠습니다.

부족한 초안에 대해 검토하시고 추천해주신 63분의 각계각층 전문가들인 (순서는 랜덤)

「1. 한광식, 2. 허정석, 3. 서설화, 4. 박종길, 5. 박영범, 6. 임효창, 7. 배명직, 8. 박현승, 9. 최정근, 10. 권순원, 11. 이준영, 12. 전휴정, 13. 정대규, 14. 강순희, 15. 여수동, 16. 채영진, 17. 박환수, 18. 심규범, 19. 고현정, 20. 임서정, 21. 곽진선, 22. 구자길, 23. 최중권, 24. 송민영, 25. 박범우, 26. 유지용, 27. 박철우, 28. 엄준철, 29. 서병일, 30. 최병길, 31. 신승엽, 32. 조동현, 33. 김해영, 34. 신홍순, 35. 유재섭, 36. 김동규, 37. 김헌득, 38. 이경미, 39. 이성경, 40. 박주철, 41. 송달용, 42. 김연홍, 43. 정명환, 44. 윤지원, 45. 마상진, 46. 백정하, 47. 정선정, 48. 박난주, 49. 이연복, 50. 김주섭, 51. 송인수, 52. 현수, 53. 박문규, 54. 김병호,

55. 박가열, 56. 박선영, 57. 김종철, 58. 원승일, 59. 고혜원, 60. 조지용, 61. 김현용, 62. 이병욱, 63. 이애본」님께 감사의 말씀을 드리며,

이 책을 읽는 독자분들은 각 장마다 추천해 주신 분들의 소중한 추천의견을 읽어보시는 재미를 느끼신다면 더욱 책을 이해하는데 도움이 되리라 기대합니다.

16년의 행정가에서 다시 전문가로, 연구자로 전환되는 과도기에서 쓰여진 부족한 책을 끝까지 읽어주신 점 다시 한 번 감사의 말씀드리며,
모두들 건강하시고 행복하시기 기원드립니다.

2024. 5.

김 진 실
한국스킬문화연구원 원장
(전 한국산업인력공단 국가직무능력표준원장)

참고문헌

강순희 외(2002). 자격제도의 비전과 발전방안. 한국노동연구원.

강순희(2016). 국가역량체계(NQF) 개념과 목적. 국가직무능력표준 구축 추진단.

고용노동부(2011). 공생발전을 위한 일자리생태계. 직업교육학술대회 발표자료.

고용노동부(2024). 외국인력 고용관리 및 체류지원을 위한 중앙-지방-민간 칸막이 없는 협업 선언.「2024년 제1차 고용허가제 중앙-지방 협의회」

교육부. 고용노동부(2013). 국가역량체계(NQF) 구축 기본 계획.

구명숙 홍상욱(2005). 기혼여성의 재취업구조에 관한 사례연구: 전업주부 재취업훈련 참가자를 중심으로. 한국가정관리학회, 제23권 제3호

구자길, 김준태, 김진실, 홍성대(2008). 현장수요 중심의 직무능력표준 및 자격종목 분류체계 구축 방안. 한국산업인력공단.

김기용, 조성웅, 노경희, 지재헌(2017). 지속가능한 NCS 활용확산 체계 구축 연구. 한국산업인력공단.

김기용, 석영미, 김국현(2019). 국가기술자격 출제기준 개편 프로세스 및 NCS 능력단위 인정방안 개발 연구. 한국산업인력공단.

김도영(2024). 2023년 NCS기반 교과 인정 컨설팅「울산과학대학교」사례 발표

김경애, 김진희, 이정우, 한효정, 박수미, 윤형주, 이세정, 이정표(2023). 연계·통합의 관점에서 본 성인 역량인증 체제의 쟁점과 과제. 한국교육개발원.

김병호(2020). 국가직무능력표준(NCS) 은행제 구축 BRP 및 ISP수립, 한국산업인력공단.

김상진, 이동임, 정향진, 전승환, 윤여인, 김윤아(2023). 2023년 한국형 국가역량체계(KQF) 구축 사업. 한국직업능력연구원.

김인선(2006). 고학력 경력단절여성의 인적자원 활용방안 연구. 경기개발연구원.

김진실(2010). 직업능력개발을 위한 직무분석 체계 개편방안. 한국산업인력공단.

김진실(2015). NCS 기반 채용의 주요 이슈와 과제, HRD Review, 세종 : 한국직업능력개발원.

김진실 외(2020).FGI를 통한 직업기초능력 관련 이슈 진단 및 최신화 방안 연구. 농

업교육과 인적자원개발, 52(4), 55-76.

김진실(2020). 여성고용 활성화를 위한 NCS 활용방안. 한국직업자격학회 발표자료.

김진실(2021). 지역일자리 창출을 위한 NCS와 지역대학·기관의 역할. 대한민국 일자리 엑스포

김수원, 심규범 외(2021), 「건설기능인등급제」 도입 기반 설계 연구, 건설근로자공제회.

김형구 외(2020)의 국제개발협력사업 신규사업 모델 사전 타당성 조사연구. 한국산업인력공단.

나승일(2023). 첨단 인재양성과 능력개발. 2023년 직무능력세미나 기조강연자료.

나영선(2000). 여성생애주기별 특성에 따른 교육 체제 구축 방안 연구. 교육부.

네이버 어학사전(2024). 국제개발원조(ODA) 사업.

문한나 외(2021). 산업별 인적역량(Skills Insight) 보고서 매뉴얼. 한국직업능력연구원.

박찬임 외(2007). 취약계층 고용서비스 이용실태 및 서비스 강화 방안

박가열, 김은석, 박성원, 이영민(2018). 4차 산업혁명시대 미래직업능력. 한국고용정보원.

박천수 외(2014), 맞춤형 취업지원을 통한 직업능력개발 강화 방안.

박환수 외(2021). ISC의 중장기 비전. 정보기술ISC.

신용철(2002). 자격과 면허의 비교 연구. 한국산업인력공단.

심규범(2007). 무한경쟁시대. 기능인력 관리를 통한 건설산업의 생존 전략. 한국건설산업연구원.

심규범(2022). 건설기능등급제의 도입치지 및 운영현황. 한국산업인력공단 국가직무능력표준원 역량향상 워크숍.

심규범·김지혜(2001), 건설기능인력의 효율적 관리방안, 건설교통부

어수봉, 이승, 전승환(2020). 국가직무능력표준(NCS) 및 국가역량체계(KQF)의 과거, 현재 및 미래, 직업과 자격 연구, 9(2), 129 - 149.

여성가종부·통계청(2020). 2020 통계로 보는 여성의 삶. 여성경제신문(https://www.womaneconomy.co.kr)

윤태복, 박준뷰, 송홍규, 윤우영, 장승희, 양광호, 주홍석(2019). 전문대학 자격중심 교육운영 체제 연구. 한국전문대학교육협의회 고등직업교육연구소.

이동임(2002). 노동시장 유형과 자격의 활용에 관한 연구. 한독경상학회, v.26. 219~243.

이동임(2009). 지식정보화시대의 국가기술자격제도 운영방향. 2009 직업능력개발세미나 자료집.

이미숙(2024). 글로벌 스킬프레임에서의 ODA 사업 방향. 해외스킬동향포럼. 한국산업인력공단과 한국직업자격학회와의 공동학술대회.

이상호(2021). 지역일자리 창출과 인력양성 과제. 한국고용정보원.

이찬(2023). 전략적 HRD 로드맵. 한국산업인력공단 국가직무능력표준원.

이해영, 이정표, 김현수, 구자길, 고영상, 박상옥(2011). 선행학습인정(RPL) 적용 기반구축을 위한 운영 매뉴얼 개발 연구. 평생교육진흥원.

임용주(2023). 호주의 NCS동향조사. 해외 NCS동향 공유포럼. 한국산업인력공단.

조세형, 장세미, 강지훈(2021). 산업별역량체계(SQF)와 한국형 국가역량체계(KQF)의 연계방안 연구. 한국산업인력공단

조세형(2021). 수요자 요구에 기반한 NCS 활용확산 연구. 한국산업인력공단

조정윤, 임경범(2010). 국가자격체제(KQF) 구축 방안. The HRD Review.

조정윤 외(2021)의 직업교육훈련(VET)분야 ODA후속사업 발굴연구. 한국산업인력공단.

조정윤 외(2021)의 국가간 자격상호인정 추진전략 및 활성화 방안 연구. 한국산업인력공단

조정윤 외(2022)의 태국·네팔 근로자 선행경험 인정 추진전략 및 활성화 방안 연구. 한국산업인력공단.

전승환(2022). 한국형 국가역량체계(KQF) 도입·운영 관련 주요 이슈 및 고려사항. 한국직업능력연구원.

전승환, 김봄이, 김윤아, 임효정(2023). 국가직무능력표준(NCS) 중장기 전략 과제에 관한 연구. 한국산업인력공단

정지선, 심인선. (2002). 선행학습 평가 인정을 통한 교육훈련의 다양화. 한국직업능력개발원.

정혜령, 이정표, 김만희, 이혜연(2012). 대학평생교육 활성화를 위한 선행학습인정제 운영방안 연구: 방송대 시범 운영 사례. 교육과학기술부, 한국방송통신대학.

최경규, 허두영, 이 선, 이하나, 박혜준, 임경범(2008). 국가직무능력표준 효과성 연구. 한국직업능력개발원.

최영애(2023). 영국의 NCS 동향 조사. 해외 NCS 동향 공유 포럼. 한국산업인력공단.

한국산업인력공단(2023). NCS 기업활용 컨설팅 성과 환류체계 구축. 두하우컨설팅

한국산업인력공단(2024). 2024 공정채용 컨설팅 사업계획.

호주역량체계(AQF)(2024). https://europa.eu/europass

AQF(2013), Australian Qualifications Framework, second edition January

AQF(2015), Case study on the Australian Qualifications Framework (AQF): Opportunity through learning, Informing the Development of Regional NQF Guidelines for Asia and the Pacific,

Bates & Redmann(2002). Core principles and the planning process of a world-class workforce development system. Advanced Developing in Human Resource, 4(2), pp. 111-120

Bellows R. W., (1954). Psychology of Personnel in Business and Industry, p. 188.

Boyatzis, R. E. (1982). The competent manager: A odel for effective performance, John Wiley & Sons.

CEDEFOP(2014), Criteria and procedures for referencing national qualifications levels to the EQF

Cedefop(2021). Review and renewal of qualifications. Towards methodologies for analysing and comparing learning outcomes. p.20.

Commonwealth of Australia(2022) Standards for Training Packages

Commonwealth of Australia(2022) Training Package Development and Endorsement Process Policy

Commonwealth of Australia(2022) Training Package Product Policy

Dale, Yoder.(1958). Personnel Management and Labor Relations, p.96.

I-SCOOP.(n.d.). Industry 4.0 and the fourth Industrial revolution explained. https://www.i-sccop.ed/industry-4.0.

Jacobs & Hawley(2005). Emergence of workforce development : definition, conceptual boundaries, and implication.

McClelland, D.C.(1973). Testing for comptece rather than for "Intelligence.", American Psychologist, 28(1), 1~14.

Mee, J. F.(1958). Personnel Hand book, p.102.

OECD(2006) Moving Mountains - The Role of National Qualifications Systems in Promoting Lifelong.

Richard, A.Swonson(2010). Foundation of Human Reaources Development. 오현석(2010). 인적자원개발론(번역)

ShobaV. A, ThankomG. A. & Vani K. B.(2004). The effect of career breaks on the working lives of women. Feminist Economics. 10(1): 65-84.

Spencer, L. M., & Spencer, S. M. (1993). Competence at waork. Models fo superior performance. John Wiley & Sons.

Tassey,G.(2003) Methods for Assessing the Economic Impacts of GovernmentR&D,NIS

Tead, O., & Metcalf, H. C.(1933). Personnel Administration, p. 235.

U.S. Employment Service. Training and Reference Manual for Job Analysis, p.1.

참고 홈페이지

- Department of Employment and Workplace Relations<https://www.dewr.gov.au/skills-reform>
- National Register of VET <https://training.gov.au>
- Jobs and Skills Australia <https://www.jobsandskills.gov.au/>
- New Industry Engagement Architecture(2022)
- Jobs and Skills Councils – Stage One Outcomes(2022)
- Independent Training Product Assurance(2022)
- Industry Engagement Reform Frequently Asked Questions(2022)
- Clarification – Industry Governance Arrangements(2022)
- Guide to Developing NOS(2011)
- The Richard Review of Apprenticeships(2012)
- Terms of Reference-NOS Governance Group(2020)
- Terms of Reference-UK Standard&Frameworks Panel(2020)
- NOS Quality Criteria with Explanatory Notes(2020)
- Andrew Sanghyun Lee(2020) A review of National Occupational Standards and the Role of Human Resource Development in their Implementation, SAGE
- National Occupational Standards Strategy 2022 and beyond(2022)
- Federation for Industry Sector Skills & Standards(2022). <https://fisss.org>
- National Occupational Standards(2022). <https://www.ukstandards.org.uk>
- Skills Development Scotland(2022). <https://www.skillsdevelopmentscotland.co.uk>
- SQA Accreditation(2022). <https://accreditation.sqa.org.uk

한국의 SkillsFuture 스킬즈퓨처 [저자] 김 진 실

ISBN등록번호   ISBN 979-11-93285-18-3   펴 낸 곳 도서출판 애플북   1판 1쇄 발행   2024.05.20   문의 010-7795-5701

* 본 교재에 대한 저작권은 '도서출판 애플북'에 있으며 일부 혹은 전체 내용을 무단 복사, 전제하는 것은 저작권법에 저촉됩니다.